Erich Weber

Blitzschutz an Bord

Praktische Anleitungen für den Einbau auf Yachten

DSV-Verlag

Weber, Erich
Blitzschutz an Bord.
Praktische Anleitungen für den Einbau auf Yachten.–
1. Aufl. Hamburg: DSV-Verl., 1994.–
214 S.: 109 techn. Zeichnungen, 62 Fotos: 2 Karten

ISBN 3-88412-180-4

1. Auflage
© 1994 by DSV-Verlag GmbH, Gründgensstraße 18, 22309 Hamburg
Sämtliche Rechte der Speicherung, Nachnutzung sowie der Verbreitung sind vorbehalten.
Printed in Germany

Layout, Computergrafik: machArt, Hamburg
Druck, Bindung: C. H. Wäser, Bad Segeberg

Vorwort

Die zu Beginn jeder Saison wiederkehrende Frage nach einem wirkungsvollen Blitzschutz für Yachten und andere hierzu zählende Wasserfahrzeuge beschäftigt die Eigner spätestens dann, wenn es wieder einmal einen "Fall" auf Nachbarschiffen gab.

Der Verfasser möchte mit diesem Buch in erster Linie die Eigner von Segel- und Motoryachten ansprechen, ferner Yachtleasingunternehmen sowie diejenigen Meister und Ingenieure, die sich vornehmlich mit dem Bau und der Ausrüstung von Wasserfahrzeugen befassen und deren Aufgabe es ist, betriebssichere Bordanlagen zu entwerfen.

Neben dem Schutz der Bordcrew kommt dem erweiterten Blitzschutz zunehmend größere Bedeutung zu, weil bereits beim Naheinschlag elektrische Bordgeräte u.a. Navigationsgeräte ausfallen. Viele Geräte werden bereits dabei zerstört.

An Hand von übersichtlichen, nachvollziehbaren Berechnungen sowie die sich hieraus ergebenden Maßnahmen ist der interessierte Yachtbesitzer in der Lage, sein Boot auf einen wirksamen Personen- und Schiffsschutz hin zu überprüfen. Gegebenenfalls können danach Änderungen und Ergänzungen in der Installation zur Erreichung der Sicherheitsanforderungen vorgenommen werden. Das 230-V-Netz an Bord, der elektrische Landanschluß sowie die Gas- und Benzinanlage müssen von Fachleuten ausgeführt werden. Die anderen Einbauten lassen sich auch durch gewissenhafte Eigeninitiative herstellen.

Für Werften sind die auf den Yachtsektor zugeschnittenen Blitzschutzmaßnahmen am Beispiel einer Serienyacht beschrieben. Dadurch liegt eine brauchbare, übersichtliche Konstruktionsunterlage vor. Auch der Randbereich des Blitzschutzes - nämlich die Beseitigung von Installationsschwächen an Bord - wird mit erfaßt. Viele Zeichnungen und Abbildungen sowie spezielle Schaltpläne erklären die Zusammenhänge. Arbeitsstudien und Materialaufstellungen, den entsprechenden Abschnitten zugeordnet, erleichtern die Planung und die Kalkulation einer Blitzschutzanlage. Fachkompetente Veröffentlichungen, eigene Messungen, Innovationen und erprobte Konstruktionen, der VDE und DIN sowie die Fachbücher von Herrn Professor Dr.-Ing. Johannes Wiesinger und Herrn Dr.-Ing. Peter Hasse (Handbuch für Blitzschutz und Erdung; Überspannungsschutz von Niederspannungsanlagen) sind die technischen Grundlagen des Buches.

Die Ausarbeitung wurde mit größter Sorgfalt durchgeführt. Die geltenden Vorschriften sind insbesondere durch die Harmonisierung innerhalb der EG einer ständigen Anpassung unterzogen. Der jeweilige Stand in der Auslegung ist dem Fachbereich bekannt. Jegliche Gewährleistungen und Haftungen oder andere Ansprüche können weder vom Verfasser noch vom Verlag übernommen werden.

Inhaltsverzeichnis

1. Sicherheitsanforderungen 6
   Schutz der Bordcrew 6
   Schiffsschutz 10
   Schutz des Riggs, der Takelung und des Ruders 13
   Schutz der Motorenanlage 15
   Schutz des Bordnetzes und der elektrischen Geräte 19
   Schutz der Funk- und Fernmeldeanlagen 21

2. Unfallgefahren 25

3. Entstehung von Gewittern 31

4. Gewitterhäufigkeit 36

5. Häufigkeit hoher Blitzströme 39

6. Entladungsenergie 40

7. Erwärmung von Ableitungen 44

8. Elektrodynamische Kraftwirkung 47

9. Zerstörende Wirkung des Blitzstromes 49

10. Erdungsanlage der Yacht 51

11. Induktivität des Riggs 56

12. Elektromagnetische Kopplungen 59

13. Konstruktion des Faraday-Käfigs 68

14. Versicherungsfragen 73

15. Maßnahmen zur Schadensverhütung 80
    (am Beispiel einer 35-Fuß-Yacht)

15.A Praxis beim Schutz der Bordcrew 80
    Ausführungsbeispiel 88
    Material 112
    Kosten 113
    Maßnahmen für andere Wasserfahrzeuge 116

15.B Praxis beim Schiffsschutz ... 123
    Ausführung ... 126
    Material ... 129
    Kosten ... 130
    Maßnahmen für andere Wasserfahrzeuge ... 131

15.C Praxis beim Schutz des Riggs, der Fallen und des Ruders ... 134
    Ausführung ... 135
    Material ... 137
    Kosten ... 137
    Maßnahmen für andere Wasserfahrzeuge ... 137

15.D Praxis beim Schutz der Motorenanlage ... 138
    Ausführung ... 139
    Material ... 150
    Kosten ... 151
    Maßnahmen für andere Wasserfahrzeuge ... 152

15.E Praxis beim Schutz des Bordnetzes ... 156
sowie der elektrischen Geräte
    Ausführung ... 160
    Material ... 167
    Kosten ... 168
    Maßnahmen für andere Wasserfahrzeuge ... 169

15.F Praxis beim Schutz der Funk-und Fernmeldeanlagen ... 174
    Ausführung ... 177
    Material ... 187
    Kosten ... 188
    Maßnahmen für andere Wasserfahrzeuge ... 190

16. Messen des Erdungswiderstandes ... 192
    Anordnung der Messung, Einfluß des Meßortes ... 192
    Stoßerdungswiderstand, Meßkosten ... 194

17. Revision der Blitzschutzanlage ... 195
    Zeitintervalle und relevante Besichtigungsstellen

18. Installationen auf ausgewählten Yachten ... 197
    13-m-Motoryacht, Typ Bützfleth
    26-m-Motoryacht aus Mahagoni, Werft Burmester ... 201

19. Literatur-und Quellenhinweise, Bezugs- und Bildnachweise ... 206

20. Stichwortverzeichnis ... 210

1. Sicherheitsanforderungen

Schutz der Bordcrew

Der Yachtbau erfuhr in den vergangenen zwei Jahrzehnten einen ungeahnten Aufschwung, der in der Tendenz weiter anhält. Die Zahl der jährlich in der Bundesrepublik niedergehenden Blitzeinschläge liegt etwa bei 50 000 und ist nahezu konstant. Durch die vielen Fahrzeuge auf dem Wasser nimmt auch die Trefferquote der Blitze zu, so daß bedeutend häufiger Schäden an Yachten entstehen. Die Spitzenposition hält die im Mittelmeer schippernde Flotte.

Abgesehen von Ausfällen in der Yachtelektronik, deren Ursache häufig in entfernten, nicht bemerkten Blitzeinschlägen liegt, sind es heftige Direkteinschläge, die sowohl große Schäden verursachen als auch das Leben und die Gesundheit der Besatzungen gefährden. Ausfälle in der Yachtelektronik werden oft erst bei erneuter Benutzung, manchmal Wochen nach dem Ereignis festgestellt. Irrtümlich werden sie dann der Korrosion oder einem Fabrikationsfehler zugeschrieben. Die Blitzentladung offenbart sich daher durch verschiedene Auswirkungen, die in der komplizierten Struktur eines derartig gigantischen Entladungsstroms liegen. Zum einen ist es der gewaltige, durch das Schiff fließende Blitzstrom, zum anderen ist es der "Beinahe-Einschlag" ins Schiff, der ebenfalls große Schäden im Schiff so anrichtet, als hätte man es mit einem Direkteinschlag zu tun. Schließlich entstehen durch Fernentladungen, häufig innerhalb der Wolken, Schäden in der Elektronik. Die Beeinflussung auf große Entfernungen ist der Intensivierung des Entladungsimpulses zuzuschreiben. Dieser Vorgang ist unter dem Namen LEMP - Lightning Elektromagnetic Impulse - bekannt. Der Weg eines LEMP führt vorrangig über die an Bord vorhandenen Antennen. Selbst vom Bordnetz unabhängige Geräte, wie Laptops, Kleincomputer und Taschenrechner sowie Disketten, können im ausgeschalteten Zustand schadhaft werden. Auf die körperliche Unversehrtheit der Bordcrew hat der LEMP jedoch keinen Einfluß.

Bei den in diesem Buch vorgestellten Blitzschutzmaßnahmen geht es primär um den Schutz der Bordcrew, also um die Erhaltung der Gesundheit der Schiffsbesatzung, und erst an zweiter Stelle um die Vermeidung von Sachschäden. Diesen Umstand erkannten auch diejenigen Yachtbesitzer als vordringlich, die sich bisher aus eigenem Sicherheitsbedürfnis mit einem provisorischen mobilen Blitzschutz, der im Bedarfsfall zu montieren war, behalfen. Fachlich betrachtet, ist ein bei Gewitter am Mast und Rigg zu montierender Drahtstropp zur provisorischen Erdung keine sinnvolle und wirkungsvolle Lösung. Sie ist sehr risikoreich, insbesondere dann, wenn man den Einsatzzeitpunkt verpaßt. Gedacht ist an die Unfallgefahr beim Anklemmen und an die nicht ausreichende elektrische Wirkung durch hohe Induktivität sowie an die zu geringe Erdungsoberfläche des Drahtes. Zur Ableitung von statischen Aufladungen des Riggs vor einem Gewit-

Schutz der Bordcrew

ter auf einem Kunststoffboot würde dieses Provisorium genügen, eventuell auch zur Ableitung von kleineren eingekoppelten Strömen bei Naheinschlägen über 100 m. Bei einem direkten Blitzeinschlag ist eine solche Installation eine Selbsttäuschung. Bevor auf den Schutz der Bordcrew im einzelnen eingegangen wird, mag der Bericht über einen Blitzeinschlag auf eine im Englischen Kanal segelnde Yacht die Gefahrensituation darstellen.

Die Yacht "Freedom To" traf ein Blitz etwa fünf Seemeilen südlich vom Eddystone-Leuchtturm. Das Ereignis wurde wie folgt geschildert: "Am noch ganz jungen und nachtschwarzen Morgen des neuen astronomischen Tages um 01.00 h Britischer Summer Time, sahen wir es im Süden wetterleuchten. Drei Stunden später regnete es um uns herum so stark, daß die Sicht kaum noch zwei bis drei Seemeilen betrug. Das Wetterleuchten war erheblich heller geworden. Wir hatten alle Segel gesetzt und halfen mit der Maschine mit 22oo U/min nach - 6,5 kn, angenehmes Motorsegeln! Es war beschlossen, in Penzance einzulaufen. Jim hatte die Friedhofswache von 02.00 h bis 06.00 h und kam um 05.30h unter Deck, um mir zu sagen, er wolle für den Rest seiner Wache vom Innenfahrstand fahren, aber weil er am Vortag schon mehr als seine Pflicht getan hatte, löste ich ihn ab, sah auf den Kompaß und fläzte mich in den Stuhl hinterm Rad. Es hörte sich so an, als sei die Bildröhre eines Fernsehers implodiert. Unser erster Gedanke galt dem Maschinenraum, aber der Motor schien ganz normal zu laufen. Wir rannten zum Cockpit, um nach Schäden zu sehen, aber ich sah als erstes, daß die Antenne verschwunden war. Jim stellte den Motor ab und schloß das Ventil an der Gasflasche in ihrem Behälter draußen. Aus dem Niedergang quoll ein dicker bräunlicher Qualm, der vom Wind horizontal davongeweht wurde. 'Es regnet ja noch immer', dachte ich mir, 'und du wirst ja klatschnaß hier draußen ohne Ölzeug'. Ich dachte, daß der Qualm nur eine kurze Weile dauern würde, und ich dann das Ölzeug von unten holen könnte. Und überdies könnte ich ja, sollte sich die Lage verschlechtern, kein MAYDAY mehr aussenden, weil die Antenne futsch war. Dieser Gedanke überfiel mich richtig. Von höchster Wichtigkeit waren jetzt das Dingi, die Rettungswesten und die Seenotfackeln. Ich holte tief Luft und jumpte den Niedergang hinab. Sicht in der Kajüte gleich Null. Die Rettungswesten waren im Kleiderschrank, das Notfeuerwerk unterm Sofapolster, aber das nützte mir nichts, denn in dem Gestank und Rauch war ich ein Ortsfremder. Ich gab die Suche auf, und es gelang mir nur, einen Feuerlöscher loszumachen, der unterm Messetisch befestigt war. Jim war zu dieser Zeit mit einer Pütz Wasser kampfbereit, wußte aber nicht, wo er mit dem Angriff beginnen sollte, weil es aus allen Löchern und Ritzen hervorqualmte.

Wir öffneten die Backskiste, um das Dingi herauszuholen – noch mehr dicker Qualm. Das ist ein großer, zwei Meter tiefer Kasten, in dem unter einem Haufen sauber aufgeschossener Leinen und Fender sowie einem Reservekanister voll Dieselöl und dem Außenborder das Schlauchboot liegt – zwar bombenfest. Ich kam wieder hoch und schnappte nach Luft. Wir turnten auf die Luvseite, um aus dem giftigen Qualm zu kommen, was eine Dauerübung war, weil 'Freedom To'

7

1. Sicherheitsanforderungen

dauernd drehte. Als wir wieder auf Steuerbord ankamen, sah ich die erste Flammenspitze aus dem Niedergang herauszüngeln. Es war kaum zu glauben, wie uns alle Rückzugswege blockiert waren. Wir verfügten weder über Funk noch Rotfeuer noch Rettungswesten. Alles, was wir noch erreichen konnten, waren zwei offene Rettungsringe und ein fest eingeklemmtes Schlauchboot in der Backskiste, in die Jim noch einmal zu einem letzten Versuch eintauchte. Es waren noch keine Flammen im Cockpit, als Jim mit dem Schlauchboot hochkam. Ich hatte einen der Rettungsringe losgekriegt. Das Gummiboot war warm und klebrig. Wir wuchteten es über die Luvreling. Die Flammen züngelten nun schon bei Jims Bootsstiefeln, und das Kajütsdach begann zu schmelzen. Auf der Leeseite schlugen Flammen aus dem Aufbau. Wir standen verzweifelt an der Achterreling und versuchten, das Schlauchboot mit dem Mund aufzublasen. Die Hitze in unserem Rücken war fürchterlich. Alle Decksflächen sackten ein, bevor sie sich in Flammen hüllten. Flammen und Hitze jagten uns von Deck, wir sprangen mit dem vielleicht zu 20% aufgeblasenen Schlauchboot ins Wasser. An Deck war es nicht mehr auszuhalten. Das Dingi hatte sich wie eine Auster zusammmengeklappt und wir suchten nach den Aufblaseöffnungen, die teils unter Wasser waren. Das Boot lag längs der Stb-Wand des Wracks, aber ich hatte keine Idee, wieso. Wir pumpten weiter unseren Atem hinein, und so langsam nahm es Gestalt an. Da kam der Mast von oben, genau über uns hinweg. Wir hatten Glück, so dicht an der Bordwand zu liegen; zwei Meter weiter, und er hätte uns getroffen. Sekunden darauf kollerte der Baum über Bord. Er hing noch am Lümmel, und das Segel an ihm brannte ganz dicht am Gummi unseres Dingis. Nur weg! Vierhändig schaufelten wir Wasser auf den Baum, um das Feuer zu löschen und die heiße Spiere zu kühlen.
Dabei fielen uns die 182 Liter Diesel an Bord ein und die zwei Gasflaschen, die jeden Moment explodieren konnten. Mit den Händen paddelten wir uns frei vom

Schlauchboot und brennende Yacht

Schutz der Bordcrew

Wrack; vielleicht vier bis sechs Meter, als ich zurückschaute. Da lag die Yacht als ein Haufen Asche bis zum Schandeck, aber die Rumpflinien waren noch zu erkennen. Wir paddelten weiter, und als ich auf einem Wellenkamm den Kopf hob, sah ich das Kümo, keine 700 m weit weg.

Aber ich sagte mir, daß wir noch nicht in Sicherheit seien, denn es würde wahrscheinlich vom Autopilot gesteuert. Als es näher kam, sahen wir Leute auf seinem Deck, hörten, wie die Maschine auf rückwärts umgesteuert wurde. Meine vom Salz brennenden Augen lasen an ihrem Bug " Moray Firth " – den Namen werde ich wohl nie vergessen. Als man uns an Deck half und auf die Brücke brachte, fetzte die erste Explosion. Wir hörten später, daß die Yacht bis auf die Wasserlinie niedergebrannt war. Das möchte ich nicht noch einmal erleben, aber nachher macht man sich Gedanken, wie ein solches Erlebnis zu vermeiden ist."

John D. Sleightholme
Hans G. Strepp

Bug und Deck

Kommentar: Ein Bericht, der einem Segler hautnah das beschreibt, was nie passieren darf. Die Situation war insofern noch günstig, daß weder starker Wellengang vorhanden war noch die Yacht eine Seeposition hatte, die außerhalb von Schiffahrtsrouten lag, wo mit einer Hilfe von außen nicht mehr gerechnet werden konnte. Die kümmerlichen Reste der " Freedom To " wurden vom Trawler "Prosperity" aus Looe geborgen. Vom Bug des Schiffes blieb nicht sehr viel übrig. Selbst der im Wasser liegende Teil wurde ein Raub der Flammen. Giftiger Qualm hatte sich entwickelt, wie noch deutlich an den Flächen des Segels und am verbrannten Schothorn zu erkennen war. Nach der Schilderung des Hergangs wird vermutet, daß das Dieselöl durch einen Lichtbogen im Tank (Geber für die Tankanzeige) oder an den Dieselleitungen vom Tank zur Maschine entflammt wurde.

1. Sicherheitsanforderungen

Schiffsschutz

Zum Schutz der Crew wird vom ungünstigsten Fall eines direkten Blitzeinschlages in das Schiff ausgegangen, wobei man nicht unterscheidet, ob die Yacht in Fahrt ist, bzw. im Hafen oder vor Anker liegt. Ausgespart ist der Sonderfall einer an Land stehenden Yacht, weil sich hierbei eine völlig andere Situation ergibt. Es fehlt zumindest das eine Yacht umgebene Element, das Wasser, und somit die notwendige Erdung.

Ein Schutzraum nach Faraday ist für die Segelyacht herzustellen. Dabei kann man die natürlichen Bauteile einer Yacht zur Konstruktion eines Schutzkäfigs so benutzen, daß eine vertretbare Schädigung dieser Teile bei einem Einschlag in Kauf genommen wird, ohne daß der Schutz der Bordcrew im Moment des Einschlags eingeschränkt ist. 99,9% aller Blitzentladungen sollen den Schutzbereich nicht durchdringen. Personen gefährdende rückwärtige Überschläge vom Medium Wasser ins Schiff sowie zu große Differenzspannungen (Schrittspannung!) dürfen nicht entstehen. Insbesondere gilt es, sogenannte "Löcher" im Faraday-Käfig zu vermeiden. Ein konsequenter Potentialausgleich sowie eine einwandfreie Erdung sind die Voraussetzungen. Der Schutz der Bordcrew ist für einen maximalen Scheitelwert des Blitzstromes von 150 kA ausgelegt.

Faraday-Käfig

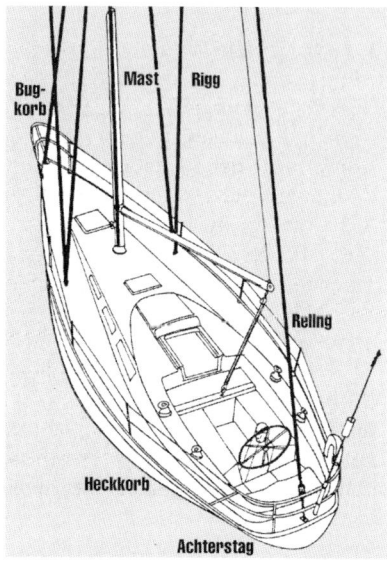

Rigg als Faraday-Käfig

Der vorangegangene Bericht über die "Freedom To" weist auf die markanten Gefahrenpunkte für den Schiffsrumpf nach einem Blitzeinschlag hin. Ein weiterer Bericht über eine vom Blitz getroffene Yacht ergänzt diese Gefahrenpunkte.

Blitzeinschlag in eine Mahagoniholz-Yacht!

"Mit unserem Motorboot 'Strande III' (aus Holz und mit kurzem Stützsegelmast versehen) liefen wir in den Hafen von Horsens ein und machten an der Innenseite der halbkreisförmigen Mole zwischen anderen dort liegenden Segelyachten fest. In den Nachmittagsstunden wurde eine ca.11 m lange Mahagoniyacht auf der Slipanlage an Land gezogen, um das Unterwasserschiff mit einem neuen

Anstrich zu versehen. Das sollte am nächsten Tag geschehen. Am Morgen des folgenden Tages zog ein Gewitter auf. Etwa um 06.30 Uhr vernahmen wir das erste Donnern, und das Unwetter kam näher. Um 07.15 h ging mit einem ungeheuren Krach ein Blitz wie ein Feuerstrahl über das Hafenbecken nieder. 50 m von uns entfernt lag die Mahagoniyacht auf Land, und in dieses Schiff schlug der Blitz ein. Es war niemand dort an Bord, Gott sei Dank. Der Mast wurde gespalten und die Wantrüsten von den Planken abgerissen, die Inneneinrichtung beschädigt, die Kielplanke lose und aufgespalten. Es waren sicherlich noch weitere Schäden entstanden, die ich jedoch nicht erfahren konnte. Auf der deutschen Yacht 'Helge' ging das Bordradio kaputt. Das Schiff lag etwas näher an der Einschlagstelle."
(*Scharstein, 1/83*)

Kommentar: **Die auf dem Slip liegende Segelyacht war mit Sicherheit nicht mit einem Blitzschutz versehen. Durch den untergebolzten Kiel wäre eine ausgezeichnete Erdung über die Slipanlage erreicht worden. Schäden hätte es dann nicht geben dürfen. Nur auf Kunststoffyachten, selbst mit eingebauter Blitzschutzanlage, wären Schäden am Rumpf, auch dann entstanden, wenn die Schiffserdungsplatte nicht mit dem Slipwagen verbunden gewesen wäre. Sie hätte mit Hilfe einer Kupferleitung (Querschnitt von 35mm^2) hergestellt werden müssen.**
Der Schaden auf der im Wasser liegenden Yacht 'Helge' ist vermutlich durch elektromagnetische Kopplung beider Riggs entstanden. Ferner ist daraus zu folgern, daß die Yacht 'Helge' bestimmt nicht mit einem Blitzschutz ausgerüstet war. Die Folgen ähnlicher Kopplungen zwischen den Riggs konnte in dem Ostseehafen Maasholm beobachtet werden. Die Teilentladung eines Blitzes traf in Maasholm eine Segelyacht. In der Nähe liegende Yachten erlitten ebenfalls Schäden, welche mit einem Direkteinschlag nichts zu tun hatten. Interessant ist dabei die Frage, wie sich die Versicherung in einem solchen Fall verhält, wenn die Ursachen des Schadens, d.h. die Fußpunkte des Einschlages nicht festgestellt werden können, weil sie nicht erkennbar sind.

Blitzeinschlag in eine hölzerne Yacht!

Während eines starken Gewitters schlug ein Blitz in die hölzerne Yacht 'Thule' ein, die mit einem Stahl-Kielschiff im Päckchen in einem Nebenarm der Elbe vor Anker lag.

Der Blitz schlug im Masttopp ein, an dem der Stander und die Topplaterne befestigt waren, sprang dann zum Backbordwant über und beschädigte dabei die Debeg-Anlage mit Funkpeiler, das Echolot, die gesamte Lichtanlage und die Drehstrom-Lichtmaschine des Hilfsmotors. Die im WC-Raum angebrachten Sicherungen wurden völlig zerstört. Von dort schlug der Blitz auf die Abflußleitung über. An der Backbordseite erfolgte der Überschlag vom Püttingeisen durch die Holzbeplankung ins Wasser. Dabei wurde ein Stück der Planke herausgerissen.

1. Sicherheitsanforderungen

Kommentar: Bei einem Gewitter entstehen durch die Nachbarschaft des Holzschiffes zum Stahlschiff mit Sicherheit keine Nachteile für das Holzschiff. Sicher floß nur der kleinere Teil des Blitzstromes durch die Holzyacht, weil die günstigeren Bedingungen zu seiner Ableitung in dem gut geerdeten und gut leitenden Rumpf des Stahlschiffes lagen, ohne daß dabei auf dem Stahlschiff, abgesehen von Antennenschäden, merkbare Schäden entstanden wären. Ein Stahlschiff mit einem Metallmast ist als Blitzschutz der perfekte Faraday-Käfig. Allein vor Anker wäre vermutlich auf dem Holzschiff größerer Schaden entstanden. Auf See hängt das Überleben der Besatzung direkt von der Unversehrtheit des Schiffsrumpfes nach einem Einschlag ab. Medien berichteten über solche Situationen, wo es durch Wassereinbrüche und Brände kaum möglich war, in die Rettungsinsel einzusteigen. Auch eine ungenügend große und unzureichend befestigte Erdungsplatte kann beim Ableitvorgang ins Wasser explosionsartig abgesprengt werden. Abgesprengte Borddurchlässe waren so manches Mal nach einem Blitzschlag die Ursache für einen Wassereinbruch.

Yacht 'Thule'

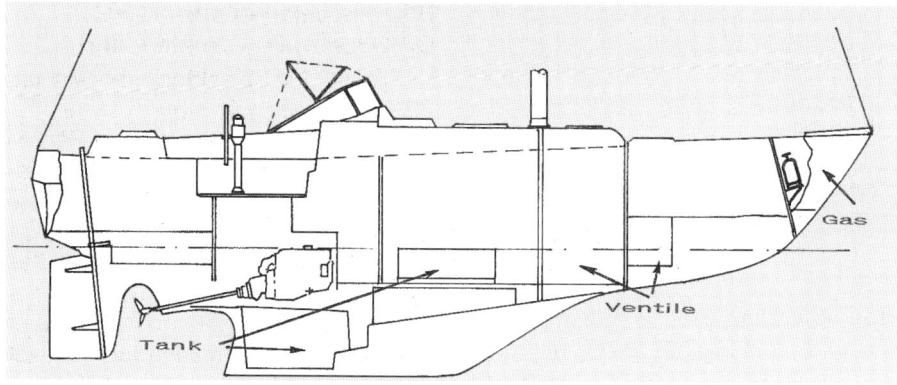

Besonders zu beachtende Gefährdungspunkte am Rumpf

Benzintanks, Dieseltanks oder Gasflaschen an Bord müssen auf Gefahrenpunkte hin untersucht werden. Der erweiterte Potentialausgleich – als übergeordnete Maßnahme im Schiff – ist hierbei besonders zu beachten. Allerdings können die Sicherheitsanforderungen im Vergleich zum Schutz der Bordcrew niedriger bemessen werden. Mit einem Blitzstromscheitelwert von 100 kA wird gerechnet. Dies bedeutet, daß 95% aller möglichen Blitzentladungsströme unter diesem Wert liegen. Eine genügend große Sicherheit wird also erreicht.

Schutz des Riggs und der Takelung

Aus dem folgenden Bericht kann man die indirekten Gefahrenpunkte für das Rigg ableiten."Pech auf der ganzen Linie: Nachdem Herbert von Karajan (67) erst vor sieben Tagen mit seinem silbergrauen Turbo-Porsche in Salzburg einen Autounfall hatte (2 Verletzte), wurde jetzt seine Segel-Rennyacht "Holisara" in St. Tropez vom Blitz getroffen und schwer beschädigt. Der 26 m hohe Mast, das Vordeck und alle elektronischen Geräte sind beschädigt." (Zeitungsbericht)

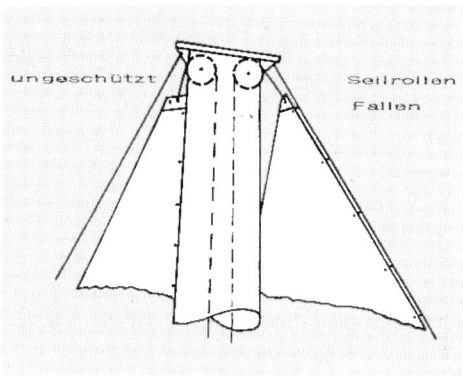

Gefahrenpunkte am Topp

Ein weiterer Schadensfall mit den Folgen eines Rumpf- und Decksschadens (Pütting des Unterwants vom Deck abgesprengt und ausgeglüht) soll dazu beitragen, die Wichtigkeit dieser Blitzschutzmaßnahme zu unterstreichen.

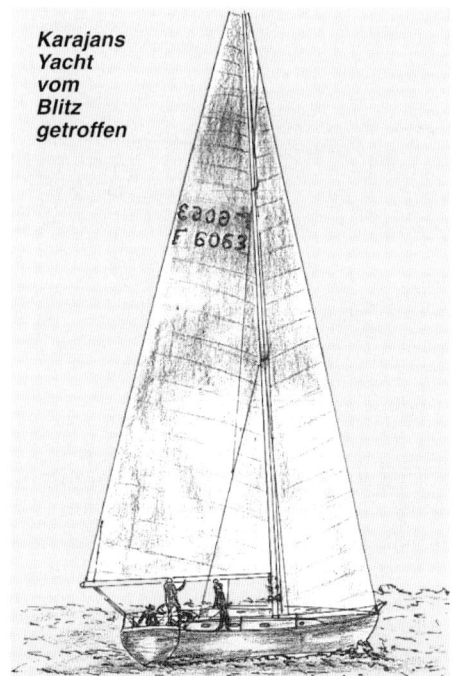

Karajans Yacht vom Blitz getroffen

Blitzeinschlag in eine 31-Fuß GFK-Yacht, Typ Commander!

"Am 31. Juli 87 schlug morgens um 05.00 h ein Blitz in seinen 12 m Alu-Mast ein . Der Stromweg des Blitzes verlief über das hintere Steuerbord-Unterwant und trat hier, nicht ohne seine Spuren zu hinterlassen, durch die Bordwand aus. Das Pütting des Unterwants, das auf dem Commander 31 mit einer VA-Platte an dem Rumpf laminiert ist, hatte die Hauptstromlast zu tragen. Durch starke Hitzeentwicklung an dieser Stelle, das Want war nicht geerdet, glühte der Beschlag aus und löste das Laminat vom Rumpf. Dabei verwüstete der Blitz einen Cockpittisch aus massivem Mahagoni, der hinter der Rückenlehne gelegen hatte, und verschmorte den Teppich, mit dem die Bordwand verkleidet ist. Ein daumengroßes Loch war an

1. Sicherheitsanforderungen

dieser Stelle über der Wasserlinie zu sehen. Ein weiteres zeigte sich unter Wasser, anfangs wie ein langer Haarriß. Hier lief Wasser ins Schiff. Der Kunststoff war total verschmiert. Nach seinem Abbröckeln entpuppte er sich als faustgroßes Loch. Mit Schnellbinder konnte diese Leckstelle provisorisch geschlossen werden. In der Kajüte war alles durcheinander geflogen, alle Schapps und Schränke geöffnet. Am nächsten Tag holte der Eigner Zieger sein Boot an Land und untersuchte den Bootsrumpf. An allen in die Außenhaut eingelassenen Metallteilen war das Gelcoat sternförmig gesprungen, der Geber vom Echolot war abgesplittert. Ebenso lädiert zeigten sich die Bereiche im Rumpf vom V2A Tank und Saildrive. Hier gab es auch sternförmige Spuren durch den Rumpf nach außen. Der Blitzschlag hatte auch die gesamte elektrische Anlage zerstört. Lampen und Geräte waren nicht mehr zu gebrauchen. Am Motor war der Drehstromgenerator (Lichtmaschine) verschmort. Nur die Batterie hatte nichts abbekommen, vielleicht dadurch, weil der Hauptschalter ausgeschaltet war. Der Griff in die Bilge nach einer Dose Bier brachte nur leere Dosen zu Tage. Wie von einer Nadel durchstochen, waren alle Getränkedosen ausgelaufen. Bei der späteren Untersuchung des Mastes zeigten sich ebenfalls Schäden. Die Beleuchtung war verschmort. Zum Glück ist kein Feuer entstanden, wahrscheinlich, weil Polster und Teppiche aus schwer entflammbarem Material bestehen. Sie waren "nur" angeschmort".

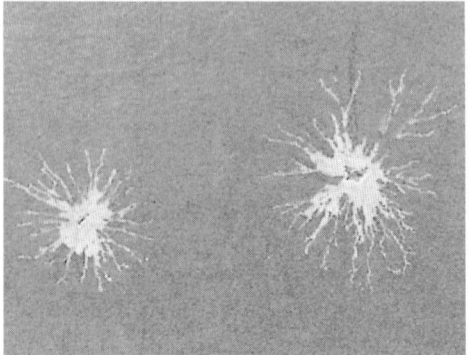

Durchschläge am Rumpf im Unterwasserbereich

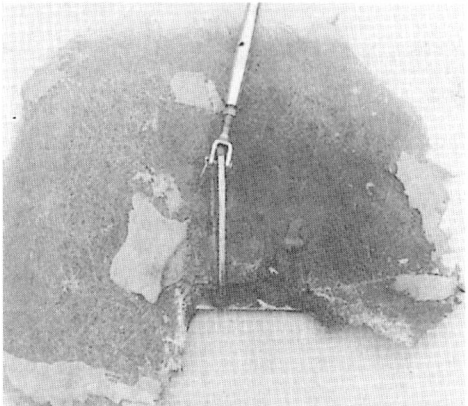

Pütting aus dem Laminat gerissen

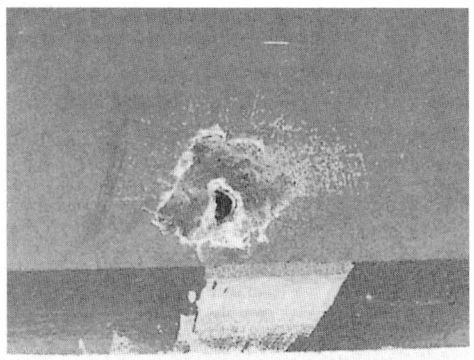

Faustgroßes Loch unterhalb der Wasserlinie

Kommentar: Ein Wasserfahrzeug, das nicht gegen die Auswirkungen eines Blitzeinschlags elektrisch ausgerüstet ist, erleidet nach einem Einschlag auch irreparable Schäden an vielen nicht vermuteten Stellen. Dieser Fall zeigt aber deutlich, daß der Kunstoffrumpf durch den Blitzimpuls an mehreren Stellen durchlöchert wurde und die notwendige Festigkeit des Riggs am Pütting und Rumpf, vielleicht an weiteren nicht erkannten Stellen nicht mehr vorhanden war. Auf See unter Segeldruck hätte dieses Ereignis sicherlich zum Schiffsverlust geführt.

Um Schäden am Mast und Rigg zu vermeiden, sind zunächst die gefährdeten Stellen festzustellen. Dabei wird von einem Direkteinschlag mit einem Blitzstromscheitelwert von 40 kA in das Rigg auszugehen sein. Hierdurch werden 80% aller registrierten Blitzeinschläge erfaßt und nur 20% liegen darüber. Das zugbelastete Rigg einer segelnden Yacht ist bei einem Blitzeinschlag der größte Gefahrenpunkt.

Schutz der Motorenanlage

Heute fehlt auf fast keiner Segelyacht eine Motorenanlage. Diese ist erforderlich, um bei Strömung und Flaute der Berufsschiffahrt ausweichen zu können. Durch die Schutzmaßnahmen soll die Betriebsbereitschaft - selbst nach einem Einschlag ins Schiff - erhalten bleiben. Die Auslösung von Sicherheitseinrichtungen, also die kurzzeitige Außerbetriebnahme des Motors, wird dabei in Kauf genommen. Maßnahmen zur Vermeidung von Lagerschäden durch Blitzstromeinwirkung müssen mitbedacht werden.

Aus zahlreichen Berichten geht hervor, daß die Motorenanlage nach einem Blitzeinschlag ausfiel.

Gefährdete Teile des Motors

1. Sicherheitsanforderungen

Blitzeinschlag verhinderte Notstart des Motors!
"Am 7. Okt. 1982 wurden wir mit unserer SY 'Ariadne' (Dufour 31) in Bahia de Rosas/Spanien von einer rasch aufziehenden Gewitterfront überrascht. In Erwartung der Gewitterböen wurde zunächst das Groß, später die Genua geborgen und mit Motor weitergefahren. Ansonsten sahen wir dem Gewitter gelassen entgegen. Wir wußten ja, unsere Yacht hat einen serienmäßigen Blitzschutz. Zur Erklärung sei gesagt, daß dieser Blitzschutz aus einer in der Bilge eingebauten Funkenstrecke besteht, welche bei einem möglichen Blitzeinschlag die Verbindung zum gußeisernen Kiel herstellen soll. Da durch diese Funkenstrecke keine permanente Verbindung zwischen dem Rigg und dem Kiel besteht, kann das Rigg lt. Aussage der Werft ohne weitere Maßnahme als Antenne verwendet werden. Die Bö kam heran, heftiger Regen setzte ein und der Wind frischte an sich ganz harmlos von 8 kn auf ca. 20 kn auf. Zahlreiche Blitze zuckten um uns. Dann plötzlich eine grelle Lichterscheinung auf der Mastspitze, ein eigenartig zischendes Geräusch und schließlich Brandgeruch aus dem Innern der Jacht. Der Blitz war eingeschlagen. Wir saßen zunächst wie erstarrt da, aber dank der 'Faraday'schen Käfig-Wirkung' des Riggs war uns nichts passiert. In Gedanken sahen wir uns schon mit den Feuerlöschern hantieren, doch es kam glücklicherweise zu keinem Brand, auch zu keinem Wassereinbruch infolge etwa durch die Bordwand durchgebrannter Geber für Log oder Echolot. Das Gewitter verzog sich rasch, und wir konnten alsbald in Ampuriabrava anlegen. Eine sofort eingeleitete Untersuchung zeigte dann das ganze Ausmaß der vom Blitz angerichteten Schäden. Nahezu die gesamte elektrische und elektronische Einrichtung der Jacht war zerstört oder beschädigt. Den Weg, den der Blitz durch das Schiff nahm, konnten wir wie folgt rekonstruieren:

Der im Masttopp eingeschlagene Blitz zerstörte sofort die UKW-Antenne - die Kunststoffummantelung verbrannte, im Bruchteil einer Sekunde verbrannte die Ankerlaterne und das Dampferlicht, löste die Stromkabel, welche in den Mast hineinrutschten. Die Automatik-Sicherungen für Anker- und Dampferlicht im Bordnetzverteiler verbrannten und explodierten buchstäblich. Glücklicherweise kam es an dieser schwer zugänglichen Stelle hinter dem Paneel zu keinem Feuer. Im Bordnetzverteiler schlug der Blitz auf die anderen (abgeschalteten) Stromkreise über und zerstörte das Echolot (Seafarer), das Log (VDO), die Windmeßanlage (VDO), die Glühbirnen der doppelfarbigen Seitenlaterne, der Hecklaterne, der Kompaßbeleuchtung, sowie eine Leuchtstofflampe im Salon. Das Ladegerät für den Funkpeiler (Lokata) brannte durch, wobei eine platzende Leuchtdiode das Gehäuse zersprengte. Das Schaltrelais für den Kühlschrank, der ebenfalls einen eigenen Stromkreis hat, verbrannte. Ein Teil der Blitzenergie ging über die Funkenstrecke in den Kiel. Bei der Funkenstrecke handelt es sich um zwei dünne, im Abstand von ca. 0,5 mm zueinander stehende Metallstifte, die in ein Glasröhrchen von ca. 9 mm Durchmesser eingeschmolzen sind. Durch die Blitzenergie wurde einer der mit den Steckfassungen verlöteten Stifte abgeschmolzen. Da die Funkenstrecke, welche Rigg und Kiel nicht permanent verbindet, die hohe Blitzenergie offenbar nicht rasch genug ableiten konnte, ging

Schutz der Motorenanlage

ein Teil der Energie über das Achterstag in die in diesem Teil verbundene Antennenzuleitung. Von dem auf dem Navigatortisch liegenden Antennenstecker schlug der Blitz unter Abschmelzung des Kontaktstiftes frei über eine Strecke von ca. 25 cm in den Stromleitungsstecker des Grenzwellenempfängers (Datatron), beschädigte diesen und ging über den Bordnetzverteiler auf das UKW-Seefunkgerät (Shipmate RS 8000). Wie durch ein Wunder war das UKW-Seefunkgerät nach Austausch der 'flinken' Sicherung noch funktionsfähig. Vom Bordnetzverteiler lief die Energie auf den Hauptschalter, der sich in der vorhandenen Schaltstellung blockierte. Von dort ging es weiter über die Drehstrommaschine, die durchbrannte und Masseschluß mit dem Motorblock herstellte. Schließlich gelangte der Blitz über die Schraubenwelle ins Wasser. Wegen des Masseschlusses in der Lichtmaschine und des dadurch bewirkten Durchschlagens der speziellen Volvo-Motorsicherung konnte der Diesel anschließend nicht mehr gestartet werden. Ursache für die verheerenden Schäden an der gesamten Elektrik und Elektronik ist die Tatsache, daß die als Blitzsicherung eingesetzte Funkenstrecke, die Blitzenergie nicht rasch und vollständig genug ableitete, ja vielleicht sogar erst richtig aufbaute. Der Blitz suchte sich dann noch einen zweiten Weg, um ins Wasser zu gelangen. Um ein solches Ereignis in Zukunft möglichst zu vermeiden, haben wir das Rigg nun direkt mit dem Kiel verbunden. Da wir dadurch das Rigg nicht mehr als Antenne benutzen können, wollen wir eine separate Antenne verlegen. Wir scheuen uns aber, das isolierte Achterstag als Antenne zu nehmen, da wir dadurch eine Beeinträchtigung der Schutzwirkung des 'Faraday'schen-Käfigs' befürchten. Eher wollen wir noch eine direkte Verbindung zwischen Achterstag und Kiel herstellen. Wir sind der Meinung, bei diesem Blitzeinschlag viel Glück gehabt zu haben. Niemand wurde verletzt und der Hafen war nah."(*Aus den Mitteilungen des Vereins TRANS-OCEAN entnahmen wir den Bericht von Wolfgang H. Söhngen*)

Kommentar: Als Überschrift müßte man wählen: Falsch konzipierte Blitzschutzanlage mit schweren Folgen. Die Crew verließ sich auf eine werftmäßig eingebaute Blitzschutzanlage. Als Ableitung wurde das vorhandene Rigg benutzt. Die Herunterführung zum außenliegenden Gußkiel wurde – des besseren Radioempfangs wegen – mit Hilfe eines Gasentladungsableiters unterbrochen. Das hört sich zunächst nicht ungewöhnlich an. Der Fachmann stellt aber fest: Dieser Gasentladungsableiter kann niemals einen direkten Blitzstrom führen. Seine Abmessungen sind viel zu gering. Der Einsatz liegt lediglich im Bereich des nachgeschalteten Feinschutzes, also in einem anderen Schutzbereich, nämlich dem Eingangsschutz von Geräten. Durch eine geringe Ansprechspannung um 80 Volt bietet er, fachgerecht integriert, guten Schutz gegen normale Überspannungen. Ein Grobschutz mit Hilfe einer Hochleistungs- oder einer Ex-Trennfunkenstrecke wäre im vorliegenden Fall die geeignete Maßnahme gewesen, wenn eine wirkungsvolle Erdung den Blitzstrom auch abführen kann. Das hätte in diesem Beispiel der Gußkiel übernommen. Andere gravierende Fehler in der Konzeption hätten sich dann nicht so ausgewirkt. Es ist unstrittig, daß ein Rigg keine Empfangsantenne ersetzt, allerdings ohne Schleifen und isoliert von der Erdung, den optimalen Empfang gewähr-

1. Sicherheitsanforderungen

leistet, weil nur geringe Störströme entstehen können und auch eine geringe Abschirmung der Antenne durch das Rigg erfolgt. Die in den Schleifen entstehenden Störströme haben im Knotenpunkt am Masttopp oft ihre größte Intensität als geometrische Summe aller Wanten- und Mastteilströme. Sie beeinflussen bei starrem und kurzgeschlossenem Rigg auch eine an diesem Punkt installierte Mehrbereichsantenne durch die unmittelbare Nähe sehr ungünstig. Auch ist eine auf dem Topp des Schiffes installierte Antenne extrem gegen Blitzeinschlag gefährdet. Auf Schiffen mit Goniopeilern, am Topp montiert, erkannte man diese Beeinflussung bei der Funkbeschickung. Nur durch Isolation der Riggschleifen war diese Beeinflussung sicher und dauerhaft zu beseitigen (Funkbeschickungen dienen zur Feststellung des Fehlerwinkels beim Peilen eines Senders zur Standortbestimmung auf Schiffen). Insofern ist die Achterstagantenne als Empfangsantenne optimal, weil sie entfernter von diesen Störströmen liegt. Hätte man auf dieser Yacht das Achterstag am Topp und an Deck mit Isolatoren (eingebaute Schutzfunkenstrecke geringerer Ansprechspannung) versehen, die nur bei Überspannungen (statische Auflading) sowie Blitzeinschlag diese Antenne automatisch "auf Erde schalten", so wäre der Schaden insgesamt erheblich gemindert worden. Ferner fehlte der Potentialausgleich, d.h. die Verbindung der gesamten Metallteile und Leitungen untereinander. Daß das UKW- Funktelefon von Shipmate RS 8000 noch einsatzfähig war, ist im wesentlichen auf die Abschirmwirkung des Metallgehäuses zurückzuführen. Die Feinsicherung mit nachgeschaltetem Geräteüberspannungsschutz verhinderte größeren Schaden.

Ein eingebauter Batterieschutzschalter oder zumindest eine Batteriesicherung in der Größenordnung 100 A sowie ein Überspannungsableiter im elektrischen Strompfad des Motors und der Lichtmaschine hätten die Schäden am Motor und am Motorschalter verhindert. Nur eine fachgerecht konzipierte Blitzschutzanlage ist in der Lage, derartige Schäden zu verhindern. Eine aus dem Schutzbereich weit herausragende UKW- Stabantenne, die im Ernstfall zum Fußpunkt des Blitzeinschlages wird, kann leider nicht geschützt werden. Sie wird in jedem Fall zerstört oder abschmelzen. Die unter Deck zu montierende Hilfsantenne mit geeigneter Antennenumschaltung, ist dann die sichere Ersatzlösung, wenn primäre Blitzschutzmaßnahmen bereits ergriffen wurden.

Ein Blitzschlag schädigte auch die Motorenanlage!
Schiff: Ecume de Mer - kein Blitzschutz. Blitzschlag am 28.5.81 auf der Hälfte der Strecke von Heiligenhafen nach Marstal. Sturm- und Gewitterwarnungen waren von Kiel-Radio gegeben worden. Es wurde versucht, mit Großsegel und Maschine dem Gewitterzentrum wegzulaufen.
Schäden: Verlust des Windex, sämtliche Sicherungen der E-Anlage durchgeschmort. Am besonderen E-Kreis der Maschine keine äußeren Schäden erkennbar. Der vermutete Lauf des Blitzes: Über den Mast durch E-Zuleitung und über die Hecklaterne ins Wasser. Die Glühbirne der Laterne war zerstört. Der Einschlag wurde als kurzes Aufglühen am Mastfuß beobachtet.

Kommentar: Es handelte sich um einen Blitzeinschlag kleinerer Größe mit geringeren Auswirkungen. Wenn man bedenkt, daß 50 % der gemessenen Einschläge bei einer Stromstärke von 20 000 A liegen, gibt es Entladungsströme von 5000 bis 250 000 A, also ein breites Band. Die Besatzung hat nach dem Bericht sicherlich Glück gehabt. Aber auch diese Schäden, abgesehen von dem Verlust des Windex, der als oberster Punkt auf dem Mast stand, wären vermeidbar gewesen.

Das Sicherheitsbedürfnis wird bei der Motorenanlage auf 60% angesetzt. Für ein Segelschiff ist dies ausreichend. Für eine Motoryacht ist dieser Wert auf 80% anzusetzen, besonders dann, wenn es sich um eine Einmotorenanlage handelt.

Der rechnerische Blitzstromhöchstwert (Scheitelstrom) liegt bei 20 kA (60% Sicherheitsbedürfnis). Für Motoryachten ist mit dem doppelten Stromwert von 40 kA zu rechnen, was dem Sicherheitswert von 80% entspricht. Nach der Definition liegen für Motoryachten damit 80 % der möglichen Blitzstromwerte darunter.

Um die Schutzmaßnahmen in Grenzen zu halten, wird vereinbart, daß nach einem überstandenen Einschlag ggf. Schalter, Sicherungen und in Anspruch genommene Überspannungs-Schutzeinrichtungen vor der Wiederinbetriebnahme zu prüfen oder evtl. auszuwechseln sind. Der Motor soll jedoch während der Gewitterphase benutzbar bleiben, also nicht aus Vorsicht außer Betrieb genommen werden.

Schutz des Bordnetzes und der elektrischen Geräte

Heißwassergeräte gehören zunehmend zum "Standard" einer Yacht. Sie können sowohl durch den Motor als auch mit 230-Volt-Landstrom versorgt werden. Die Stromversorgung zahlreicher Navigationsmittel erfolgt über das Bordnetz, dessen Funktionieren ein großer Stellenwert beizumessen ist. Deshalb ist die Absicherung der Bordnetze verschiedener Spannungsebenen gegen einen Blitzschlag, der entweder den Weg über das Rigg und den Mast nehmen kann oder sich dem Netz durch elektromagnetische Einkopplung bei einem Naheinschlag mitteilt, erforderlich

Blitzschlag auf einer Vindö 40 in Bremen

Das Schiff war unbesetzt: Eintritt des Blitzes am Masttopp (Spinnakerbeschlag). Überschläge zwischen Koaxkabel der Achterstagantenne zum Bordnetz, von den Kabeln zu den M8-Messingbolzen der Scheuerleiste, von da über ca. 4 mm Luft zur Messingschiene der Scheuerleiste und von dieser über ca. 50 cm Länge (Abbrand der Schiene) als Luftüberschlag (ca. 60 cm) zum Wasser. Überschlag über den offenen Schalter auf die Batteriekabel und das Echolot sowie über den Echolotgeber ins Wasser. Vom Bugbeschlag führt eine Niroschiene 20x5 mm bis ca. 70 cm ins Wasser, wo ebenfalls der Strom austrat.

1. Sicherheitsanforderungen

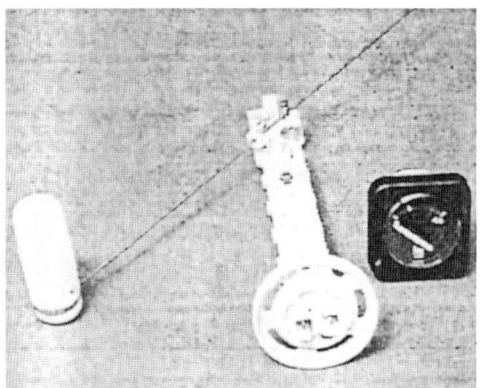
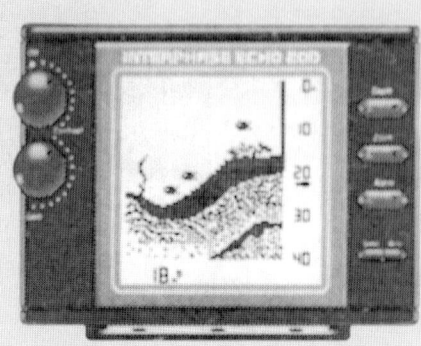

Tankanzeige *Echolot*

Schäden: Dampferlaterne am Mast explodiert, desgleichen der Antennenanschluß am isolierten Achterstag. *Echolotgeber geplatzt, dabei Loch im Rumpf von ca. 12 cm Durchmesser und bis ca. 4 cm tief.* Batterieschalter verbrannt, *Diodenverteiler zerstört.* Kabel vom Hauptschalter bis zur Schalttafel und die Schalttafel selbst total verbrannt. Wetterfunkempfänger und Echolot defekt. Eine Transistorleuchte durchgebrannt, Brennstoffwiderstandsgeber im vollen Tank durchgebrannt. Die Niroschiene vom Bugbeschlag ins Wasser an einer 5 mm-Bohrung quer durchgebrannt. Kein Feuer im Schiff.
(Hans Fleckner (4/82)

Kommentar: Nach der Konstruktion des Schiffes war der −Pol der Batterie mit der Motormasse verbunden und somit über die Propellerwelle geerdet. Das ist keine ausreichende Erdung und dazu noch eine ungünstige, weil drehende Teile den Blitzstrom über die Lager ableiten müßten. Das funktioniert schadlos nur bei großen Lagerabmessungen. In diesem Fall waren es sicherlich nur Teilströme. Der Hauptblitzstrom wird über die Bugschiene ins Wasser verlaufen sein, während ein großer Teilstrom den Weg über die Installationsanlage zum Echolotgeber fand. Das Ausmaß der Entladung, die sicherlich erheblich war, spiegelt sich in dem 4 cm tiefen Loch mit 12 cm Durchmesser wieder. Das sind Schäden, die auch bei provisorischen Blitzschutzanlagen durch ungenügende Erdung entstehen! Selbst der Mast, einerseits Träger des Blitzeinschlages, nahm wegen der fehlenden Erdableitung erhebliche Spannung an. Das führte zu den Überschlägen und zur Explosion der Positionslaterne. Die Überschläge vom Rumpf zum Wasser oder umgekehrt sind ebenfalls eine Folge schlechter Erdung.

Es wird im folgenden zu klären sein, wo Überspannungsschutzorgane auf den an Bord häufig vorzufindenden zwei Spannungsebenen − 12 Volt (24 V) Gleichstrom und 230 Volt Wechselstrom − wirkungsvoll eingesetzt werden müssen und welche Gefahren und Schäden an Bord durch den Landanschluß entstehen können. Der Stromversorgungsteil verschiedener Bordgeräte wird

Navigator

Überspannungsableiter VM 75

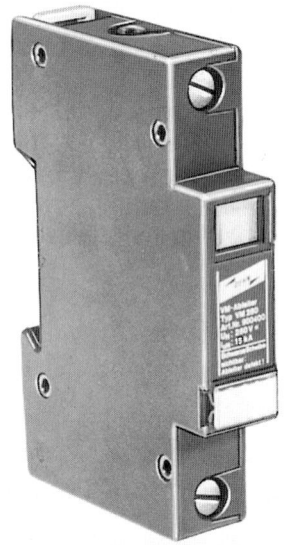

mit in die Verteilungsanlage (Bordnetz) einbezogen. Funk- und fernmeldetechnische Geräte müssen – abgesehen vom Netzteil – durch andere diesen Bereich betreffende Maßnahmen wirkungsvoll geschützt werden.

Unter Berücksichtigung der bereits getroffenen Maßnahmen ist die Sicherheitsgrenze wie beim Motorenschutz auf 60% festgelegt worden, weil einer intakten Bordinstallation ein hoher Stellenwert beizumessen ist. Der Blitzstromhöchstwert liegt bei 20 kA. Hier wie beim Motorenschutz wird in Kauf genommen, daß elektrische Schutzorgane beim Blitzeinschlag auslösen können. Die Wiederinbetriebnahme ist anschließend möglich.

Schutz der Funk- und Fernmeldeanlagen

Blitzeinschlag in ein Stahlschiff!

Der Bericht über diesen Fall soll verdeutlichen, daß weder das mit dem Stahlrumpf verbundene Rigg noch der Stahlrumpf selbst einen ausreichenden Schutz bietet.

Ein Stahlschiff von 7 t erhielt am 15.7.82 im Alsensund einen Blitzschlag unter Maschine mit gesetzter Genua. Das Groß war geborgen. Der Blitz traf den Masttopp (Masthöhe 12.00 m), zündete eine riesige Flammenkugel und verschwand über Steuerbord mit Antenne und Toppzubehör als Rauchwolke.

1. Sicherheitsanforderungen

Schäden: Antenne verschwunden, Topplicht ausgefallen, Windexspitze ausgeglüht, Sicherungen durchgebrannt, Debeg-Sprechfunkgerät auch nach Installation einer Notantenne außer Funktion. Kabel und Anschluß waren nicht verglüht. Die Crew glaubte, daß der Holzmast durch die Niroplatte auf dem Topp stehen blieb.
(Ingrid Deppe)

> *Kommentar:* Das Schiff war mit einem Holzmast ausgerüstet. Der Holzmast ohne Ableitung war für die Ausdehnung des Schadens mit verantwortlich. Auch fehlten sicherlich die in das Antennen-Achterstag einzubauenden Spezialisolatoren mit integrierter Schutzfunkenstrecke. Über das Achterstag und das Topplicht sind die Ströme wahrscheinlich in das Schiffsinnere gelangt. Wäre die Mastschiene mit dem Rigg und über den Mastfuß mit dem Rumpf im Kielbereich verbunden gewesen und hätte man anstelle der einfachen Isolatoren, solche mit Funkenstrecke eingebaut, so wäre mit diesem kleinen Aufwand – bis auf den Antennenschaden – nichts weiter passiert. Auch sei hierbei auf die Möglichkeit einer Antennenumschalteinrichtung für eine Hilfsantenne hingewiesen, die natürlich vor einem Gewitter und bei längerem Verlassen des Schiffes umgeschaltet werden muß.

Bei einer an Land stehenden Yacht verschweißte der Blitz Kiel und Winterbock miteinander. Ein Blitz sucht sich immer den einfachsten Weg zur Erde. Das wissen inzwischen der deutsche Eigner und das Marina-Personal, welche im jugoslawischen Hafen von Portoroz Schiffe ins Winterlager gebracht hatten. Die arbeitenden Männer wurden durch einen Blitz und einen unmittelbar folgenden ohrenbetäubenden Knall aufgeschreckt. Ein Blitz hatte in das Rigg einer mit stehendem Mast an Land aufgebockten GFK-Yacht eingeschlagen. "Aus dem Mast rauchte es gewaltig", so Horst Meyer aus Neumark.
Die zum Schiff eilenden Helfer stellten schnell fest, daß die Yacht äußerlich kaum Schäden aufwies. Allerdings war der Kiel mit dem unmittelbar auf dem Boden

Blitzeinschlag verschweißte Lagerbock

Schutz der Funk- und Fernmeldeanlagen

stehenden Metallbock verschweißt. Unter Deck waren fast alle elektronischen Geräte verschmolzen und elektrische Leitungen durchgebrannt. Ein Feuer war jedoch nicht ausgebrochen. "Der Mast der betroffenen Yacht war nicht höher als die der vielen anderen Boote im Winterlager auf dem Hafenvorfeld. Es war aber die einzige Yacht, deren Winterbock nicht zum besseren Rostschutz auf dicken Vierkanthölzern stand." Waren es fehlende Holzklötze, die zu dem Blitzschlag führten? Experten meinen ja, denn trockenes Holz wirkt wie eine Isolierung.

Kommentar: Der Blitz ist, von der Wolke aus kommend, zunächst "blind". Seine Zuggeschwindigkeit zur Erde zwecks Ladungsausgleich ist verhältnismäßig gering. Erst in einem Abstand von einigen 10 m über dem Boden orientiert er sich nach günstigen Entladungsstellen. Die Masten – als spitze Gebilde – können die Luft durch Ionisation mehr oder weniger elektrisch leitender machen. Das trifft auf alle Masten zu, die in der Nähe des möglichen Entladungspunktes stehen. Bei den sehr hohen Spannungen vor einem Blitzschlag ist es unerheblich, ob ein Kiel auf einem Holzklotz steht oder auf einem Metallstück. Dieser Teil ist nur ein Bruchteil des Gesamtstromweges bis zum Erdboden. Aus welchen Gründen immer, ist die Auswahl des Blitzes von Zufälligkeiten abhängig. Der Stromfluß über den Kiel zum Metallbock und dann zur Erde wäre der gleiche über den Holzklotz gewesen, nur hätte es dann keine Verschweißungen gegeben. Die Auswirkungen des Blitzeinschlages im Schiff können, ohne den Einbau einer Blitzschutzanlage, nicht verhindert werden. Fachleute können von ausgebrannten "Funkbuden" auf Handelsschiffen berichten. Über die Antennenzuleitungen entstehen in dem Faraday-Schutzkäfig Löcher. Überspannungen und Blitzströme können dadurch ungehindert in die Funk- und Fernmeldeeinrichtungen eindringen und diese zerstören, wenn nicht entsprechende Vorkehrungen geschaffen sind.

In Anbetracht der bereits durchgeführten Maßnahmen für den Schutz der Bordcrew von 99,9% (150 kA) kann für diesen Bereich der Sicherheitswert auf 50% gelegt werden, d.h. daß bei einem Direkteinschlag ins Schiff nur 50% aller Blitzeinschläge mit höheren Werten unberücksichtigt bleiben. Der in diesem Abschnitt zugrunde gelegte Blitzstrom liegt dann bei 10 kA. Er ist deshalb auch niedriger angesetzt, weil die häufigsten Schäden bei Naheinschlägen durch magnetische Einkopplungen entstehen. Durch diese Beeinflussung werden besonders die empfindlichen elektronischen Bauteile der Geräte – trotz eines Geräteschutzes auf der Energieseite – zerstört. Es wird bei der Konzeption der Schutzanlage toleriert, daß unmittelbar nach einem Blitzeinschlag Schutzeinrichtungen der Anlage ansprechen und dadurch die Nutzung kurzzeitig unterbrochen werden kann. Das ist insofern unerheblich, weil durch die geringe Geschwindigkeit einer Yacht im Gegensatz zu empfindlichen Übertragungsanlagen der Industrie und des Verkehrs eine lückenlose Erfassung der Informationen nicht notwendig ist.

Der zu betreibende Aufwand soll in einer vernünftigen Relation zum Gerät stehen, er muß auch bezahlbar sein. Auf den Schutz vom Bordnetz unabhängigen Taschenrechnern und Kleincomputern wird noch eingegangen.

1. Sicherheitsanforderungen

Koax-Grobschutz

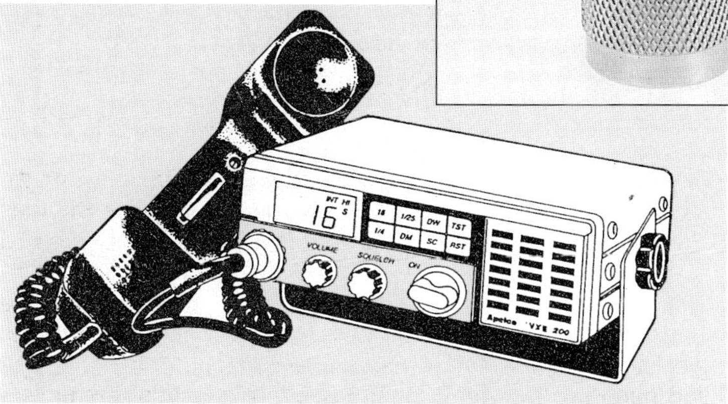

UKW-Telefon

Mobiler Navigationsrechner

2. Unfallgefahren

Die größten Gefahren bestehen für die sich im Freien aufhaltenden Personen durch einen direkten Blitzeinschlag. Fast in allen Fällen verläuft ein direkter Einschlag in den menschlichen Körper tödlich. Etwa 90% von 250 erfaßten Unfällen führten zum sofortigen Tod. Durch den sehr großen Spannungsunterschied zwischen Wolke und Einschlagpunkt Mensch sowie durch die kurze Entladungszeit kann die Blitzstrombahn im menschlichen Körper sehr unterschiedlich verlaufen. Wird der Kopf des Menschen zum Fußpunkt des Endladungsvorgangs, ist eine geringe Energie nötig, um den Tod herbeizuführen. Außer der enormen Schockwirkung ist für den klassischen Blitz die durch den Entladungsvorgang im Bruchteil einer Sekunde freigesetzte Wärme mit teilweise explosionsartiger Wirkung verantwortlich. Sie läßt sich nach einer Formel berechnen:

$$\text{Wärme} = R \cdot \int i^2 \cdot dt$$
$$R = \text{Innenwiderstand des Körpers}$$
$$(\text{Integral}) \int i^2 \cdot dt = \text{"Stromquadratimpuls"}$$

Allerdings ist dies nur ein theoretischer Wert, der entstehen könnte, wenn die gesamte Energie vom Körper aufgenommen würde. Ein Großteil des Stromes fließt jedoch an der Körperoberfläche, so daß nur ein geringer Teil durch den Körper fließen kann.

Die Empfindungsschwelle des Menschen liegt bei 1 Milli- Joule. Die tödliche Dosis hat aber einen Wert von etwa 10 Joule. Nur ein verschwindend kleiner Teil dieser Blitzenergie ist daher erforderlich, einen Menschen zu töten. Es ist vorgekommen, daß nachweislich vom Blitz getroffene Menschen überlebten, allerdings mit erheblichen Brandwunden und schweren inneren Verletzungen. Worauf war das zurückzuführen? Bei einem Körperwiderstand von ca. 500 Ohm kann bei dem Direkteinschlag in den Körper (Stromanstieg in der 1. kurzen Zeit beim Einschlag: Mikrosekunden !), die Spannung bis auf 100 000 V ansteigen (Wert zwischen Eintritt in den Körper und Austritt). Darauf folgt eine Gleitfunkenentladung entlang der Körperoberfläche. Der dadurch entstehende Lichtbogen übernimmt, wegen seines sehr geringen Eigenwiderstandes gegenüber dem Körper, den Großteil des Energietransportes. Darin ist in Einzelfällen die Erklärung zu finden, daß ein Mensch den Blitzschlag überlebte. Die Spannungsdifferenz zwischen den Körperfußpunkten (Eintrittsstelle, Austrittsstelle) bricht im Bruchteil einer Mikrosekunde zusammen. Erhebliche Verbrennungen treten durch den unmittelbar am Körper stehenden Lichtbogen auf sowie Gehörschädigungen und Schädigungen der Augennetzhaut. Daneben wurden nach einem überlebten Blitzschlag folgende Schädigungen diagnostiziert:

2. Unfallgefahren

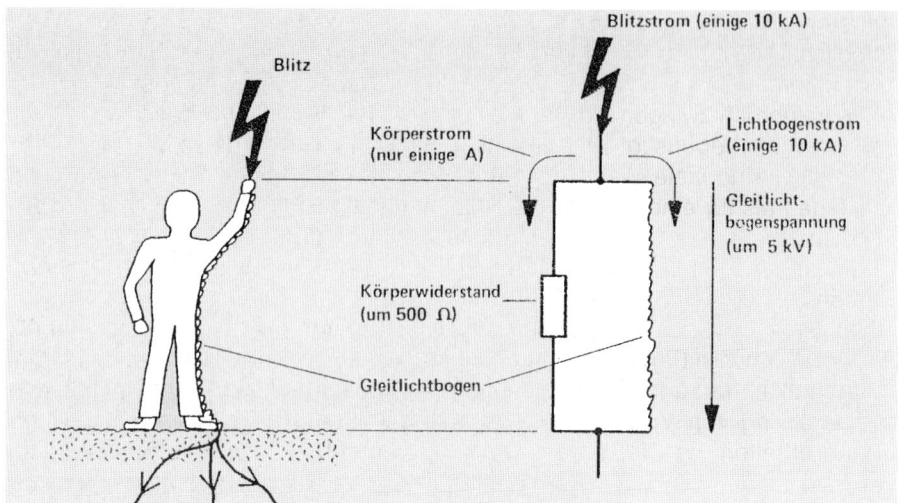

Direkter Einschlag eines Wolke-Erde-Blitzes in einen Menschen

- Lähmungen (in der Regel reversibel), insbesondere in Armen und Beinen
- Gehirnschädigungen, Schädigungen des zentralen Nervensystems
- Gehör- und Sehstörungen bzw.-Schädigungen
- erhöhter Blutdruck, oft über Monate
- Strommarken an den Ein- und Austrittsstellen des Stromes
- Verbrennungen ersten bis dritten Grades
- vorübergehende Bewußtlosigkeit
- Schädigung des allgemeinen Nervensystems
- Bewußtlosigkeit und Atemstillstand beim Stromfluß durch das Gehirn
- Herzstillstand, Herzkammerflimmern und Herzschädigungen beim Stromfluß durch das Herz. (EKG-Veränderungen))
- Frakturen, insbesondere des Schädels, der Wirbelsäule und der Extremitäten infolge von Stürzen.

Abgesehen vom direkten Blitzeinschlag, ist der Wassersportler sowohl in der Kajüte als auch an Deck sowie im Cockpit einer weiteren Gefahr ausgesetzt, die in der hohen Schrittspannung ihre Ursache hat. Nur auf Stahl- und Aluminiumschiffen tritt diese Schrittspannung nicht auf. Außerdem ist im Umkreis von ca. 100 m vom Einschlagpunkt mit gefährlichen Entladungsströmen, die ebenfalls Schrittspannungen hervorrufen (insbesonders im Wasser) zu rechnen. Daher sollte man das Hantieren an im Wasser liegenden Beibooten, an Bojen sowie am Ankergeschirr bereits beim Herannahen eines Gewitters unterlassen. Diese Unfallgefahren sind der unmittelbaren Personengefährdung zuzuordnen. Auf See sind es aber häufig die mittelbaren Gefahren, die nach einem überstandenen Einschlag

2. Unfallgefahren

auftreten. Kleine Schäden in der Takelage, vom Blitzstrom verursacht, können zu erheblichen Gefahrensituationen für die Besatzung führen, wenn "der Mast von oben kommt". Ein durch den Blitz ausgelöster Kabelbrand, und anschließender Wassereinbruch zwingen die Besatzungen oft, das Schiff zu verlassen.

Nicht selten begünstigt eine unsachgemäße Installation diese Vorgänge. Offensichtlich sind viele Wassersportler bereit, für ein neues Segel mehr Geld anzulegen als für eine sichere Installation, verbunden mit einer Blitzschutzanlage. Zudem fehlt es an entsprechender Aufklärung.

Eine andere Art der Durchströmung kann der Skipper beim Anbordgehen erleben:

"Mir ist die Freude am meiner neuen GFK-Yacht ganz erheblich vergällt worden durch ihre Eigenschaft, sich elektrostatisch aufzuladen: Bereits im Mai hatten meine Frau und ich beim Anlegen im Überlinger Hafen durch gleichzeitige Berührung von Vorstag und der eisernen Stegtreppe einen elektrischen Schlag erhalten, der besonders meine Frau erheblich schockierte. Daraufhin besorgte ich mir ein 2 cm breites Kupferband, das ich am Achterstag befestigte und fortan beim Anlegen ins Wasser hängen ließ. An einem Gewittertag rutschte ich beim Festmachen der Vorleine auf einem Motorboot ab und fiel ins Wasser. Darauf griff ich an die Reling meines Bootes, um mich hochzuziehen. Dabei erhielt ich einen sehr starken elektrischen Schlag mit einem tetanischen Muskelkrampf in der Hand, so daß ich an der Reling klebte und mich nicht ins Wasser zurückfallen lassen konnte. Als meine Frau mich endlich er'löste', war wohl schon die meiste Spannung durch mich ins Wasser abgeflossen. Die Verletzungen waren ziemlich stark – Schwellungen und Blutungen an den Nerven und am beringten Finger der Hand –, die im Wasser war. Bis jetzt sind die Muskelsteife und Nervenschmerzen noch nicht abgeklungen, und meine Arbeits- und Segelfähigkeit sind dadurch stark eingeschränkt".

Dr. Hans Holzmann, Überlingen

Kommentar: Das an einem Want, in diesem Fall am Achterstag befestigte Kupferband leitet mit Sicherheit dann die statischen Aufladungen ab, wenn sämtliche von dem elektrischen Feld umgebenen Metalldrähte und größeren Metallteile sauber damit verbunden wurden. Dabei reicht auch eine metallische Verbindung geringen Querschnitts. Über diese werden die Elektronenströme in der Größe einiger Milliampere ständig ins Wasser geleitet, und somit wird die elektrische Ladung der Antenne abgebaut. Ist diese Verbindung nicht umfassend, so können sich die Elektronen an den anderen Stellen auf der Oberfläche des Kunststoffes sammeln, vergleichbar mit einem Kondensator, der ebenfalls aus 2 voneinander isolierten Metallbelegen besteht. Im Vergleich zum Schiff entspricht der eine Beleg dem Wasser am Rumpf und der andere den Metallteilen an Deck und Aufbauten einschließlich der Reling, die gleichzeitig als Antenne zum Heranführen der Elektronen fungieren. Dies war offensichtlich nicht bedacht worden, wobei das herannahende Gewitter das sich nicht unbedingt an diesem Ort entladen mußte, ein übriges bewirkte. Hieraus werden Gefahren deutlich, die durch einen nicht durchdachten Schutz dennoch vorhanden sind.

2. Unfallgefahren

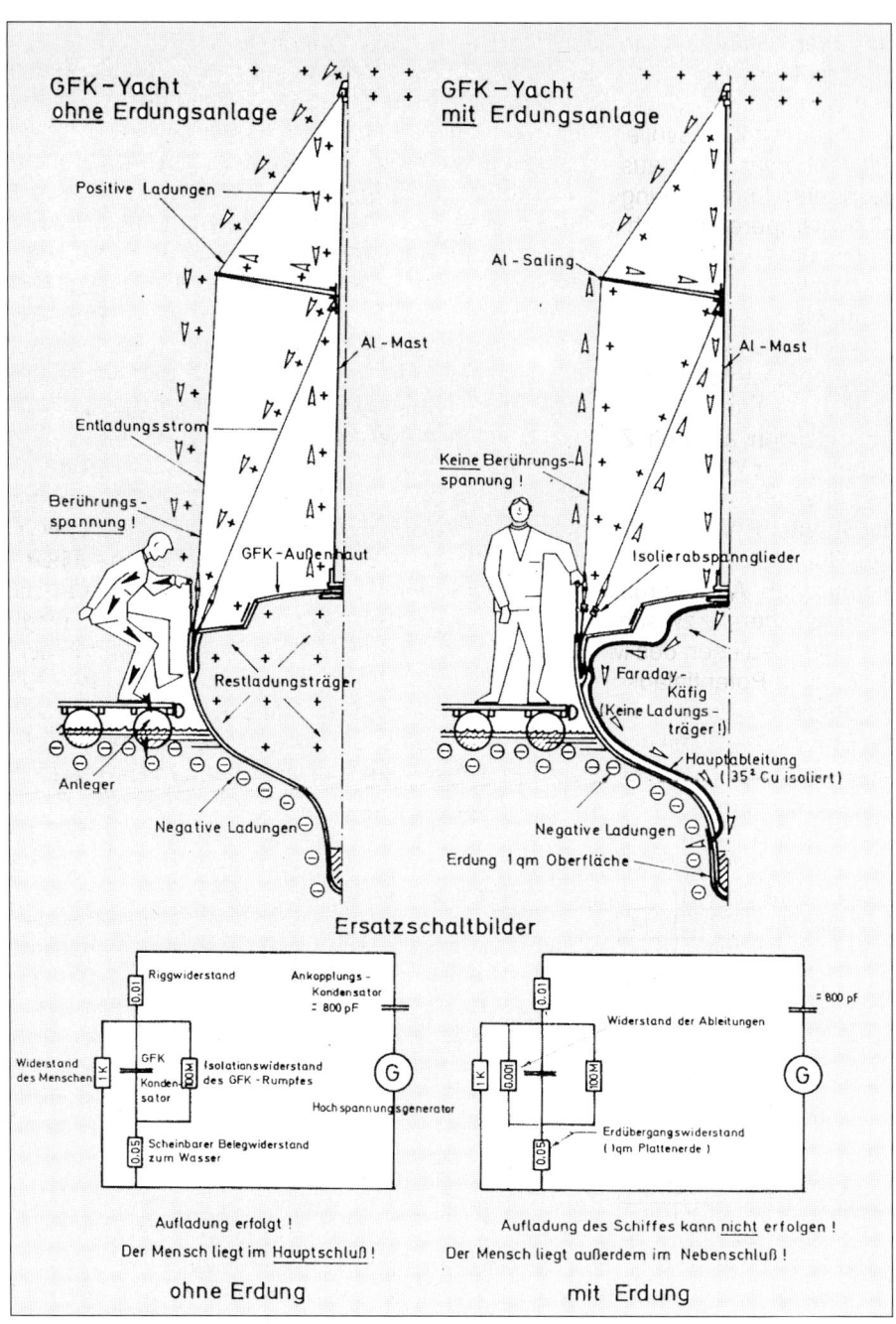

Unser Schiff beißt!

2. Unfallgefahren

Der über Bord gehängte Draht war vielfach die vermeintliche Lösung, um das Übel zu beseitigen. Daß dieser Draht später auch als Blitzableiter verwendet wurde, war nicht vorgesehen. Die Größenverhältnisse sind es, die den Draht nicht zum wirkungsvollen Blitzableiter umfunktionieren können. Denn der Blitz entsteht zwar auch aus der Summe geringer statischer Aufladungen durch besondere Luftströmungen, jedoch geht die Entladung nicht mit Werten einiger 10 Milliampere vor sich, sondern mit 100 000 Ampere. Daher kann man mit einem über Bord gehängten Draht diesen Gewalten nicht trotzen. Für den menschlichen Körper bedeutet nicht jeder elektrische Stromschlag eine Gefährdung. Man denke an den Weidezaun, der mit einer Spannung bis zu 6000 Volt arbeitet. Energie-, Spannungs- und Stromwerte für sich betrachtet, haben noch keine Aussagekraft. Nur im Zusammenhang mit anderen Faktoren lassen sich Schlüsse ziehen, wie hier mit der Zeit. Der menschliche Körper reagiert im wesentlichen auf den Zeitabschnitt der Einwirkung einer Sromdurchflutung, wobei dieser Wert nur in Verbindung mit Strom und Spannung zu sehen ist.

Eine andere indirekte Durchströmung des Menschen erfolgt beim Blitzschlag durch unterschiedliche elektrische Potentiale, die sich im Schiff bilden können. Der Rudergänger, bei einem Blitzschlag ins Schiff nicht getroffen, wird beim eigentlichen Ableitvorgang des Blitzes ins Wasser, durch die entstandene Potentialdifferenz zwischen Rad und Fußbereich durchströmt. Gleiches ist möglich beim Bedienen des Motors an der Steuersäule. Abhilfe kann nur durch den Blitzschutz-Potentialausgleich, die elektrische Verbindung aller im Handbereich liegenden Teile mit der Erdung, erreicht werden. Damit dieser Effekt eintritt, muß die Erdung möglichst niedrige Werte aufweisen. Trotz aller Vorkehrungen kann eine kurzzeitige Durchströmung beispielsweise des Rudergängers in der ersten

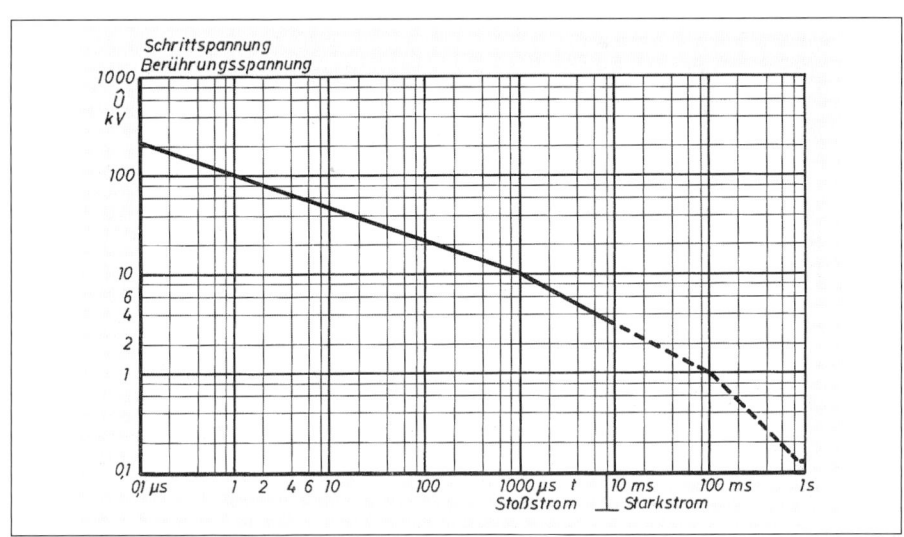

Verträglichkeitskurve des Menschen bei Stromdurchflutungen

2. Unfallgefahren

Phase des Blitzeinschlages zwischen 3 und 10 µs erfolgen. Auch ein Überschlagsweg vom Baum zum Kopf ist möglich und kann wegen der geringen Entfernung zu einer Durchströmung führen.

Als Beispiel soll der zeitliche Ablauf eines Blitzschlages die möglichen gesundheitlichen Schädigungen an Hand der Verträglichkeitskurve der Berufsgenossenschaft verdeutlichen.

1. **Zur Zeit 0 - 2 µs:** Blitzeinschlag erfolgt. Der Rudergänger wird nicht direkt vom Blitz getroffen. (Masteinschlag)
2. **Zur Zeit 0 - 10 µs:** Durch die hohe induktive Spannungsdifferenz könnte jedoch ein Überschlag von der Baumnock zum Kopf entstehen.
3. **Zur Zeit 0 - 2000 µs:** Eine Durchströmung zwischen Hand und Fuß findet über das Steuerrad und Speigatt statt.

Zu 2:
Das Resultat vorweggenommen: Es sind 440 kV, Zeit = 10 µs. Die Verträglichkeitsgrenze liegt bei 50 kV. Falls der Überschlag eintritt, wird der Rudergänger verletzt. Daher ist z.B. der Abstand zum Baum auf 90 cm zu vergrößern!

Zu 3:
Bei guter Erdung wird eine Spannung von (nur) 2 kV errechnet für die Zeitspanne bis zu 2000 µs. In diesem Fall besteht keine Gefahr. Der Grenzwert der Verträglichkeit liegt bei 12 kV. Organische Schädigungen entstehen durch den von außen eindringenden Energieumsatz im Körper während der gesamten Durchströmungszeit. Die Grenze liegt dabei im Bereich 1 Milli-Joule. Die tödliche Dosis beträgt 10 bis 50 Joule (Wattsekunden).

Zur Beurteilung der besonderen Bordsituation sagt dieser Wert nicht allzuviel aus. Bereits eine Störung des Herzrhythmus durch geringere Stromstöße kann beim Herzkammerflimmern ohne sofortige ärztliche Hilfe zum Tod führen. Ein längerer Stromfluß durch den Körper führt zu inneren und äußerer Verbrennungen. Nach etwa einer Woche kann durch Versagen der Nieren und anderer Organe der Tod dennoch eintreten. In der Hochspannungstechnik sind diese Verletzungen mit schweren inneren Schädigungen bekannt. Während bei einer Durchströmung mit einer Spannung von 230 Volt der Berührungsdruck und die Berührungsfläche neben der Zeit eine bedeutende Rolle spielen, ist bei der Durchströmung mit Hochspannung dieser Einfluß nicht so groß. Die sich ausbildende Stromstärke im Körper wird nur von dem inneren Widerstand des Menschen, vom Gel, beeinflußt und der liegt bei etwa 500 Ohm. Im anderen Fall sind es durch die isolierende Haut 1000 Ohm. Die Erklärung liegt in der Durchschlagsfestigkeit der Haut, die von der Hochspannung mit durchschlagen wird.

Ein Fehlerstrom-Schutzschalter im 230-Volt-Netz der Yacht mit 10 mA Auslösung nutzt diese Erkenntnis der begrenzten Energiezufuhr aus und schaltet bei

Werten über 10 mA sofort ab. Die Kurve der Verträglichkeit als Funktion der Berührungs- oder Durchflutungszeit (siehe Bild Seite 29) bietet im Grenzbereich jedoch keine absolute Gewähr für Schmerzfreiheit. Bei einer Durchströmung des Körpers ist es durchaus möglich, daß in diesem Grenzbereich neben den wieder abklingenden Gesundheitsbeeinträchtigungen auch andere, bisher nicht genannte auftreten können. Man ist daher gut beraten, den Grenzbereich nur dann bei der Beurteilung von Berechnungen heranzuziehen, wenn beispielsweise die Vorgaben für einen Blitzschlag in jeder Hinsicht als redundant angesehen werden.

3. Entstehung von Gewittern

Voraussetzungen für die Entstehung eines Gewitters sind Aufwind und Feuchtigkeit bei labiler Schichtung der Atmosphäre. Die aufwärts gerichtete Strömung kann im Sommer dadurch entstehen, daß die Sonne die bodennahen Luftschichten erwärmt. Untere Schichten erwärmter Luft strömen weiter nach oben und drängen die kalten Luftschichten beiseite. Durch diese Bewegungen entstehen gewaltige Turbulenzen, die zum schnellen Wechsel der einzelnen Luftschichten beitragen. Diese Gebiete starker Aufwindbereiche mit großen, zunächst nicht erkennbaren Luftschläuchen werden an Sommertagen von Segelfliegern und Ballonfahrern gesucht. Es sind für die Flieger Luftfahrstühle. Erst später (im Prozeß der Kondensation), zeichnet sich dieses Gebiet mit scharf umrandeten Kumuluswolken ab. Diese Entwicklung erfordert Zeit, so daß im Sommer erst am Nachmittag mit einer solchen Wettersituation gerechnet werden kann. Falls diese Entwicklung zügig voranschreitet, können daraus bei entsprechender Luftfeuchtigkeit die Wärmegewitter entstehen. Dieser eingeleitete Prozeß setzt sich in der Regel weiter fort. Bei der Aufwärtsbewegung der erwärmten Luftmassen, kann aus den benachbarten kälteren Luftschichten ein großer Teil der dort vorhandenen Feuchtigkeit von der vorbeiziehenden warmen Luft zusätzlich aufgenommen werden. Diese Luftmassen gelangen bis in die oberen, kälteren Luftschichten, wobei sich die Feuchtigkeit, je nach Temperatur, als Wasser oder Wasserdampf ausscheidet. Dadurch wird wieder Wärme als Kondensationswärme frei, die zur weiteren Erwärmung der Luftschicht führt. In diesem turbulenten Kreislauf (Chaossituation) kann eine Gewitterformation entstehen, die im ausgereiften Stadium an der charakteristischen Amboßwolke zu erkennen ist. Aber es gibt auch Ausnahmen an besonders heißen Tagen.

Einer anderen, häufig vorkommenden Situation des Luftmassenwechsels begegnen wir beim Herannahen von Tiefdrucksystemen. Kühlere Luftmassen schieben sich keilartig unter die wärmere bodennahe Luft und transportieren diese sehr schnell nach oben- mit der Folge einer spontanen Abkühlung und Kondensation. Durch ansteigendes Gelände wird solch ein Vorgang noch beschleunigt. Es kann sich ein „Frontengewitter" bilden.

3. Entstehung von Gewittern

Amboßwolken

Die Frage, wie es zur Bildung von elektrischen Ladungen kommt, kann bisher nur hypothetisch beantwortet werden. Einerseits führt man die Ladungstrennung und somit die Entstehung großer Spannungsdifferenzen darauf zurück, daß die Trennung mit der Polarisation der sich im Magnetfeld der Erde befundenen Regentropfen mit ihrer Bewegung und der Induktionshypothese erklärt werden könnte. Andererseits gibt es auch andere wissenschaftliche Vorstellungen über die Entstehung der Gewitter. Um einige zu nennen: Influenz,- Kondensations,- Konvektions- und Vergraupelungshypothese. Für das zur Zeit praktizierte Verfahren, uns vor den Auswirkungen eines Gewitters zu schützen, hat

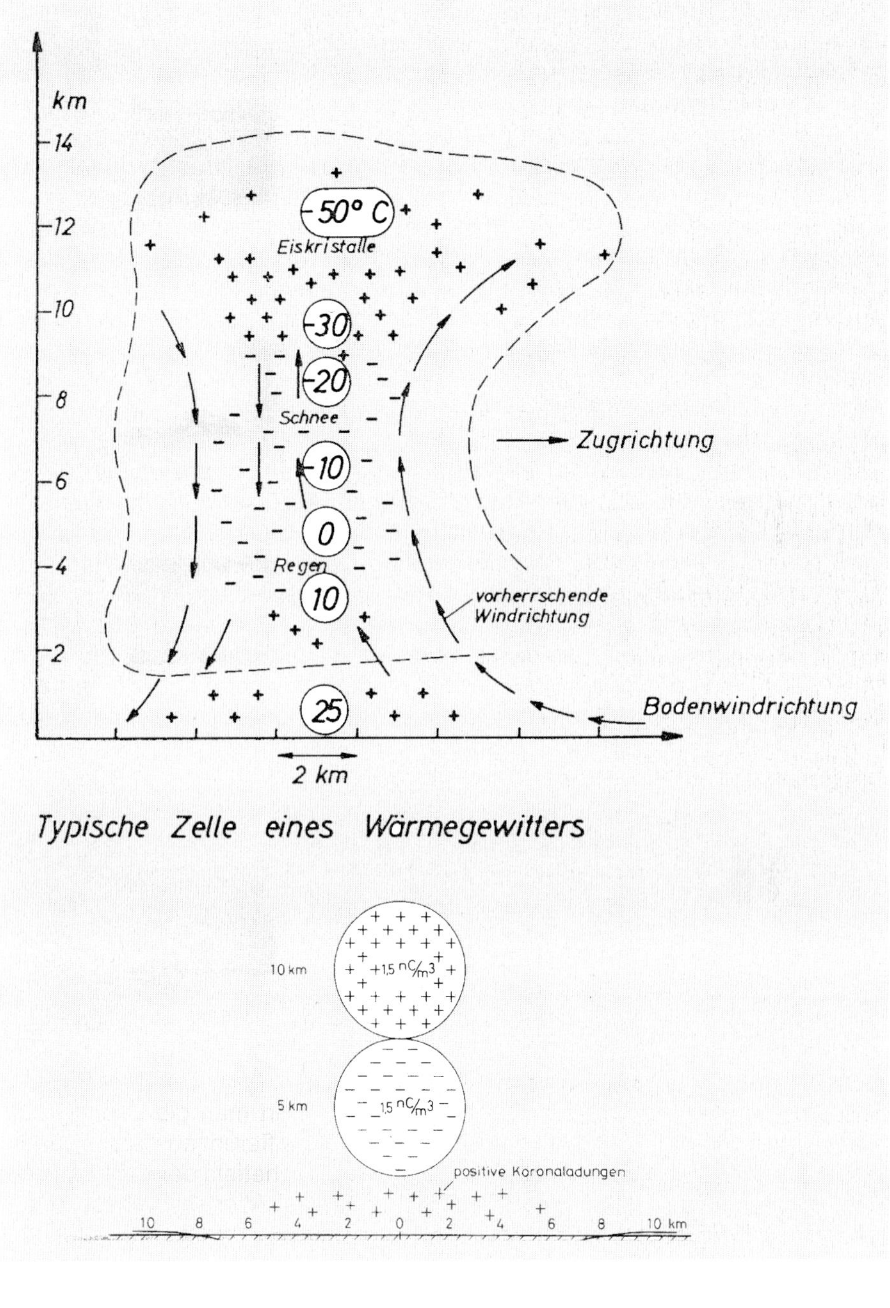

3. Entstehung von Gewittern

Typische Zelle eines Wärmegewitters

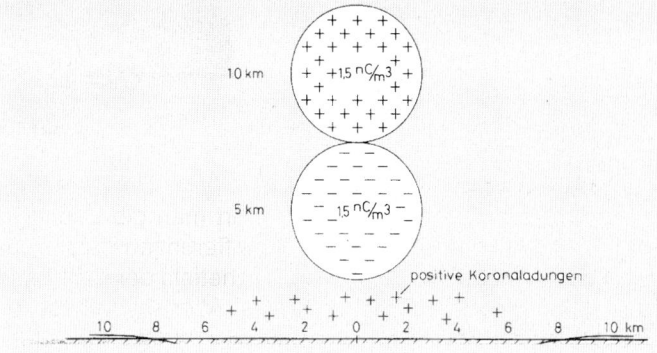

Schematischer Aufbau einer Gewitterwolke

3. Entstehung von Gewittern

die elektrische Entstehung wenig Bedeutung. Den Skipper an Bord interessieren aber mehr die Vorzeichen eines herannahenden Gewitters. Erfahrene Skipper benutzen gern die Störsignale weit entfernter Gewitterfronten, indem sie mit Hilfe eines Mittelwellenempfängers auf typische Knattergeräusche achten. Mit dieser einfachen Methode kann man beispielsweise beim Segeln unter einer verdächtigen Wolke herausfinden, ob es sich um eine ernst zu nehmende Gewitterwolke handelt oder um eine nur Böen verursachende. Nicht immer ist - je nach Blickrichtung- aus einer Wolkenformation die typische Amboßwolke zu erkennen. Im Sommer kann man einem Wärmegewitter bei Tagestörns durch frühes Ablegen entgehen. Auch Starkwindentwicklungen in Küstenbereichen, die ihre Ursache in der Erwärmung der Luftschichten und deren Beschleunigung an steilen Bergmassiven haben, wie in Südnorwegen, kann man ebenfalls durch "rechtzeitigen Start" entgehen. Einem Frontengewitter beim Herannahen eines Tiefs sind wir jedoch unterwegs zu jeder Tages- und Nachtzeit mehr oder weniger ausgeliefert.

Das Gewittersystem besteht, elektrisch betrachtet, aus verschiedenen Gewitterzellen mit einigen Kilometern Durchmesser und unterschiedlichen "Reifestadien". Die Aktivzeit einer Zelle besteht nur etwa 1/2 Stunde. Nach Messungen kann mit 2 - 3 Entladungen pro Minute gerechnet werden. Auch ist die Häufigkeit der verschiedenen Blitzströme ermittelt worden und statistisch erfaßt. Es stellte sich heraus, daß etwa 50 % aller Ströme zwischen 11 000 und 20 000 Ampere liegen. Sie fließen entlang des sich ausbildenden Leitblitzkanals zur Erde. Man kann sich den Leitblitzkanal als einen mit elektrischer Ladung gefüllten Schlauch, in dem ein hochionisierter Plasmakern eingebettet ist, vorstellen. Er

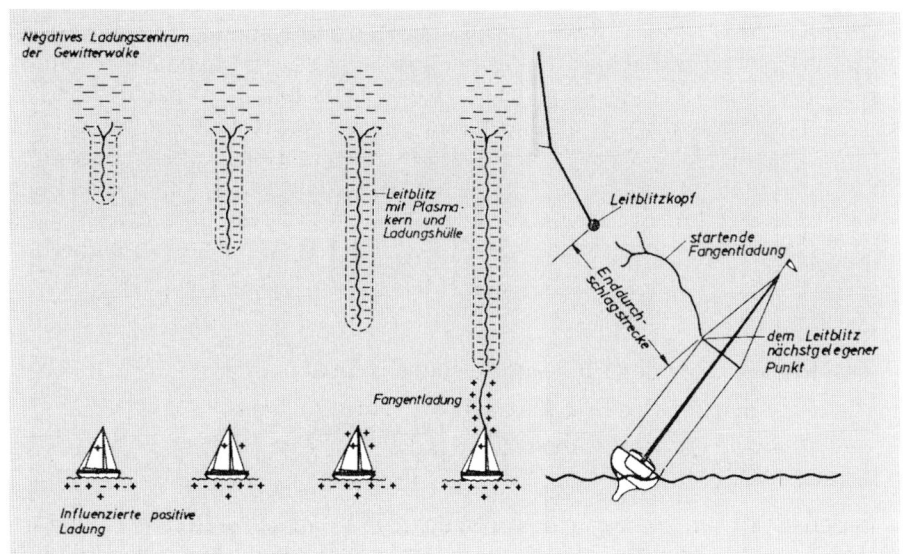

Yacht in der Nähe eines Gewitters

3. Entstehung von Gewittern

"wächst" nur (!) mit einer Geschwindigkeit um 300 km/s zur Erde (Lichtgeschwindigkeit = 300 000 km/s). In der Nähe der Erde erhöht sich die elektrische Feldstärke so stark, daß schließlich die kritische Feldstärke der Luft in Teilabschnitten überschritten wird. Sobald eine "Bodenfeldstärke" von einigen kV/m überschritten wird, beginnen herausragende Objekte, wie Bäume, Türme, Stangen, Masten oder auch hohe Wellenspitzen auf See, elektrische Entladungserscheinungen zu zeigen. Das bezeichnet man als" Koronaentladungen".

Eine nochmalige Erhöhung dieser Feldstärken führt zur weiteren Ionisierung der Luft, so daß es nach dem Überschreiten der kritischen Feldstärke zu einem Luftüberschlag kommt. Die Formgebung der Objekte am Boden trägt ebenfalls zur Orientierung des Blitzes in seiner letzten Phase unweit der Erde bei. Auch können von dem ausgewähltem Erdobjekt Fangentladungen in Richtung des Plasmaschlauches ausgehen, mit einem Abstand einiger 10 m. Sobald den Plasmaschlauch diese Fangentladung erreicht, erfolgt der eigentliche Blitzschlag, indem die Ladung in ca. 1 ms (Millisekunde) abfließt. Auch gibt es unterbrochene Entladungen, sogenannte "intermittierende", die dadurch entstehen, daß weitere Gewitterzellen sich an dem Vorgang beteiligen. Außerdem bemerkte man bei speziellen "Negativentladungen", daß nach dem Blitzeinschlag und Folgeblitz ein Stromschwanz entstand. Es sind Restentladungsströme in der Größe einiger 100 A (Ampere) in einem relativ langen Zeitabschnitt. Dieser bei einem Gewitter häufig zu erkennende Stromschwanz mit rotem Lichtbogencharakter, ist für Abschmelz- und Zündvorgänge verantwortlich. Viefach wird von einem kalten und einem warmen Blitzschlag gesprochen. Der erste in µs gezählte Teil ist der kalte und der in ms folgende, der warme Schlag.

An manchen Meßpunkten wurden bis zu 40 Einzelentladungen gezählt. Somit kann ein Objekt durchaus von mehreren Einzelentladungen heftigster Art getroffen werden. Was der erste Blitz nicht schafft, das vollenden die nachfolgenden. Und das geschieht oftmals in der kurzen Zeit eines Fotoblitzes, einiger Zehntel Sekunden bis zu Millisekunden. Um die notwendigen Berechnungen übersichtlich durchführen zu können, muß der Verschiedenheit der Blitze im Ausmaß und im zeitlichen Ablauf der Entladung Rechnung getragen werden. Dazu teilt man den Blitzstrom in seiner "Lebenszeit" so auf, daß 3 Abschnitte entstehen. In diesen Abschnitten rechnet man unabhängig voneinander mit empirischen Werten je nach der Schutzbedürftigkeit des Objektes.

1. **Phase:** Zeit des schnellen Anstiegs von ca. 0-10 µs.
2. **Phase:** Zeit des Spitzenstroms von einigen 10 µs
3. **Phase:** Zeit des intensiven langen abklingenden
   Stromes in ca. 1,5 - 2,5 ms

In den Einzelberechnungen zum Blitzschutz werden diese Zeitabschnitte am Beispiel einer zu schützenden Yacht berücksichtigt. (u.a. Bilder Seite 96, 100, 101, 102, 103, 104, 126, 139, 162, 179)

4. Gewitterhäufigkeit

Die Zahl der in der Bundesrepublik jährlich beobachteten Gewitter wurden sorgfältig registriert und kartographisch als Linien gleicher Gewitterhäufigkeit erfaßt (Keraunischer Pegel).

Weltweit wurden ebenfalls wertvolle Aufzeichnungen vorgenommen, so daß man für jedes Fahrtgebiet genaue Aussagen treffen kann. Abgesehen von den wenig befahrenen Routen auf Ozeanen und in den Gebieten geringer Bevölkerungsdichte außerhalb Europas, sind die Aufzeichnungen präzise. In der Bundesrepublik rechnet man mit einer Häufigkeit von 15 - 20 Gewittern/Jahr, in Island nur mit 1 Gewitter/Jahr, im Mittelmeer dagegen mit 30 (!) Gewittern/Jahr. Für die Bundesrepublik bedeutet diese Zahl, daß etwa 1 Million Blitze pro Jahr niedergehen, welche Schäden anrichten können. Die Zahl der Direkteinschläge liegt bei 30 000 bis 40 000. Die Zahl der unmittelbar durch Blitzschlag Getöteten ist mit 5 - 20 Personen dagegen gering. Danach könnte der Vergleich mit der Wahrscheinlichkeit eines Lottogewinns zutreffen. Beruhigen sollte uns dieser Umstand nicht, weil er auf andere Schadensfälle, wie Ertrinken durch Überbordfallen und Schiffsverlust, angewendet werden kann. Betrachtet man die Weltkarte über die Gewitterhäufigkeit, so wird man hohe Werte von 40 Gewittern/Jahr, um Madagaskar sogar von 140 Gewittern/Jahr feststellen. Aus den monatlichen Aufzeichnungen für die Sommermonate unserer Heimatreviere (Nord- und Ostsee) erfährt man, daß im Juli mit 5 - 7 Gewittern und im Juni mit nur 2,5 Gewittern gerechnet werden kann. Unser sensibles Seglergespür wird diese Angabe unterstreichen.

Das Auftreten von Gewittern in unserem Heimatrevier ist auch tageszeitlich aufgezeichnet worden. Spitzenwerte liegen zwischen 12.00h und 19.00h.

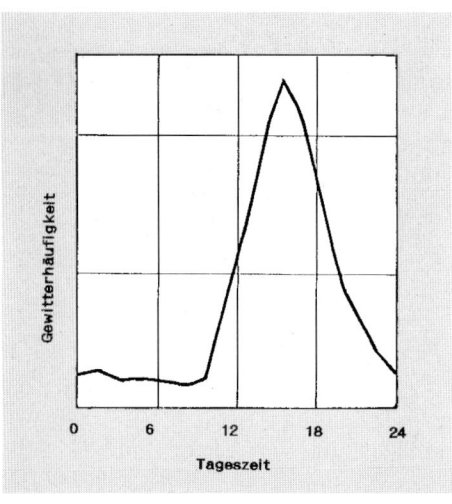

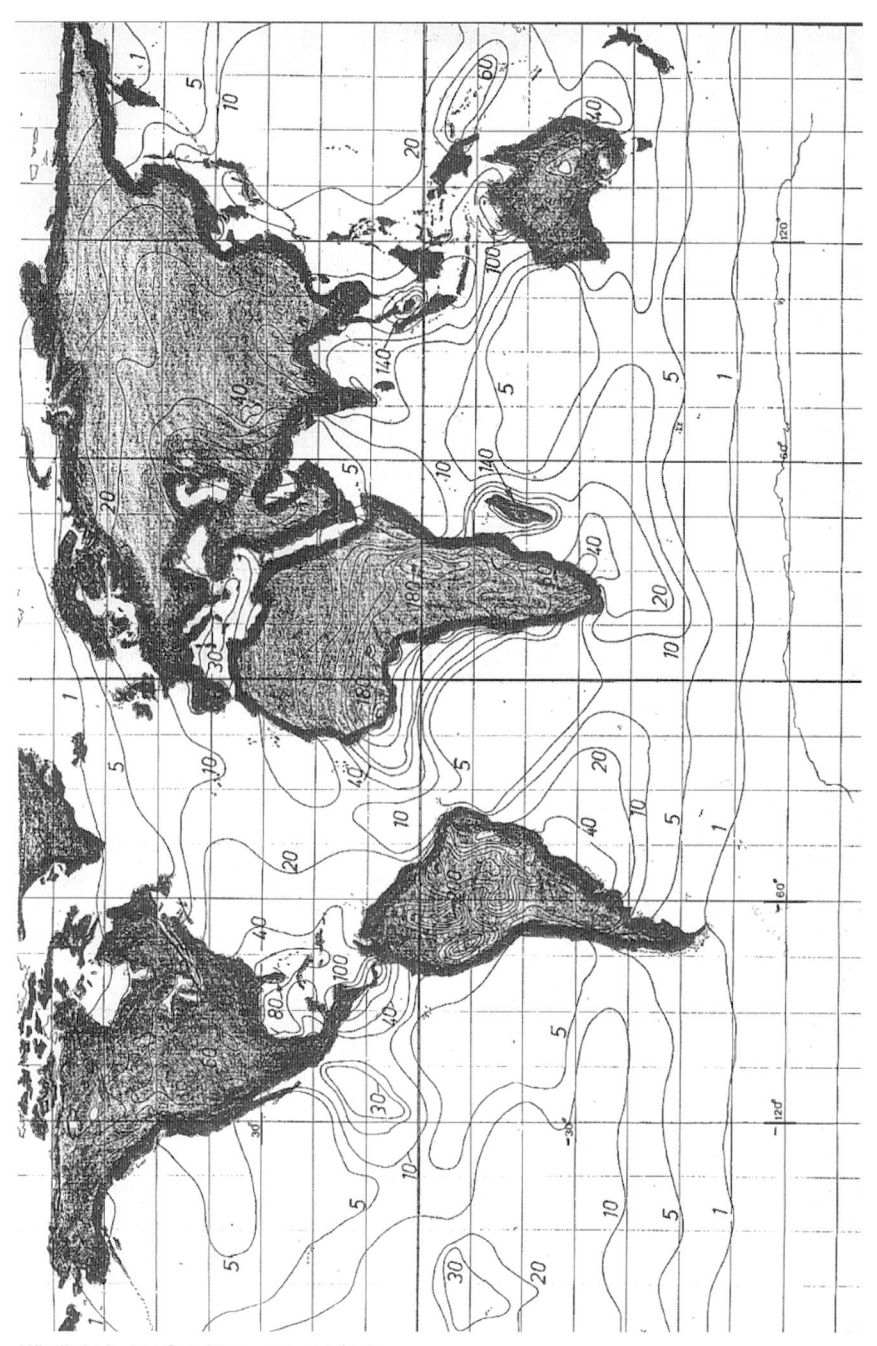

4. Gewitterhäufigkeit

Häufigkeit der Gewitter weltweit /Jahr

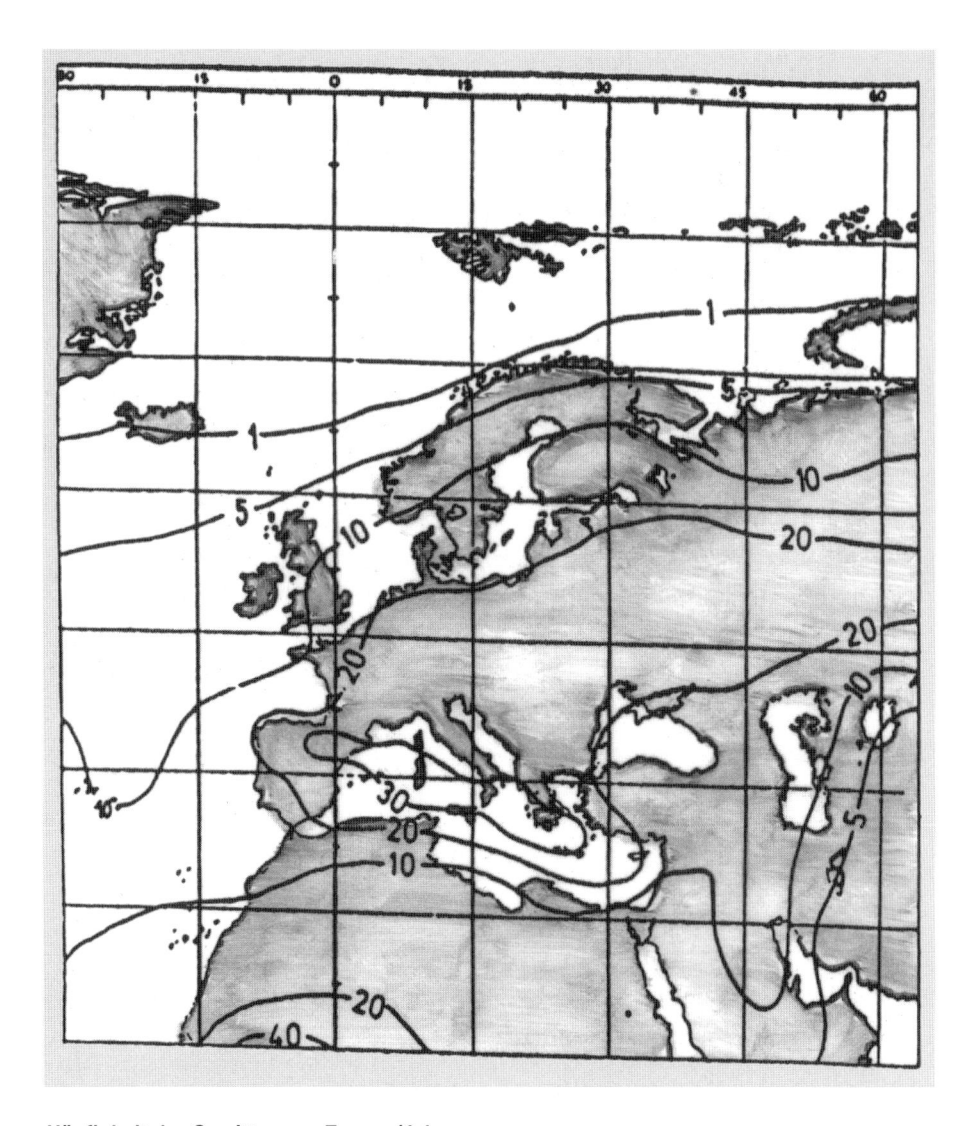

4. Gewitterhäufigkeit

Häufigkeit der Gewitter von Europa/Jahr

5. Häufigkeit hoher Blitzströme

Für bestimmte Berechnungen, insbesondere im Bereich der Erdung, der Leitererwärmung und des zu erwartenden Spannungsfalls (entlang relevanter Stromlaufwege) sind diese empirischen Werte von entscheidender Bedeutung. Auch können von hohem Blitzstrom durchflossene Leiter von den Befestigungen abgesprengt werden. Im Gegensatz zu den Strömen innerhalb der Phase des schnellen Stromanstieges haben diese Ströme keine nennenswerte Auswirkung hinsichtlich elektromagnetischer Kopplung auf benachbarte, nicht von diesen Strömen durchflossene Leiter oder Teile der Installation und der Elektronik. Sie weisen als Höchstströme des Blitzes mit abklingender Tendenz mehr Gleichstromcharakter auf. Daher wird auch von dem Scheitelwert und abklingendem Wert dieses Stromes gesprochen.

- **häufig** auftretender Scheitelwert für den Strom: **bis 100 kA**
- **selten** auftretender Scheitelwert für den Strom: **bis 150 kA**
- **kaum** auftretender Scheitelwert für den Strom: **bis 200 kA**

Die folgende Tabelle bildet die Grundlage zur Ermittlung des etwa zu erwartenden Blitzstromes (abgerundete Werte).

Blitzströme	Häufigkeit
5 – 10 kA	80 %
11 – 20 kA	50 %
21 – 30 kA	35 %
31 – 40 kA	25 %
41 – 50 kA	18 %
51 – 60 kA	15 %
61 – 70 kA	11 %
71 – 80 kA	8 %
81 – 90 kA	5 %
bis 400 kA	0,1 %

Diese Werte unterliegen allerdings großer Streuungen, deren Ursache vermutlich in den geographischen Lagen der Meßorte zu suchen ist. Die Wahrscheinlichkeit des Auftretens großer Blitzströme liegt niedriger als die Häufigkeitswerte, so daß durch die Tabellenwerte weitere Sicherheit entsteht.

6. Entladungsenergie

Die elektrische Arbeit W (Ws,kWh) die bei einem Blitzeinschlag in der Hauptsache in Wärme umgesetzt wird, ist im Vergleich zum Verbrauch im Haushalt gering. Legt man die Ladung der Wolke von 100 As zugrunde, so kann unter Berücksichtigung der Wolken-Kapazität von 1 Millifarad (mF), eine elektrische Arbeit von 1,4 kWh erzeugt werden. Das ist bereits die Energie eines recht großen Blitzes. Die größten Werte werden mit 12 kWh angegeben. Die Zusammenhänge lassen sich aus folgenden Gleichung erkennen:

$$W = 1/2 \cdot \frac{Q^2}{C} \text{ in Wattsekunden oder Joule (Ws,J)}$$

Ladung Q in Amperesekunden (As)
Kapazität C in Farad (F)
(1 Joule = $2{,}78 \cdot 10^{-7}$ kWh)

Der häufigste Blitz ist der negative Wolke-Erde-Blitz mit einer verhältnismäßig geringen Ladung von ca. 5 As. Seine "Lebenszeit" beträgt bis zum abgeklungenen Zustand etwa 2 ms. Der nicht so häufige positive Wolke-Erde-Blitz (mit einer größeren Ladung von ca. 50 As) führt zu Entladungszeiten bis zu 0,5 s Auch wurden längere Zeiten festgestellt.

- **häufig** auftretende Werte für Q = 50 As
- **wenig** auftretende Werte für Q = 300 As
- **selten** auftretende Werte für Q = 800 As

Die Ladung Q kann sich als Kurzzeitstromladung Q_s (explosionsartige Materialschmelze am Einschlagpunkt z.B. Oberwant) oder als Langzeitstromladung Q_L (Seilerwärmung durch den abfließenden Strom) auswirken. Man benutzt bei den Berechnungen folgend Grenzwerte für die Ladung Q:

Anforderung	Stoßstromladung Qs	Langzeitstromladung Q
– normal	50 As	100 As
– hoch	75 As	150 As
– extrem	100 As	200 As

Zum Vergleich werden für Industrieanlagen mit explosiven Einrichtungen Q = 75 As bei einer Zeiteinwirkung von 2 ms (von dem Technischen Komitee 81 der internationalen Elektrotechnischen Kommission [IECTC]) angegeben.

6. Entladungsenergie

Das Beispiel einer Langzeitentladung mit 100 As könnte auf den Masttopp zutreffen.
Dort sind 1. die UKW-Antenne,
2. die Windmeßanlage und
3. die Seilrolle für die Fallen
gefährdet.

Mit einer Metallplatte könnte man Fallen und Seilrollen vor einem Blitzeinschlag schützen.

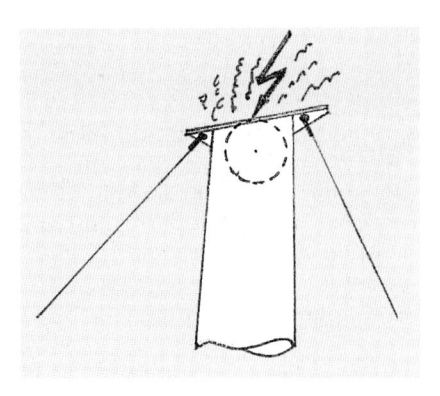

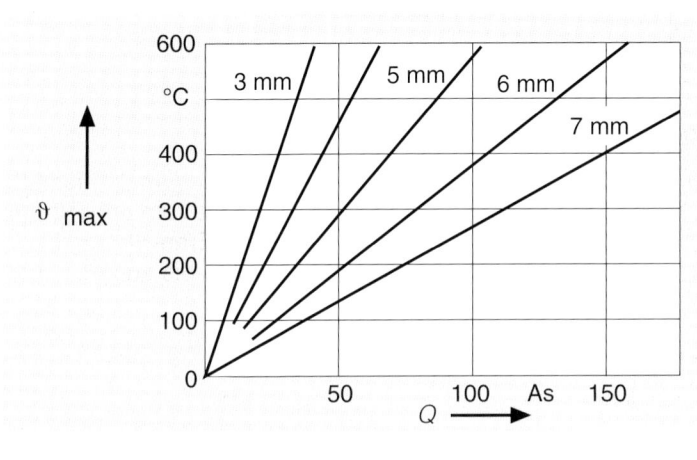

Rollen und Fallen am Masttopp

Graphik von T. Horvath

Er gibt ein numerisches Verfahren an, mit dem – abhängig von der Blitzladung – die Temperatur an der Innenseite eines Deckels ermittelt werden kann, wenn dieser vom Blitz getroffen wird. Die Angaben beziehen sich auf Stahlblech.

Danach brennen dünne Bleche durch. Auch ein über der Wasserlinie liegender Brennstofftank sollte nicht so dünnwandig sein, daß er bei einem möglichen Überschlag eines Blitzteilstromes durchlöchert wird, und der Brennstoff sich dann entzünden kann. Die Blechstärken sind in den meisten Fällen aber ausreichend bemessen.

Um zu beurteilen, welches Blech ausreicht, sollen 2 Berechnungsbeispiele dienen, denen eine Einwirkungszeit von 10 ms und 100 As zugrunde gelegt wird.

1. Wie stark muß die Abdeckplatte zum Schutz der Seile und Fallen sein, wenn Stahlblech dafür verwendet werden soll oder als Alternative Aluminium?
2. Welche Materialmenge in cm³ wird an dem Einschlagpunkt durch den Lichtbogen abgeschmolzen?

Würde ein Drahtseil von 5 mm Durchmesser dabei abschmelzen?

6. Entladungsenergie

Zu 1:
Die Stärke der Abdeckplatte kann nach der Graphik von Horvath ermittelt werden. Durch Extrapolation aus der Kurvenschar würde ein Blech von 3-4 mm Stärke der Hitzeentwicklung gerade noch standhalten können. Für Aluminiumblech kann mit ausreichender Sicherheit nach folgender Gleichung gerechnet werden:

$$\text{Materialstärke (mm)} = 2 \cdot \ln(Q/6)$$
$$\text{Materialstärke} = 2 \cdot \ln(100/6) = 5{,}6 \text{ mm}$$

Zu 2:
Das vom Lichtbogen abgeschmolzene Material ist wie folgt zu berechnen:

$$\text{Volumen (cm}^3\text{)} = \frac{W}{g} \cdot \frac{10^6}{C_w \cdot \delta_s + C_s}$$

W freiwerdende Energie beim Einschlag durch den Lichtbogen in Ws
γ Massendichte in kg/m³
C_w spezifische Wärmekapazität in Joule/(kg · Kelvin)
δ_s Schmelztemperatur in °Celsius (abzüglich Umgebungstemp. einsetzen)
C_s spezifische Schmelzwärme in Joule/kg

Kennwerte der benötigten Materialien:

	Aluminium	Stahl	Kupfer
γ	2700	7700	8950
δ_s	658	1350	1080
C_s	$0{,}356 \cdot 10^6$	$0{,}272 \cdot 10^6$	$0{,}209 \cdot 10^6$
C_w	908	469	385

Rechnungsgang zu 2:

Material = Stahl
Ladung Q = 100 As
Lichtbogenspannung U = 30 V

6. Entladungsenergie

Energie $W = Q \cdot U = 100 \cdot 30$
$W = 3000$ Ws

$$\text{Volumen} = \frac{3 \cdot 10^3}{7700} \cdot \frac{10^6}{(469 \cdot 1350 + 272 \cdot 10^3)}$$

Volumen = 0,43 cm³,
das entspricht 3,3 Gramm.

Die Materialmenge eines 2 cm langen, freiliegenden Seils von 5 mm Durchmesser liegt bei etwa 0,40 cm³. Das Seil würde also durchschmelzen. Auch ein Trevira-Tau als Fall an dieser Stelle hielte der Hitzeentwicklung durch den benachbarten Lichtbogen nicht stand.

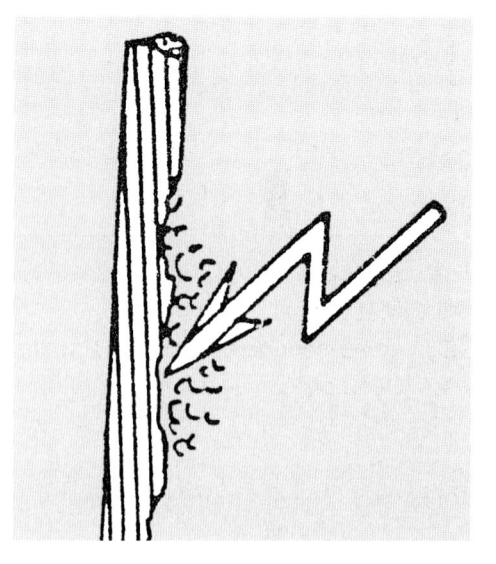

Seilschaden

7. Erwärmung der vom Blitzstrom durchflossenen Leiter

Die möglichen Blitzstrombahnen müssen nach einem Einschlag den Strom führen können, ohne dabei abzuschmelzen. Sind offensichtliche Schwachpunkte vorhanden, können durch Berechnungen die Auswirkungen an den markanten Punkten ermittelt werden. Der Blitzstrom erwärmt das Seil um so mehr, je größer sein Wert ist und je länger er fließt. Beide Berechnungsgrößen lassen sich zu einer, dem Stromquadratimpuls bzw. spezifische Energie in J/Ohm zusammenführen.

Anforderung	Grenzwert für Stromquadratimpuls	
normal	$2{,}5 \cdot 10^6$	$A^2 \cdot s$ (J/Ohm)
hoch	$5{,}6 \cdot 10^6$	$A^2 \cdot s$ (J/Ohm)
extrem	$10{,}0 \cdot 10^6$	$A^2 \cdot s$ (J/Ohm)

Die größten Werte dürfen nicht ungeprüft den Berechnungen zugrunde gelegt werden. Beim Schutz der Bordcrew mit der höchsten Priorität wird man anders verfahren müssen als beim Schutz der Funk- und Fernmeldeeinrichtungen. Der Schutz der Bordcrew beim Segelschiff erfordert insbesondere die Installation des Faraday- Käfigs mit Hilfe der Seile. Letztere dürfen nicht durch Blitzströme schmelzen. An die Grenze des Vertretbaren sollte schon aus Kostengründen herangegangen werden.

Die Gleichung für die Temperaturerhöhung des Seiles, ausgehend von der Umgebungstemperatur, lautet:

$$\text{Temeraturerhöhung } T = \frac{1}{A} \cdot \left[\exp \frac{I \cdot A \cdot P}{(Q \cdot 10^{-6})^2 \cdot \gamma \cdot 10^3 \cdot C} - 1 \right]$$

- **A** Temperaturkoeffizient des Materials (1/Kelvin)
- **I** Stromquadratimpuls ($A^2 \cdot s$)
- **P** spez. Widerstand des Materials (Ohm · m)
- **Q** Materialquerschnitt, Seil (mm²)
- **γ** spez. Gewicht des Materials (g/cm³)
- **C** spez. Wärmekapazität (Joule/kg · Kelvin)

7. Erwärmung der vom Blitzstron durchflossenen Leiter

Materialkennwerte für die Berechnung:

Kennwerte	Aluminium	Stahl	Kupfer
P (Ohm · m)	29 · 10⁻⁹	120 · 10⁻⁹	17,8 · 10⁻⁹
A (1/K)	4.00 · 10⁻³	6,50 · 10⁻³	3,92 · 10⁻³
γ (g/cm³)	2,7	7,7	8,92
C (Joule/kg · K)	908	469	385

Errechnete Werte für die gängigsten Drahtseildurchmesser auf einen Blick:
Drahtseil 1 x 19 A4

Seildurchmesser mm	Temperaturerhöhung °C bei 1 · 10⁶ A²·s geringste Anforderung	Temperaturerhöhung °C bei 3 ·10⁶ A²·s normale Anforderung
5	154° C	1071° C
6	61° C	266° C
8	17° C	57° C
10	6,7° C	21° C

Temperaturerhöhungen einzelner Leitungsabschnitte von speziellen Ableitungen *aus Hasse/Wiesinger:*
Durch sinnvolles Nutzen von Bauteilen der Yacht müssen für die Ableitungen als stromführende Leiter innerhalb des Riggs insofern Kompromisse gefunden werden, damit es bei einem Stromdurchgang zu keiner unzulässigen Entfestigung kommt.

Querschn. mm²	Stromquadratimpuls in 10⁶ A²s								
	Aluminium			Stahl			Kupfer		
	2,5	5,6	10	2,5	5,6	10	2,5	5,6	10
4	←	schmilzt	→	←	schmilzt	→	←	schmilzt	→
10	564	schmilzt	→	←	schmilzt	→	169	542	→
16	146	454	↘	1120	schmilzt	↘	56	143	309
25	52	132	283	211	913		22	51	98
50	12	28	52	37	96	211	5	12	22
100	3	7	12	9	20	37	1	3	5

7. Erwärmung der vom Blitzstrom durchflossenen Leiter

Beispiel:
Eine segelnde Yacht erhält einen Einschlag in das kräftemäßig belastete Luv-Oberwant. Das Rigg 1 x 19 mit einem Durchmesser von 6 mm wird durch den Blitzstrom erwärmt. Abgesehen von dem Einschlagpunkt, der zusätzlich durch den Lichtbogen belastet wird, erfährt das Seil folgende Temperaturerhöhung:

Querschnitt $= D^2 \cdot 3{,}14/4 \cdot$ Füllfaktor (bei Rood-Draht $= 1$)

$= 6^2 \cdot 3{,}14/4 \cdot 0{,}85$

$= \underline{24 \text{ mm}^2}$

Normale Sicherheitsansprüche zugrunde gelegt, daher:

$$I^2 \cdot dt = 2{,}5 \cdot 10^6$$

Mit einer Erwärmung um 220° C ist zu rechnen. (Tabellenwert für 25 mm² = 211 °C)

Die Tabelle für die Ermittlung der Temperaturerhöhung in Abhängigkeit vom Seildurchmesser berücksichtigt bereits den Seilfüllfaktor (siehe Seite 45 Mitte). Die Ergebnisse weichen durch den zugrunde gelegten höheren $I^2 \cdot dt$ -Wert mit $3 \cdot 10^6$ etwas voneinander ab.

Mit einer Entfestigung ist bei diesen Vorgaben nicht zu rechnen. Außerdem ist zu prüfen, ob vorhandene Kontaktstellen in der Lage sind, einen möglichen Stromschwanz von 200 Ampere 0,5 Sekunden lang – bei erheblichen Entladungen (bis zu 100 As) – zu überstehen. Das betrifft besonders das Achterstag, häufig mit ungeeigneten Isolatoren (Porzellan-Isoliereiern u. ähnlichem) versehen. Durch den Einsatz von Isolatoren mit integrierter Schutzfunkenstrecke erreicht man die erforderliche Sicherheit.

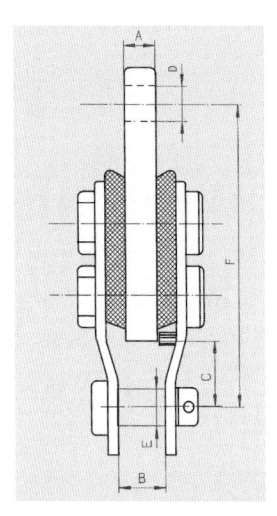

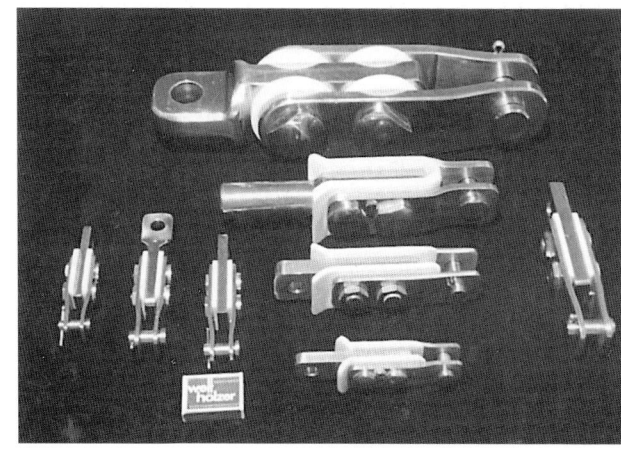

Antennenisolator mit integrierter Schutzfunkenstrecke

8. Elektrodynamische Kraftwirkung

Leitungen sind Krafteinwirkungen durch das vom Strom erzeugte Magnetfeld ausgesetzt. Fließt z.B. in 2 parallel verlegten Ableitungen ein starker Strom (wie der Entladungsstrom beim Blitzeinschlag), werden diese mit großer Kraft zusammengezogen. Der Abstand spielt dabei eine erhebliche Rolle. Beim Blitzeinschlag ist diese Auswirkung als Kraftimpuls (F) zu erkennen. Berücksichtigt man die Entladungskurve eines positiven Wolke-Erde-Blitzes mit einem Spitzenwert von 40 kA und einer Wirksamkeit in 2,5 ms, so ergibt sich etwa ein mittlerer Stromwert von 25 kA.

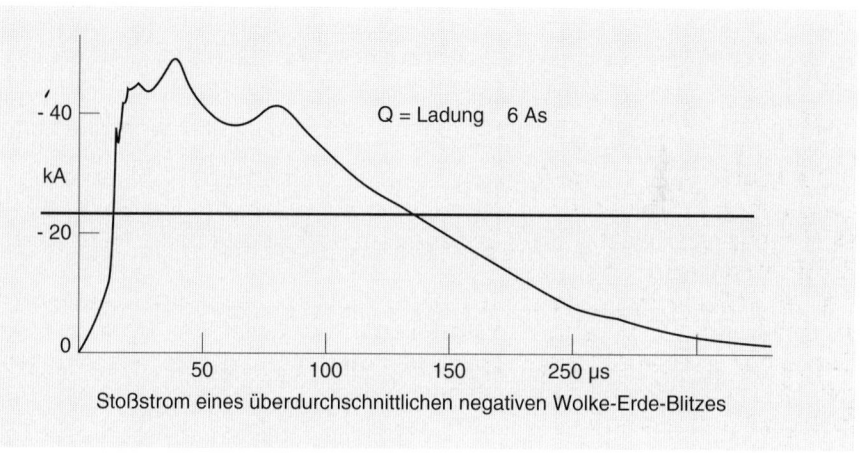

Stoßstrom eines überdurchschnittlichen negativen Wolke-Erde-Blitzes

Verlauf eines Wolke-Erde-Blitzes nach Berger

Die Kraftwirkung wird nach folgender Gleichung berechnet:
(1 daN ca. 1 kp)
Folgende Werte sind einzusetzen:

$$F \text{ (in daN)} = \frac{\mu_r \cdot \mu_0 \cdot I_1 \cdot I_2 \cdot L \cdot 10{,}2}{2 \cdot a \cdot 3{,}14}$$

μ_0 magnetische Feldkonstante $0{,}4 \cdot 3{,}14 \cdot 10^{-8}$ (Vs/A · cm)
μ_r Permeabilitätskonstante (Für Luft = 1, für Grauguß = 70)
I_1 Teilstrom durch den Leiter 1
I_2 Teilstrom durch den Leiter 2
L Länge der Parallelführung (cm)
a Abstand der Parallelführung (cm)

8. Elektrodynamische Kraftwirkung

An einem Beispiel sollen die Größenordnungen deutlich werden:
Ein Strom (= 150 kA) teilt sich in parallele Ströme je 75 kA auf.

Länge der Parallelführung 100 cm
Abstand der Parallelführung 5 cm

$$F = \frac{1 \cdot 0{,}4 \cdot 3{,}14 \cdot 10^{-8} \cdot 75000 \cdot 75000 \cdot 100 \cdot 10{,}2}{2 \cdot 5 \cdot 3{,}14}$$

$\underline{F = 2295 \text{ daN}}$ (Das sind 2295 kg!)

Diese Kraft wirkt nur in der sehr kurzen Zeit einiger 10 µs und verursacht daher durch das Beharrungsvermögen stromdurchflossener Leiter wenig Bewegung. Drähte geringerer Abmessungen sind wegen ihrer geringen Masse dieser Wirkung stark ausgesetzt. Sie zerreißen bei einem derartigen Stromdurchgang.

Größerer Schaden wird in der Regel von dem **langsam abklingenden Blitzstrom**, den man durch den Mittelwert 25 kA ersetzt, an unzureichend befestigten Ableitungen angerichtet.

Geht man von diesem Mittelwert aus, so muß mit einer Kraft von
$F = 63$ daN/m gerechnet werden.

Die Befestigung der Ableitungen von Blitzschutzeinrichtungen im Schiff sind nach diesen Kriterien an den Schotten und den Bodenwrangen vorzunehmen, wobei besonders auf die Gefahr im Maschinenraum mit drehenden Teilen hingewiesen werden muß.

Sogar das magnetische Erdfeld kann bei einem Einschlag in ein Seil eine Kraftkomponente von etwa 1 daN/m hervorrufen.

9. Zerstörende Wirkung des Blitzstromes

Mathematisch wird die Steilheit des Anstiegs von Stromwerten auf den Höchstwert in entsprechender Zeit durch das Differential di/dt gekennzeichnet. Je steiler diese "Flanke" des Blitzstromes, desto weniger gelingt es der Feuchtigkeit im Holz beim Stromdurchgang langsam zu verdampfen um so auszutreten oder in benachbarte Teile zu gelangen. Der Verdampfungsprozeß erfolgt schlagartig mit explosionsartiger Wirkung. So ist es zu erklären, daß in der Strombahn liegende Pfropfen im Mast und Rumpf eines Holzschiffes wie Geschosse aus der Verleimung fliegen. Haarrisse im Holz klaffen auf, Holzteile werden regelrecht abgesprengt.

Eine weitere Auswirkung des steilen Stromanstiegs ist die schnelle Änderung des elektromagnetischen Kraftfeldes mit dem Effekt, in benachbarten elektrischen Leitern hohe Spannungen zu erzeugen. Dabei ist es gleichgültig, ob zum stromdurchflossenen Leiter eine elektrische Verbindung besteht. Im Versicherungswesen spricht man dann oft von "Influenz", wobei unter Influenz eine statische Aufladung zu verstehen ist, die mit einem Stromdurchgang nicht in Verbindung steht. Die hierdurch entstehenden Schäden sind erheblich, insbesondere weil die Elektronik in allen Bereichen Einzug gehalten hat und sehr empfindlich auf solche Einflüsse reagiert. Sämtliche elektrisch betriebenen Navigationshilfen an Bord zählen dazu. Sie sind ein Grund für die Häufung derartiger Schäden im maritimen Bereich, denen nur durch den Einsatz entsprechender Überspannungsschutzeinrichtungen sowie durch die Schirmung vorgebeugt werden kann. (Siehe Abschnitte "Induktivität des Riggs" und "Elektromagnetische Kopplungen").

Auswirkung durch den steilen Anstieg des Stromes: Die segelnde Crew ist besonders durch den eingezeichneten möglichen Überschlagsweg Baumnock-Kopf gefährdet. Auf anderen Yachten entstehen Gefahren durch Näherungen zwischen Achterstag und Kopf des Rudergängers

9. Zerstörende Wirkung des Blitzstromes

Der Blitzstrom hat mehrere Gesichter! Das folgende Bild gibt die Steilheit des Stromes vereinfachend wieder. In der kurzen Zeit von einigen 3 -10 µs wächst der Blitzstrom nach dem Einschlag auf seinen Spitzenwert – hier 80 000 Ampere – (Werte zwischen 10 und 150 kA), um dann in Abhängigkeit von der in der Gewitterzelle vorhandenen elektrischen Ladung (Menge der Elektronen in der aktiven Wolke) wieder abzuklingen. Die Steilheit des Stromes ist für sehr viele Überschläge auf dem Weg zur Erdung verantwortlich. Die vorzugebenden Wege sollten möglichst gerade verlaufen. Der für die Entstehung der Überschläge mit verantwortliche (induktive) Widerstand wird ebenfalls durch gerade Leitungsführung geringer.

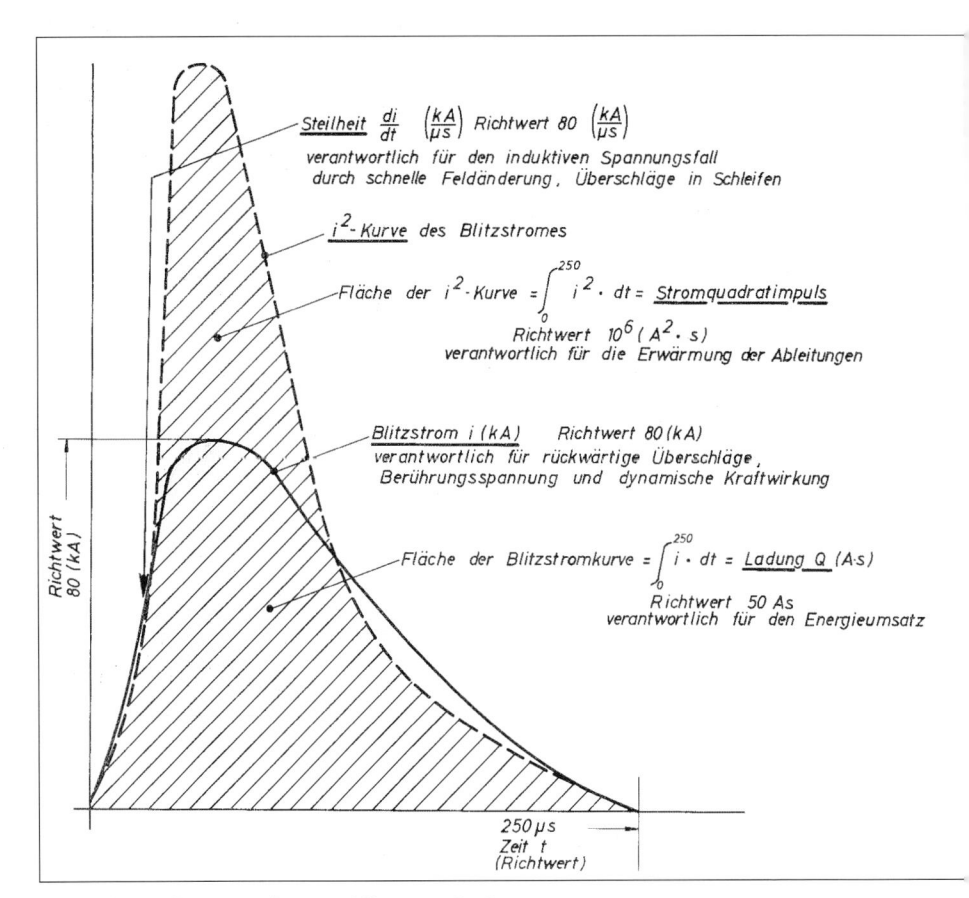

Steilheit $\frac{di}{dt}$ $\left(\frac{kA}{\mu s}\right)$ Richtwert 80 $\left(\frac{kA}{\mu s}\right)$
verantwortlich für den induktiven Spannungsfall durch schnelle Feldänderung, Überschläge in Schleifen

i^2-Kurve des Blitzstromes

Fläche der i^2-Kurve $= \int_0^{250} i^2 \cdot dt =$ Stromquadratimpuls
Richtwert 10^6 ($A^2 \cdot s$)
verantwortlich für die Erwärmung der Ableitungen

Blitzstrom i (kA)   Richtwert 80 (kA)
verantwortlich für rückwärtige Überschläge, Berührungsspannung und dynamische Kraftwirkung

Fläche der Blitzstromkurve $= \int_0^{250} i \cdot dt =$ Ladung Q (A·s)
Richtwert 50 As
verantwortlich für den Energieumsatz

Richtwert 80 (kA)

250 µs
Zeit t
(Richtwert)

Steilheit des Stromanstiegs und Stromverlauf

10. Erdungsanlage der Yacht

Nach dem Durchlaufen des Schiffes muß der gewaltige Entladungsstrom (oft mit 100 kA Ampere) einen geeigneten Weg ins Wasser finden. Der zuletzt zu durchfließende Teil vom Schiffsrumpf zum Wasser ist durch eine ausreichend dimensionierte Erdungsanlage sicherzustellen. Bei Schiffsrümpfen aus Stahl, Metall oder Aluminium erübrigt sich die Frage der Erdung. Anders sieht es auf Yachten mit quasi isolierenden Rümpfen (Holz, Kunststoff) aus. Formgebung und Einbauort der Erdungsanlage beeinflussen bei diesen Yachten die Ergebnisse. Der auch auf Kunststoffyachten anzutreffende untergebolzte Metallkiel erleichtert die Durchführung der Erdung des Schiffes - ausgenommen, der Kiel ist mit einer elektrischen Isolierschicht behandelt worden oder gar im Rumpf eingebettet. Ohne große Aufwendungen lassen sich geeignete Metallplatten aus Phosphorbronze am Rumpf oder an anderen Schiffsteilen anbringen. **Sie sind zuverlässig zu befestigen und am Rumpf mit elastischem Isoliermaterial gegen Feuchtigkeit zu schützen.** Der relevante elektrische Wert ist der Erdübergangswiderstand zwischen der Platte, dem Kiel und anderen Teilen der vom Wasser benetzten Erdungsanlage sowie dem umgebenden Seewasser. Ungünstige Formgebungen der Erdungseinrichtungen beeinflussen bei gleicher Oberfläche den zu erzielenden elektrischen Wert negativ und führen zu erheblich größeren "Stoß"-Erdungswiderständen. Der Unterschied zwischen dem Erdungswiderstand und dem beim Blitzschlag zu berücksichtigenden Stoßerdungswiderstand kann an Bord nicht gemessen werden. Er wird an Hand von Erfahrungswerten durch einen Faktor berücksichtigt, mit dem der Erdungswiderstand zu multiplizieren ist, um den beim Blitzschlag effektiven Stoßerdungswiderstand zu erhalten. Dieser Faktor ist in jedem Fall größer als der Idealwert 1.

Bei Oberflächenerden, am Schiffsrumpf zu beiden Seiten im Unterwasserbereich angebracht, ist dieser Faktor fast 1. In den Berechnungsbeispielen legten wir diesen Faktor daher mit 1 zugrunde. Der Erdübergangswiderstand ist unmittelbar von der Wasserbeschaffenheit, dem PH-Wert und Erdungsfläche abhängig, nicht jedoch vom Material und von der Struktur der Erdungsplatte. Um Blitzströme abzuleiten, führen Sintermetallplatten im Vergleich zu Bronzeplatten zu keiner Verbesserung der Erdübergangswerte. Danach ist nur die Projektionsfläche einer Platte für den effektiven Erdungswert verantwortlich. Die Struktur und die Materialzusammensetzung üben keinen entscheidenden Einfluß auf die Wirkung der Erdung aus. Bei weiteren Versuchen mit farbbeschichteten Platten zur Bewuchsvermeidung stellten sich nach einigen Tagen bereits vergleichbare Meßwerte wie bei einer unbehandelten Platte ein. Die Produkte verschiedener Hersteller ergaben auch keine entscheidende Meßwertveränderung, so daß die Erdungsplatten ohne Bedenken mit Antifouling übermalt werden konnten. Neuartige Beschichtungen auf Teflonbasis, dem besten elektri-

10. Erdungsanlage der Yacht

Leistung eines großen Kraftwerkes im Augenblick des Einschlags an der Erdung für 10 μs wirksam!

schen Isolierstoff oder andere vergleichbare Farbzusammenstellungen, führen zu unbrauchbaren Erdungswerten. Über Erdungsmessungen an Mustern verschafft man sich Klarheit über die Beschaffenheit der Antifouling. Kann eine Messung nicht durchgeführt werden, wird empfohlen, die aktive Erdungseinrichtung mit einfacher Antifouling ohne Grundierung 2x zu überstreichen, um ein elektrisch optimales Ergebnis zu erreichen. Das widerspricht etwas den Anweisungen der Farbenhersteller, weil die Grundierung fehlt. Auf dem Schiff des Verfassers wird jedoch so über Jahre mit gutem Ergebnis verfahren. Um einen 100 fachen Wert! kann sich die Erdung zwischen Salzwasser und reinem Süßwasser eines intakten Binnensees verändern. Beim Durchfahren des Vänersees oder des Vätternsees mußte man diesen Unterschied berücksichtigen. Beim konzipieren von Erdungsanlagen ist der Fahrtbereich ein wichtiger Faktor. Man entschließt sich am besten für eine größere Erdungsfläche, die sicherstellt, daß auch bei Fahrten in Gewässern mit ungünstigen Erdungsverhältnissen, keines der nachfolgend geschilderten Probleme Ärger bereitet.

Was passiert im Moment des Stromübergangs in das Medium Wasser an der Erdung? Der Stromfluß erzeugt an dieser Fläche im Übergangsgebiet Platte - Wasser Wärmeleistung, deren Größe mit dem Erdungswiderstand direkt proportional verknüpft ist. Dieser Vorgang spielt sich im Bruchteil einer Millisekunde ab. Nur geringe elektrische Arbeit (kWh) entsteht. In dieser geringen Zeitspanne können Probleme sowohl mit der Erdungsplattenbefestigung als auch mit anderen am Unterwasserschiff befestigten Teilen der Erdungsanlage entstehen. Rechnerisch wird die Situation beim Stromfluß in das Wasser sehr deutlich. Mit einer Plattengröße von 0,75 m² wird ein sehr guter Erdungswert von etwa 0,04 Ohm im Seewasser erreicht.

10. Erdungsanlage der Yacht

Der Stoßstrom eines 100 -kA- Blitzes wirkt nur etwa 10 µs. In dem Erdübergangswiderstand, also an der Erdplattenoberfläche, wird eine Wärmeleistung frei, die sich nach der Formel:

$$\text{Leistung} = I^2 \cdot R_e$$

berechnen läßt.

Leistung = $100^2 \cdot 0{,}04$
Leistung = 400 Megawatt (!); das ist die Leistung eines großen Kraftwerkes.

Diese Leistung, multipliziert mit der Zeit 10 µs, ergibt einen

$$\text{„Verbrauch" von } \frac{400 \cdot 10^3 \cdot 10 \cdot 10^{-6}}{3600} = 0{,}0011 \text{ kWh}$$

Damit kein Energiestau entstehen kann, muß die Oberfläche der Erdungsplatte in der Lage sein, diese Energie an das Medium Wasser abzuführen und zwar in der kaum vorstellbaren Zeit von 10 µs. Gelingt das nicht, kommt es zu einem explosionsartigen Wärmestau.

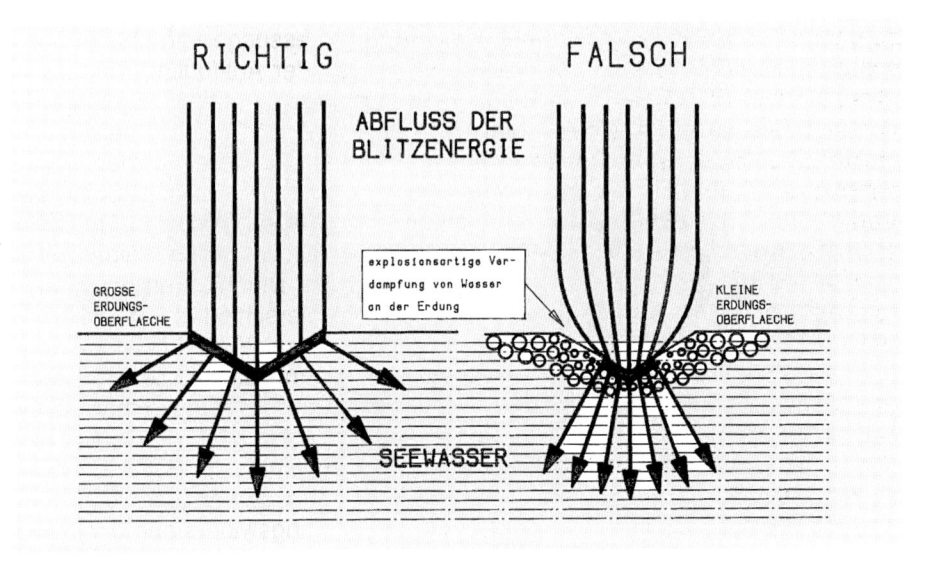

Wärmestau an der Erdung

Kleine Erdungsflächen an Yachten führen beim Blitzeinschlag zu einem Unterwasserknall, verursacht durch plötzliche Dampfbildung. Eine Wärmeabfuhr ans Wasser ist ohne Dampfbildung nicht mehr möglich. Wenn dann noch das Wasser hinter einer Borddurchführung explosionsartig verdampft, werden diese Teile vom Rumpf abgesprengt. Die Erfahrungen der Yachtversicherer

10. Erdungsanlage der Yacht

bestätigen solche Schäden. Daher sollte die Erdung mit einer möglichst großen Oberfläche durchgeführt werden, und die Erdungswerte müssen niedrig liegen. Auf sorgfältige Befestigung der Erden an den Stellen im Unterwasserbereich ist zu achten.
Neben den geschilderten mechanischen Problemen der Erdung am Schiffsrumpf, sind die elektrischen Werte zu beachten. Eine zu hohe Potentialdifferenz zwischen Wasser und Schiff durch den entstehenden Spannungsfall muß beim Stromdurchgang am Erdübergangswiderstand verhindert werden. Nur ein geringer Erdungswiderstandswert verhindert elektrische Überschläge vom Wasser ins Schiff auf allen nur denkbaren Wegen, z.B. über Logge, Echolot, Propeller usw.

Im Gegensatz zur Haus- und Industrieblitzschutzanlage sitzt man im Schiff unmittelbar am "Blitzableiter mit seiner Erdung". Er ist Teil eines Faraday-Käfigs, dessen Boden leider von elektrisch leitenden Teilen, wie Propeller, Logge, Ruderschaft etc., durchbrochen wird. Diese Teile nehmen im Fall eines Blitzschlages lebensgefährliche Spannungen an, wenn die Erdungswerte nicht ausreichen.

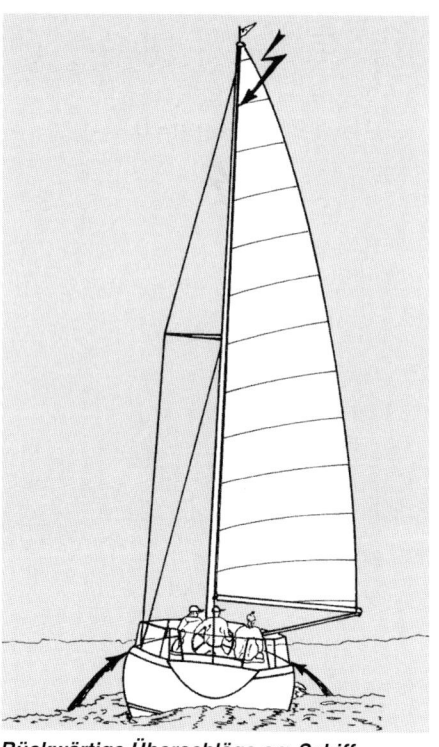

Rückwärtige Überschläge am Schiff

Das *obiges Bild* zeigt rückwärtige Überschläge vom Wasser ins Boot, verursacht durch nicht ausreichende Erdung.

Der entstehende Spannungsunterschied wird folgendermaßen errechnet:

$$\text{Spannungsunterschied } \delta U = I \cdot R_e$$
$$= 100 \text{ kA} \cdot 0{,}04$$
$$\text{Spannungsunterschied } = 4 \text{ kV}$$

Im sauberen Vänersee beträgt er dagegen $4 \text{ kV} \cdot 100 = 400 \text{ kV}$!

Das bedeutet trotz der guten Erdung, noch eine Reichweite des entstehenden Lichtbogens von 80 cm am Beispiel des Vänersees!

10. Erdungsanlage der Yacht

GUTE ERDUNG DURCH 0,75 m² BRONZEPLATTE

Yacht in der Nordsee
Erdübergangswert= 0,04 Ohm

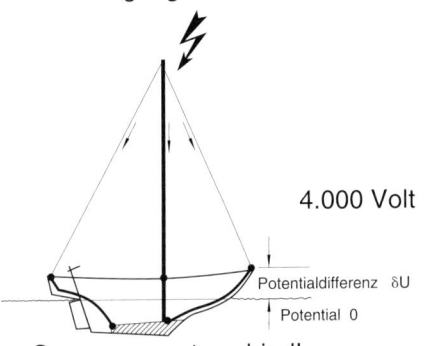

4.000 Volt

Potentialdifferenz δU
Potential 0

Spannungsunterschied!
$\delta U = 100\,000 \cdot 0{,}04$
$\delta U = 4000$ Volt
Überschlagstrecke = 1 cm

Yacht im sauberen Binnensee
Erdübergangswert = 4 Ohm

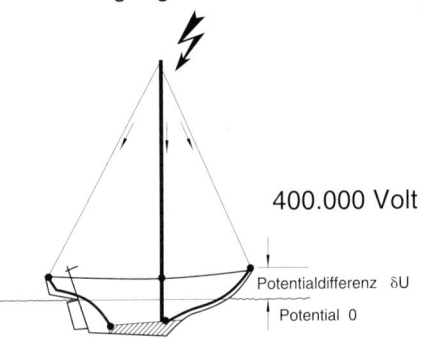

400.000 Volt

Potentialdifferenz δU
Potential 0

Spannungsunterschied!
$\delta U = 100\,000 \cdot 4$
$\delta U = 400\,000$ Volt
Überschlagstrecke = 80 cm

UNGENÜGENDE ERDUNG 10 x 20 cm Platte

Yacht in der Nordsee
Erdübergangswert=1 Ohm

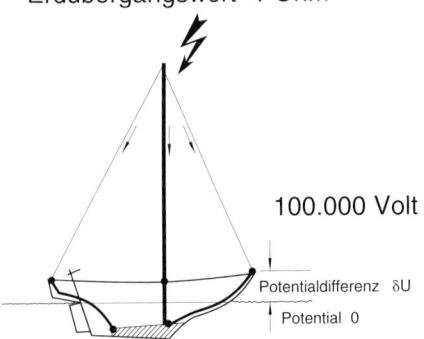

100.000 Volt

Potentialdifferenz δU
Potential 0

Spannungsunterschied!
$\delta U = 100\,000 \cdot 1$
$\delta U = 100\,000$ Volt
Überschlagstrecke = 20cm

Yacht im sauberen Binnensee
Erdübergangswert =100 Ohm

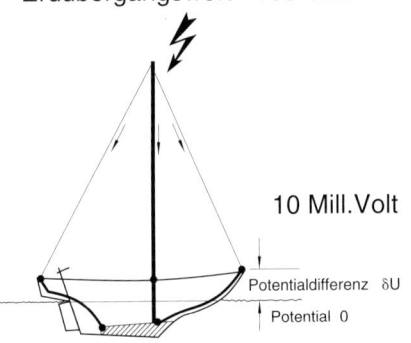

10 Mill.Volt

Potentialdifferenz δU
Potential 0

Spannungsunterschied!
$\delta U = 100\,000 \cdot 100$
$\delta U = 10$ Mill Volt
Überschlagstrecke ü. 10m

An der nassen Bordwand sind die Verhältnisse durch Gleitlichtbögen ungünstiger. Aber als Grenzwerte sind die Rechengrößen dennoch vertretbar, wenn man die Berührung dieser Teile verhindert oder wirkungsvolle Schutzmaßnahmen (z.B. Potentialausgleich) anwendet.

11. Induktivität des Riggs

Die Form der Ableiter nimmt Einfluß auf das Verhalten der Blitzströme. Der Ableitungsvorgang ist mit einem Hochfrequenzvorgang vergleichbar. Während es beim Gleichstrom nur den Begriff des Ohmschen Widerstandes gibt, kommen in der Wechselstromtechnik der induktive und der kapazitive Widerstand hinzu. Nur der erstere wirkt sich beim Yachtblitzschutz intensiv auf die Blitzschutzeinrichtung aus.

Der erste Impuls erzeugt an einem induktiven Widerstand einen Spannungsunterschied mit z.T. erheblichem Wert. Auch diese Spannung kann zu Luftüberschlägen führen, welche beispielsweise brennbare Gase entzünden können. Oft wird nach einem Überschlag der Weg für den energiereichen Entladungsstrom vorgezeichnet.

Der induktive Widerstand ist vom Durchmesser des Leitungsdrahtes und von dessen Form abhängig. Abgesehen von Stahl, beeinflußt das Leitermaterial Kupfer oder Aluminium die Induktivität unerheblich. Um günstige niedrige Werte zu erhalten, müssen Ableitungen möglichst gerade ohne scharfe Bögen verlegt werden. Auf einer Yacht sind die

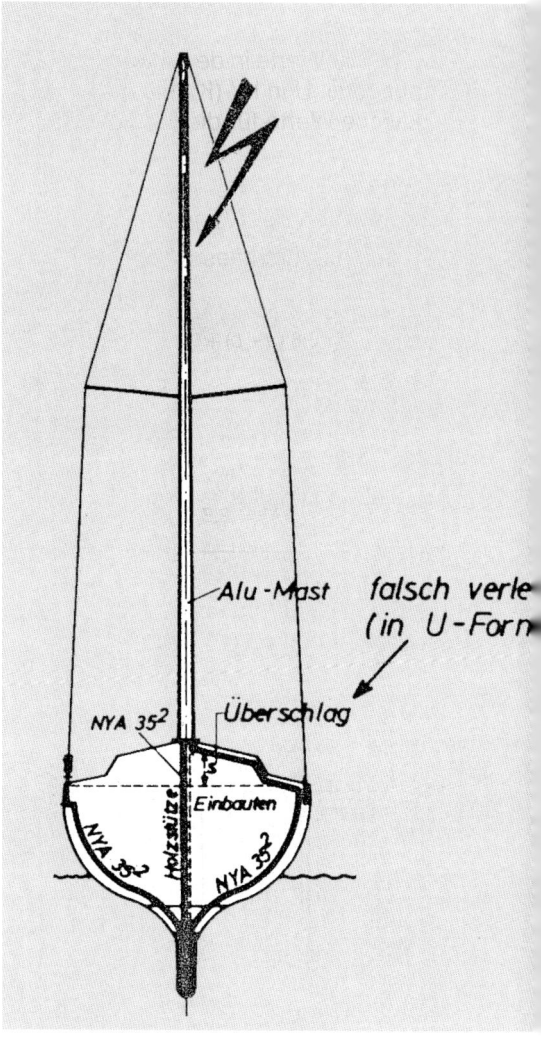

Gerade Leitungsführung verhindert Überschläge!

unter Deck verlegten Leitungsabschnitte davon betroffen. Besonders zu beachten sind diejenigen Ableitungen, die vom Achterstag über Püttings zur Erde, von den Oberwanten über die Rüsteisen und vom Vorstag sowie Mast zur Erde führen. Den relevanten Spannungsfall innerhalb des Zeitabschnitts (einiger µs) errechnet man folgendermaßen:

56

11. Induktivität des Riggs

> **U = Steilheit des Stromes (kA/µs) · Induktivität L (µ Henry)**

Werden die Werte in der vorgenannten Maßeinheit eingesetzt, ergibt sich der Spannungsfall U in kV (Kilovolt).
Praktische Werte für die Induktivität:

3 mm Drahtdurchmesser	L = 1,3 µH
8 mm Drahtdurchmesser	L = 1,0 µH
20 cm Mastdurchmesser (aus Aluminium)	L = 0,5 µH

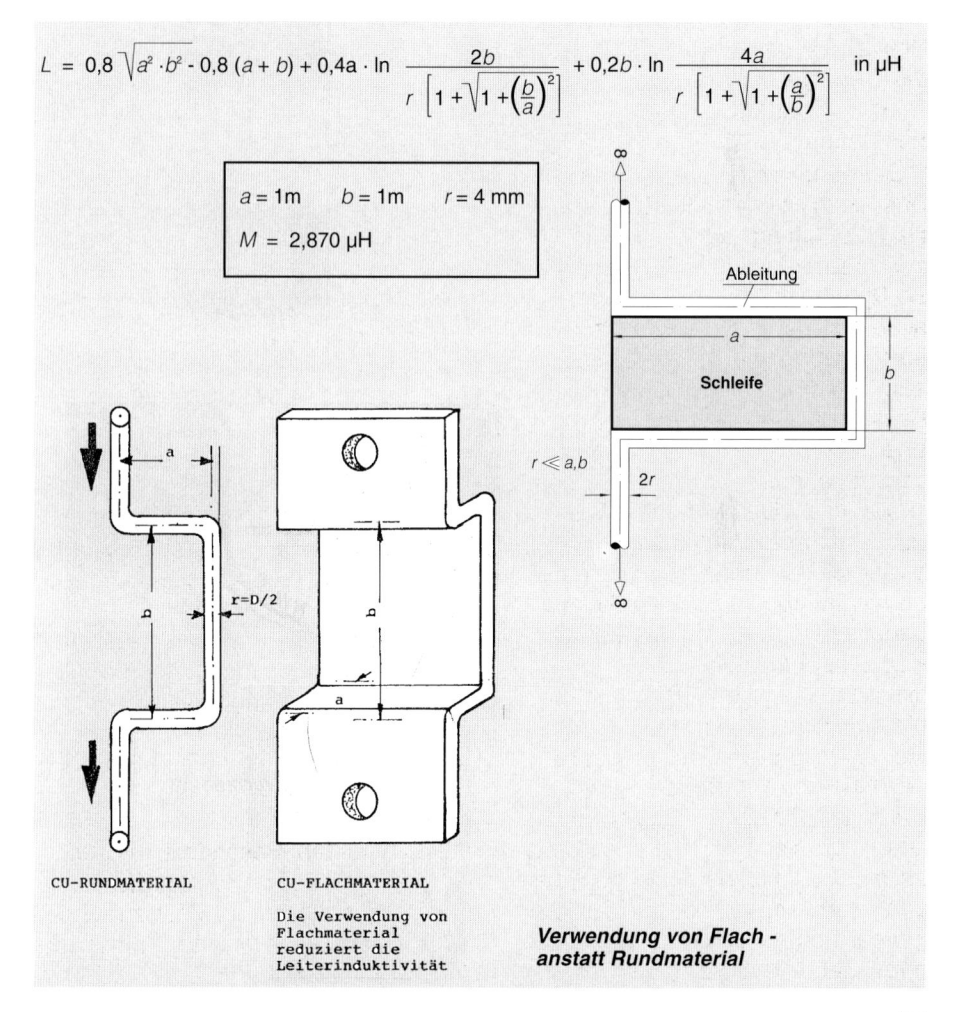

$$L = 0{,}8\sqrt{a^2 \cdot b^2} - 0{,}8(a+b) + 0{,}4a \cdot \ln \frac{2b}{r\left[1+\sqrt{1+\left(\frac{b}{a}\right)^2}\right]} + 0{,}2b \cdot \ln \frac{4a}{r\left[1+\sqrt{1+\left(\frac{a}{b}\right)^2}\right]} \text{ in µH}$$

$a = 1\,\text{m} \quad b = 1\,\text{m} \quad r = 4\,\text{mm}$

$M = 2{,}870\,\text{µH}$

CU-RUNDMATERIAL

CU-FLACHMATERIAL

Die Verwendung von Flachmaterial reduziert die Leiterinduktivität

Verwendung von Flach - anstatt Rundmaterial

11. Induktivität des Riggs

Durch Aufteilung der Ströme auf mehrere parallele Ableitungen, lassen sich die Spannungsfälle entlang der Ableitungen erheblich herabsetzen. Die einfachste Art zur Reduzierung der Werte in einem besonders kritischen Biegungsgspunkt, z.b. am Yachtheck, kann mit Flachbandmaterial z. B. aus Kupfer mit möglichst großer Oberfläche erreicht werden.
Auch können an Punkten starker Umlenkungen Bleche eingesetzt werden.

Beispiel:
Der Blitzeinschlag erfolgt in ein Oberwant und der Strom mit einer angenommenen Steilheit von 100 kA/µs durchläuft innerhalb der ersten 10 µs den unter dem Oberwantpütting liegenden Kajütsbereich, um dann – der Schiffsform angepaßt – über die Erdung wieder auszutreten.

Die Induktivität auf dem Abschnitt läßt sich berechnen und soll in unserem Beispiel

$$L = 1{,}36 \text{ µH betragen.}$$

Der Spannungsfall errechnet sich bei Berücksichtigung eines Stromes mit der Steilheit 100 kV/µS:

$$U = 136 \text{ kV}$$

Diese hohe Spannung führt zu Überschlägen im Schiff. Würden statt einer z.B. 10 parallel gelegte Ableitungen verwendet, so ergäbe sich ein geringerer Spannungsfall von etwa **15 kV**.

Ein Wert, der an dieser Stelle keinen Schaden in der kurzen Zeit anrichten kann. In der Praxis verlegt man keine 10 parallelen Ableitungen, sondern verwendet entsprechend geformtes Flachmaterial mit möglichst großer Oberfläche und berechnet die Induktivität entweder über einen der Form entsprechenden "Ersatzleiter" oder wie hier als Teilstück eines Leiters.
Falls dennoch zu hohe Spannungen entstehen könnten, sollte man zur Unterdrückung eines Luftüberschlags möglichst dicke Isolation aufbringen. Auch durch den Einschub einer dünnen, etwa 1 mm starken Isolierplatte zum gefährdeten Teil, vornehmlich aus Teflon, werden Überschläge verhindert. Als Ableitungsmaterial eignet sich NYA 35^2, das überall im Fachhandel erhältlich ist.

12. Elektromagnetische Kopplungen

Das elektromagnetische Feld eines Ableitstromes umschließt den Leiter in konzentrischen engen Ringen und durchflutet sämtliche Stromkreise in seiner Nähe, auch mit kleinsten Abmessungen. Durch den schnellen Wechsel des Stromes in Stärke und Zeit (Differential di/dt), wird in dem beschriebenen Leiter (Leiterschleife) eine Spannung erzeugt, deren Höhe von der Entfernung zum verursachenden Strom, von der Mächtigkeit der Stromänderung und von der "Gegeninduktivität" der Leiterschleife abhängt.

Um diese Beeinflussung so klein wie möglich zu halten, kann man auf der Yacht nur die Entfernung zur Ableitung sowie die Gegeninduktivität ändern.

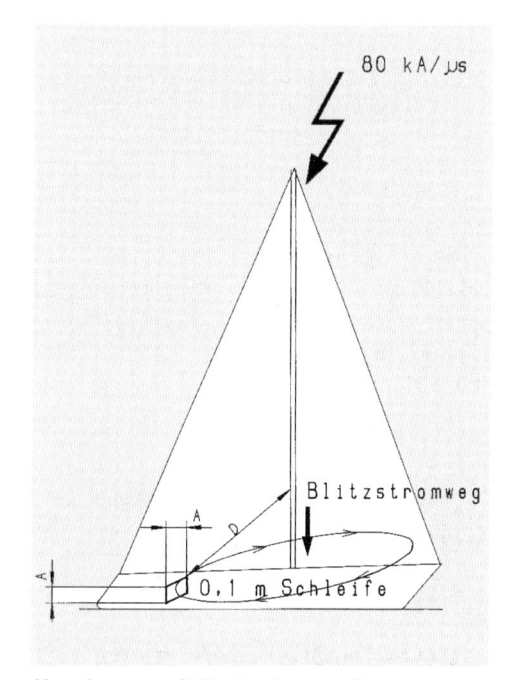

Kopplungen mit Navigationsgerät

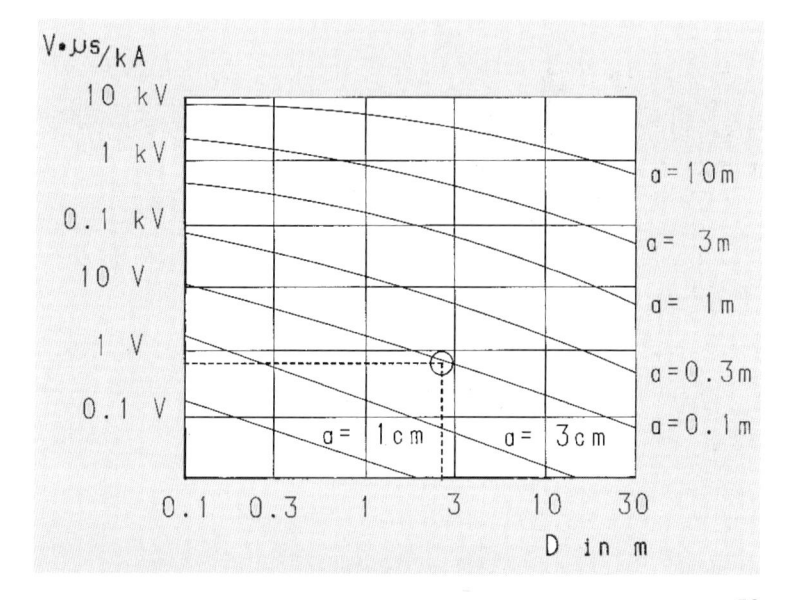

Diagramm

12. Elektromagnetische Kopplungen

Man meide mit Geräten und Installationen daher die Nähe solcher Ableitungen sowie des Mastes und "schirme" die Leitungen dermaßen ab, daß die Gegeninduktivität möglichst niedrige Werte erhält. Restwerte zu hoher Spannungen werden mit Hilfe geeigneter Überspannungsableiter auf unbedenkliche Werte reduziert. Um die Größe einer solchen Beeinflussung über den magnetischen Kopplungseffekt zu erfassen, soll eine auf den Bordbereich einer Yacht zugeschnittene Berechnung dienen. Zur Erleichterung bedienen wir uns bewährter Kennlinien, nach dem Buch *Hasse/ Wiesinger*.

In der Navigationsecke des Schiffes, 2,5 m vom Blitzstrom führenden Mast entfernt, wird ein elektrisches ungeschirmtes Navigationsgerät durch einen Stoßstrom im Alumast mit einer Steilheit von 100 kA/µs durchflutet. Die Platine in dem Gerät weist eine Außenabmessung der Leiterbahn von 10x10 cm auf. Aus der Kurvenschar läßt sich eine Spannung von 80 Volt entnehmen.

$$U = k \cdot \text{Steilheit des Stromes (kA/µs)}$$
$$= 0{,}8 \times 100$$
$$U = 80 \text{ Volt}$$

Diese Spannung zerstört bereits Bauteile, wie Transistoren, IC's, sowie Kondensatoren, und treibt andererseits einen größeren Strom durch die Leiterplatine, falls der Stromkreis durch andere Bauteile geschlossen ist. Somit ist auch mit einer Beschädigung der Leiterbahnen zu rechnen. Jedenfalls fällt dieses Gerät in diesem Beispiel für die Navigation aus.

Anlagenteil		Stoßüber- bzw. Stoßdurchschlagsspannung
Gegen Gehäuse oder Erde	Starkstromgeräte Fernmeldegeräte	5...8 kV 1...3 kV
Querspannung zwischen den Eingangsklemmen	Elektronische Schaltungen, Halbleiter	5...100 V
Fernmeldekabel		5...8 kV
Signal- und Meßkabel		bis 20 kV
Starkstromkabel		bis 30 kV

Zulässige Stoßüber- und Durchschlagsspannungen, VDE-Werte

12. Elektromagnetische Kopplungen

Größere Schleifen als die hier geschilderten sind in der Bordinstallation vorhanden, die weitaus größere Spannungen und Ströme führen können. Die sachgemäß verlegten Installationsleitungen, häufig mehrerer Spannungsebenen, durchziehen das gesamte Schiff und sind heute beim Bau einer Yacht, ein wesentlicher Kostenfaktor.

Eine Installationsleitung mit einem Schleifendurchmesser von 1 m - im gleichen Abstand vom Mast - erfährt eine bedeutend höhere Durchflutung durch den Blitzstrom. Der aus der Tabelle abzulesende K-Wert beträgt 100 V/(kA/µs). Daraus errechnet sich die Spannung mit 8000 Volt, ein erheblicher Belastungswert für die Installation! Die Schleifengröße wäre zu reduzieren, was in einem verzweigten Installationsnetz gar nicht so einfach ist.

Intensiver durchflutet werden die im Holzmast liegenden und vom Alu-Mast kommenden Leitungen für die Versorgung von Funk, Windmeß und Toppbeleuchtung. Hier liegen Ableitung und Installationsleitungen eng zusammen. Besonders beim Holzmast entstehen große Ströme auch im Schirm der Koaxleitungen (z.B. für den UKW- Funk).

Beim Holzmast müßte man eine Schirmung der Leitungen mit einem einzuziehenden Kupfer- oder Aluminiumrohr ausreichender Wandstärke durchführen, in das die Installationsleitungen zu legen wären.

Beim Aluminiummast sieht es bedeutend günstiger aus. Die Leitungen liegen bereits im Inneren des Mastes und sind relativ gut geschützt.

Aber auch weit vom Standort der Yacht entfernt, können durch niedergehende Blitzentladungen oder durch Entladungen innerhalb der Wolken elektromagnetische Kopplungen entstehen, die verstärkt durch den Antenneneinfluß in die empfindlichen Geräte gelangen können. Solche Einflüsse sind unter LEMP (Lightning Elektromagnetic Impulse) bekannt.

Messungen ergaben eine Zunahme der Steilheit des Stromes durch Zwischenkopplungen dieser Fernimpulse bei Abnahme des elektromagnetischen Feldes. Immerhin ist dieser Lemp durch seine höhere Vergleichsfrequenz ein Faktor, den es ebenfalls zu berücksichtigen gilt, allerdings nur für den Hochfrequenz- und Antennenbereich.

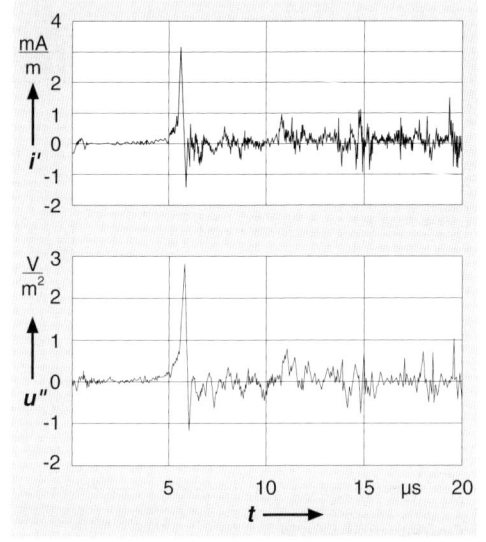

Meßwerte LEMP. F. Heidler bezog seine Messungen sowohl auf Stabantennen als auch auf Antennenrahmen von 1m² und führte in 2 km Entfernung die Messungen durch, deren Werte in den beiden Graphiken zu finden sind. Dadurch wurde die Beschreibung eines LEMP mit handfesten Daten gefestigt

12. Elektromagnetische Kopplungen

Wer Antennen für die Sportschiffahrt fertigt, wird sich dieser Erscheinung, fern eines Gewitters, durch den Einbau von Überspannungsschutzgeräten im Antennenbereich stellen müssen. Beispiele von Schutzmaßnahmen gegen den LEMP sind im Antennenbereich der Grobschutz ÜGK, die Suppressordiode, das Überspannungsfeinschutzmodul Typ MM-DS/ HFE sowie der Gasentladungsableiter. Sie übernehmen in gewissen Bereichen auch den Schutz der Geräte vor Überspannungen bei einem direkten Blitzeinschlag. Die Auswahl der entsprechenden Schutzgeräte muß durch einen Fachmann erfolgen, weil andernfalls die Funktion des Nutzgerätes beeinträchtigt werden kann.

Der umfassendste Basisschutz gegen den elektromagnetischen Kopplungseinfluß ist die Schirmung der Leitungen und Geräte an Bord. Der zusätzlich benötigte Schutz mit Überspannungsschutzgeräten für den Elektrobereich baut darauf auf.

Zunächst zur Schirmung wertvoller Navigationsgeräte, die häufig an einem besonderen Platz in der Navigationsecke untergebracht sind. Um Kosten und Arbeitszeit zu sparen, ist es vorteilhaft, nicht jedes Gerät einzeln abzuschirmen, sondern sie allesamt in einem Schrank zum Beispiel aus Holz unterzubringen, der mit Kupferblech oder verzinktem Stahlblech auszukleiden ist. Ein Rechenbeispiel, auf ein 9 bis 11 m Schiff zugeschnitten, macht dies deutlich.

Der beim Einschlag in das Schiff durch magnetische Kopplung entstehende Spannungspegel an den Leitungen im Geräteschrank soll um den Wert 1000 vermindert werden.

Höhe des Schrankes 0,50 m
Breite 0,45 m
Tiefe 0,20 m

Der eckige Schrank wird in eine vergleichbare Kugel umgerechnet, deren Radius sich aus der folgenden Beziehung ergibt:

$$r_e = 0{,}62 \cdot \sqrt[3]{H \cdot B \cdot T}$$

$$r_e = 0{,}62 \cdot \sqrt[3]{0{,}5 \cdot 0{,}45 \cdot 0{,}2}$$

$$r_e = 0{,}23 \text{ m}$$

12. Elektromagnetische Kopplungen

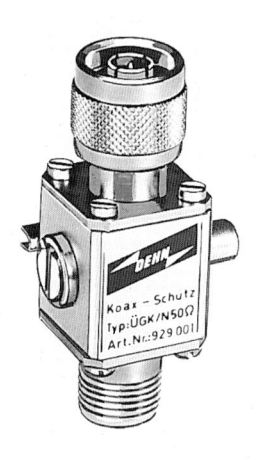

Überspannungsschutzgerät ÜGK/N (für die UKW-Antenne)

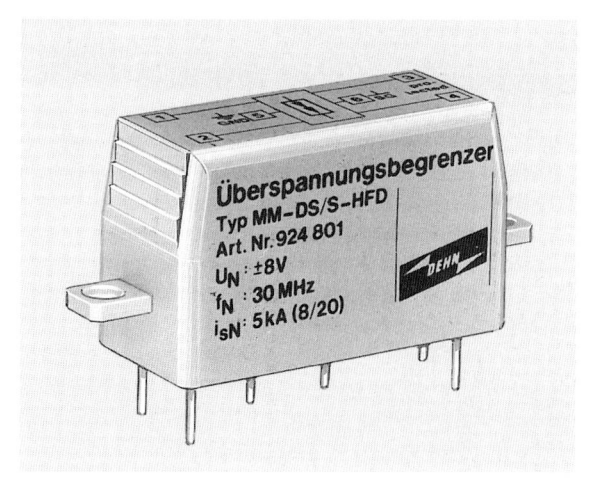

Feinschutz MM-DS

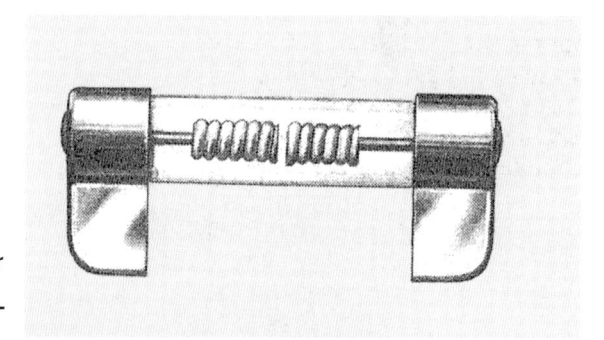

Gasentladungsableiter (Feinschutz für das Achterstag bei vorhandenem Grobschutz)

Semiconduktor

12. Elektromagnetische Kopplungen

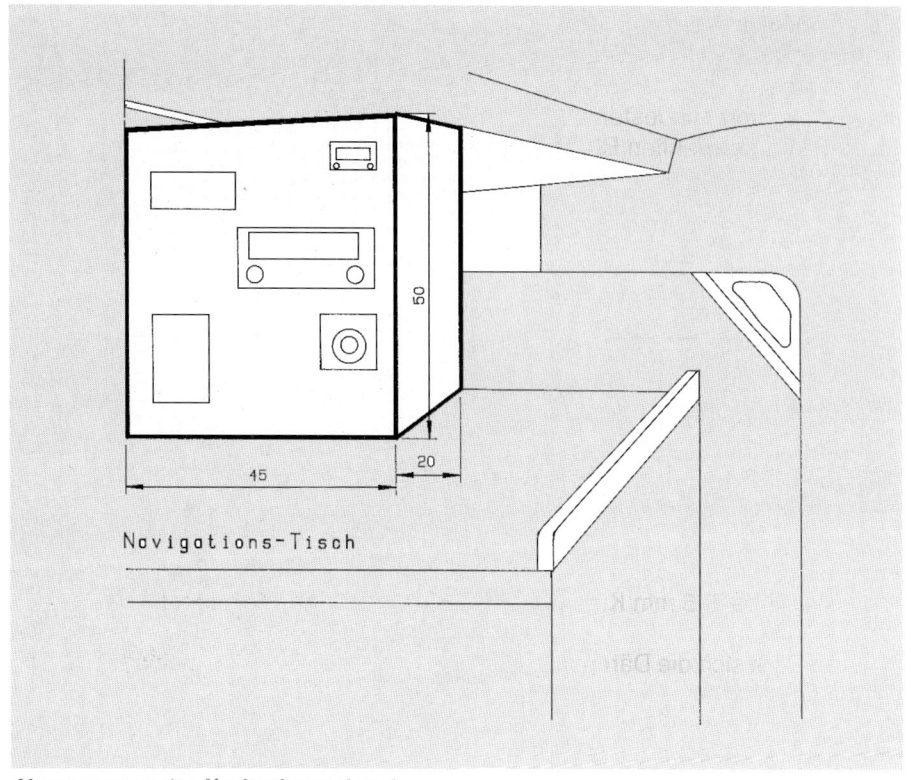

Abmessungen des Navigationsschranks

Zunächst wird eine Blechstärke a_f = 0,5 mm (Kupfer) vorgeschlagen, um einwandfreie Lötverbindungen zu allen Seitenteilen zu erhalten und auch nicht an der Verformung zu verzweifeln. Zu ermitteln ist nun die Eindringtiefe einer mit dem Blitz vergleichbaren Kopplungsfrequenz als Ersatzfrequenz. Sie beträgt allgemein etwa f = 100 kHz.

$$\text{Eindringtiefe } d_f = 503 \cdot \sqrt{\frac{P}{\mu_r \cdot f}} = 503 \cdot \sqrt{\frac{17{,}8 \cdot 10^{-9}}{1 \cdot 100 \cdot 10^3}}$$

$$d_f = 0{,}212 \cdot 10^{-3} \text{ m} = 0{,}212 \text{ mm}$$

Kennwerte	Aluminium	Stahl	Niro	Kupfer
P (Ohm · m)	29 · 10⁻⁹	120 · 10⁻⁹	130 · 10⁻⁹	17,9 · 10⁻⁹
μ_r Permeabil.	1	200	1	1

12. Elektromagnetische Kopplungen

Weil d_f kleiner sein muß als die Blechstärke a_f, kann ein Kupferblech über 0,25 mm verarbeitet werden.
Würde man statt Kupfer Stahlblech (Weißblech) verarbeiten, so käme man mit Stärken (a_f) von mindestens 0,04 mm aus.Die erreichten Werte für die Schirmung bei den gewählten Blechstärken:

$$\boxed{\text{Schirmfaktor } f_{100} = \exp\left[\frac{a_f}{d_f} + \ln\frac{r_e}{4{,}24 \cdot \mu_r \cdot d_f}\right]}$$

$$f_{100} = \exp\left[\frac{0{,}5}{0{,}21} + \ln\frac{0{,}23}{4{,}24 \cdot 1 \cdot 10^{-3}}\right]$$

f_{100} = 2705 bei 0,5 mm Kupfer   1378 z.B. bei 0,2 mm Stahlblech

Hieraus läßt sich die Dämpfung mit 68 dB bzw. 63 dB bei Stahlblech nach der Formel errechnen:

$$\boxed{\text{Dämpfung} = 20 \cdot \log f_{100}}$$

Die Schirmung erfüllt also die Erwartung.

Schirmungen sind mit dem Blitzschutzpotentialausgleich und -Pol der Bordbatterie zu verbinden. Im Schiff wählen wir für die zu schirmenden Leitungen Kabelkanäle oder Rohre aus Kupfer oder Stahl mit Wandstärken um 0,5 mm. Der Vorteil des Kupfers liegt nur in der Korrosionsfestigkeit seiner Verbindungsstellen. Für die meisten Bordinstallationen sind Kabelkanäle mit den Abmessungen 40 x 40 mm ausreichend. Nicht alle Leitungen können durch Kanäle geschirmt werden. Relativ kurze Leitungen werden paarweise in sich verdrillt. Die in den Einzeladern entstehenden Teilspannungen heben sich dann auf - interessant für die zu den Lautsprechern und anderen Geräten führenden Leitungen. An einem Beispiel wird die Wirkung der Verdrillung deutlich:

In jedem Teilabschnitt verursacht das magnetische Wechselfeld eine Spannung, die mit 80 Volt angenommen wird. Im anderen Teil wird durch die nähere Position dieses Drahtes zum verursachenden Strom eine höhere Spannung von 100 Volt induziert. Ohne Verdrillung ergäbe sich eine Störspannung von 80 Volt, durch Verdrillung 0 Volt. Die Praxis erlaubt einige Zugeständnisse, wobei zu berücksichtigen ist, daß auch die 100 –1000fachen Werte auftreten können.

12. Elektromagnetische Kopplungen

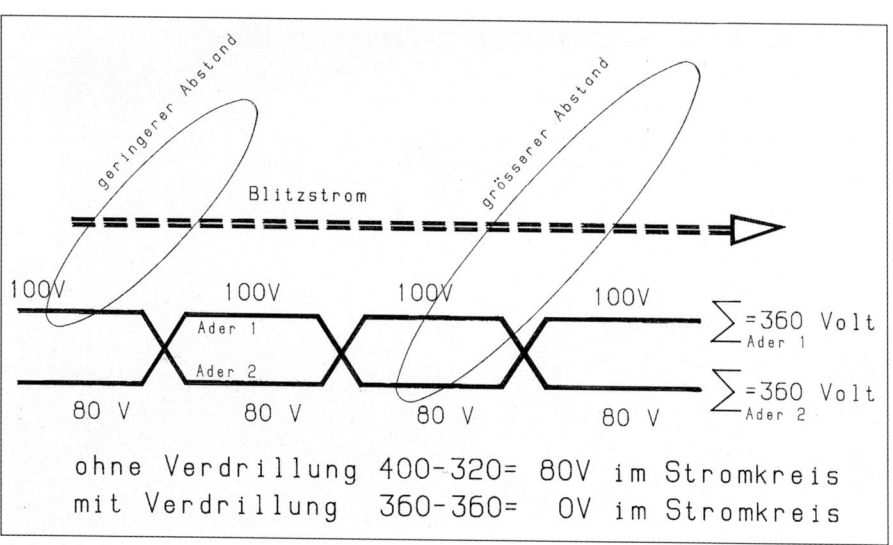

```
                    Blitzstrom
══════════════════════════════════════▷

100V        100V       100V      100V
     ╲Ader 1╱   ╲     ╱   ╲     ╱         Σ=360 Volt
      ╳        ╳         ╳                   Ader 1
     ╱Ader 2╲   ╱     ╲   ╱     ╲         Σ=360 Volt
 80 V        80 V       80 V      80 V        Ader 2

ohne Verdrillung   400-320=  80V  im Stromkreis
mit  Verdrillung   360-360=   0V  im Stromkreis
```

Beispiel einer Leitungsverdrillung

Zusammengefaßte Maßnahmen gegen elektromagnetische Kopplungen beim Blitzeinschlag, um Leitungen, Motoren und Geräte wirkungsvoll zu schützen:

1. Verringerung des Ableitstromes durch evtl. Aufteilung der Ableitungen im Rigg.
2. Abschirmung und Verdrillung der im Mast geführten Leitungen.
3. Einbau von elektrischen Schutzeinrichtungen in den Sende- und Empfangsteilen der Funkanlagen und im Netz mittels Überspannung- und Blitzstromableitern (z.B.Dehnventil).
4. Schirmung sämtlicher, im Schiff verlegten Leitungen aller Spannungsebenen.
5. Schirmung von empfindlichen Geräten, die keine gute Eigenschirmung besitzen.

12. Elektromagnetische Kopplungen

Ermittlung der Gegeninduktivität einer Schleife im Winkel

$$M = 0{,}2\sqrt{a^2 \cdot b^2} - 0{,}2(a+b) + 0{,}1a \cdot \ln \frac{2b^2}{r_2\left[1+\sqrt{1+\left(\frac{b}{a}\right)^2}\right]}$$

$$+ 0{,}1b \cdot \ln \frac{2a^2}{r_2\left[1+\sqrt{1+\left(\frac{a}{b}\right)^2}\right]} \quad \text{in } \mu H$$

$a = 1\,\text{m} \quad b = 1\,\text{m} \quad r = 4\,\text{mm}$

$M = 2{,}054\,\mu H$

$r \ll a, b$

```
900: CLEAR
905: "Berechnung von Gegeninduktiven"
910: PRINT "Schleife im Rechteckwinkel"
920: INPUT "Abstand a  Meter =";A
925: INPUT "Abstand b  Meter =";B
930: INPUT "Abstand r  Meter =";R
950: AA=0.2 * (A^2+B^2)^0.5-0.2*(A+B)
960: BB=0.1*A*LN(2/(R^2*(1+(1(B/A)^2)^0.5)))
965: CC=0.1*B*LN(2/(R^2*(1+(1(A/B)^2)^0.5)))
970: M=AA+BB+CC
980: PRINT "Gegeninduktivität M=";M;CHR$ (072)
990: INPUT Weitere Berechn.?   J/N   ";A$
995: IF A$="J" THEN  900 ELSE END.
```

Ermittlung der Gegeninduktivität Leiter – Schleife

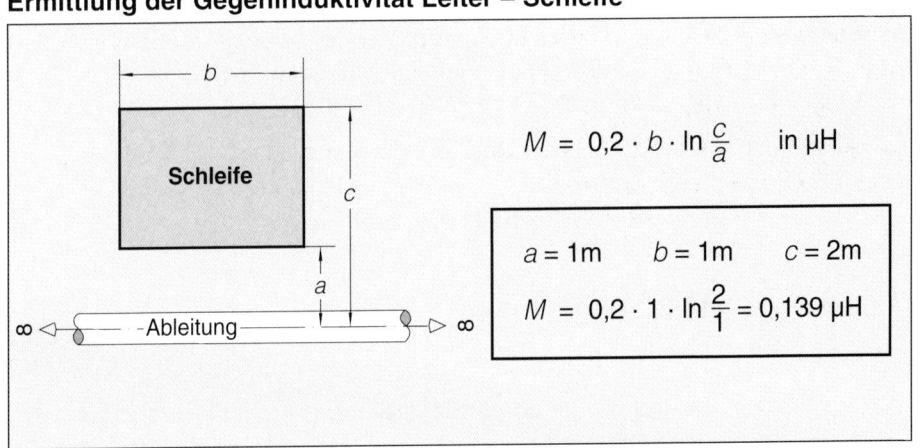

$$M = 0{,}2 \cdot b \cdot \ln \frac{c}{a} \quad \text{in } \mu H$$

$a = 1\,\text{m} \quad b = 1\,\text{m} \quad c = 2\,\text{m}$

$M = 0{,}2 \cdot 1 \cdot \ln \frac{2}{1} = 0{,}139\,\mu H$

13. Konstruktion des Faraday-Käfigs

Die folgenden Ausführungen betreffen Segel- wie auch Motoryachten gleichermaßen. Der hohe Mast einer Segelyacht ist oftmals Einschlagpunkt eines Blitzes. Durch Schräglage des Bootes beim Segeln und im Wellengang sind jedoch auch andere Einschlagpunkte möglich. Beispielsweise können Einschläge ins Achterstag, Oberwant und Vorstag erfolgen. Ferner liegen im Bereich des Cockpits Gefährdungspunkte, die man nicht immer durch den Faraday-Käfig vollständig schützen kann. So mancher Stummelmast ist der Ausgangspunkt einer Blitzschutzkonzeption. Es gelingt nicht, durch den Schutzbereichskegel eines hohen Mastes, die darunter liegenden Flächen zu schützen. Wurde noch vor Jahren mit einem am Topp anzusetzenden Kegel von 60° gerechnet, sind es derzeit bei sehr hohen Masten vielleicht gerade noch 10°.

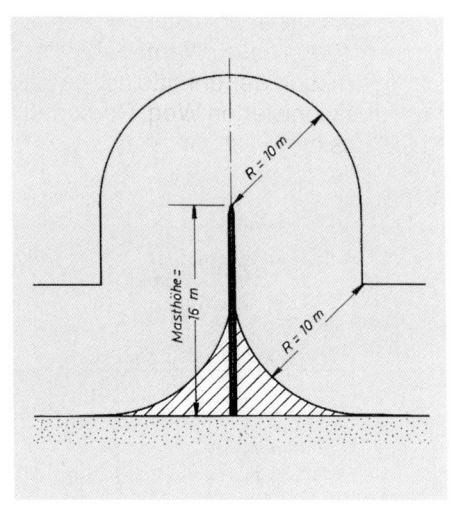

Schutzbereich des Mastes

Insbesondere für den Schutz der Bordcrew ist der Käfig als Primärschutz geeignet. Die Sicherheitsgrenze wird in diesem Fall sehr hoch angesetzt, damit nichts passieren kann. Wenn der Käfig aus nur 4 Abspannungen besteht, kann ein Blitz sozusagen durch die Maschen schlüpfen. Diese Risikolöcher im oberen Teil, wozu auch die Antenne zählt, gilt es zu beseitigen.

Der Blitz strebt relativ langsam seiner Fangentladung entgegen und steuert in unmittelbarer Erdnähe einen Einschlagpunkt an, der auf einer Kugeloberfläche liegt. Der Blitzkopf liegt somit in der Kugelmitte mit einem Radius von 10 - 40 m. Dieser für den "Fall" zu wählende Radius ist ein Maß für die gewünschten Sicherheitsansprüche.

– **große Sicherheit** = kleiner Radius
– **geringere Sicherheit** = großer Radius

Anforderung	normal	hoch	extrem hoch
Kugelradius in m	40	20	10

Dem unmittelbaren Schutz der Bordcrew sollte man mit einem Radius von 10 m die größte Priorität einräumen!

13. Konstruktion des Faraday-Käfigs

Kosten und Zeit werden gespart, wenn die natürlichen Auffangeinrichtungen einer Yacht für die Bildung eines solchen Käfigs mit benutzt werden und vollständig in die Blitzschutzmaßnahme mit einbezogen werden. Das funktioniert allerdings nur, wenn diese Teile und Drähte auch stromtragfähig sind. Demnach darf der Draht eines Wantes nicht schmelzen. Denn bei intermittierenden Blitzschlägen kann der unmittelbar nachfolgende Blitz über den einmal durchlaufenen, stark ionisierten Weg, Personen an Bord verletzen. Auch käme beim Bruch des Riggs der Mast von oben, ein erheblicher Risikofaktor. Der Restquerschnitt muß in der Lage sein, das Rigg als Faraday-Käfig stabil zu halten!

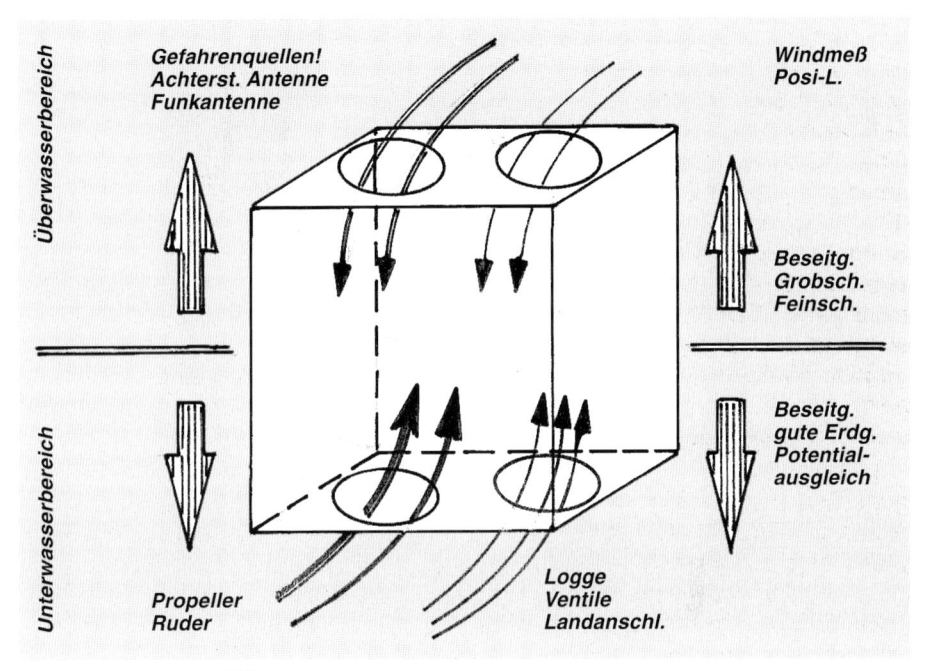

Löcher im Faraday-Käfig

Der Mindestdrahtdurchmesser einer für den Käfig nutzbaren Beseilung beträgt 6 mm beim Seil 1x19. Dieser Durchmesser entspricht einem Nutzquerschnitt von 24 mm². Im Decksbereich, insbesondere von Motoryachten, können Bugkorb, Heckkorb, Reling, Flying Bridge und Steuerhaus zu Bestandteilen des Käfigs werden. Auf Kunststoffschiffen ist man dadurch in der Lage, den gesamten Unterdeckbereich wirkungsvoll abzuschirmen. Im Inneren der Yachten wird der untere Teil, der Boden des Käfigs, von Borddurchlässen, dem Propeller und anderen im Unterwasserbereich liegenden elektrischen Einrichtungen (wie Logge) durchbrochen. Diese Löcher im Käfig müssen beseitigt werden, damit keine falsche Sicherheit vorgetäuscht wird. Über einen umfassenden Blitzschutzpotentialausgleich, kann dem abgeholfen werden.

13. Konstruktion des Faraday-Käfigs

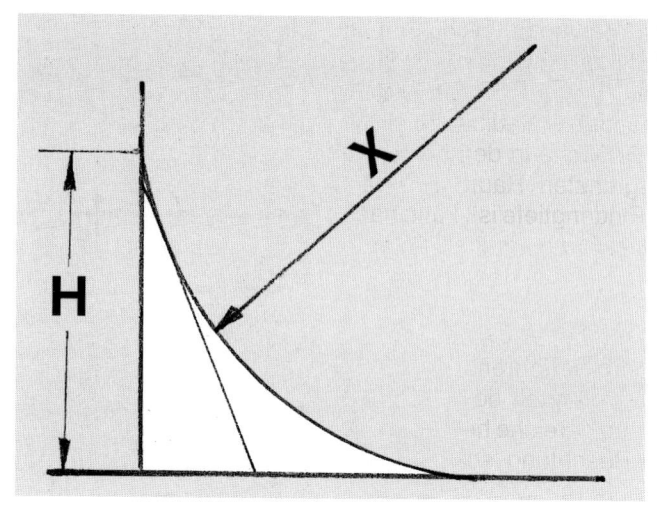

Bezeichnung des Schutzbereichs Mast

Die elektrische Verbindung mit dem Potentialausgleich bilden die Ableitungen unter Deck. Der Querschnitt muß nach VDE mindestens 35 mm² Kupfer betragen. Auch sind die Klemmstellen nach VDE mit blitzstromtragfähigen Kabelschuhen und Klemmen zu versehen. Auf Stahl- und Aluminiumschiffen sind Maßnahmen zur Vermeidung von Löchern im Unterwasserbereich nicht notwendig. Der gesamte Schiffsrumpf bildet den unteren Teil des Käfigs, während im oberen Teil nur Löcher durch Antennen und wegen zu großer Maschenweite entstehen können. Um in den einzelnen Höhenabschnitten Schutzbereiche schneller ermitteln zu können, kann man auch mit Schutzkegelwinkeln arbeiten. Dabei müssen die nach dem Sicherheitsbedürfnis gewählte Enddurchschlagstrecke sowie die Mast- oder Objekthöhe bekannt sein.

$$\text{Winkel ß (in Grad)} = \arcsin(1 - H/X)$$

(wobei $H < X$ zu wählen ist)

Richtwerte

Winkel	Masthöhe	Enddurchschlagstrecke
30°	5 m	10 m
50°	5 m	20 m
15°	15 m	20 m

13. Konstruktion des Faraday-Käfigs

Eine am gesamten Rigg eines Yachtmodells entlang gerollte Blitzkugel mit einem dem Sicherheitsbedürfnis angepaßten Radius dringt mit der Kugeloberfläche in den durch die Wanten begrenzten Raum ein. Wie groß diese Eindringtiefe ist, kann nach folgender Gleichung ermittelt werden. Dadurch läßt sich die erste Konzeption für die erforderlichen Schutzbereiche leicht finden, bevor man mit Hilfe des Abrollverfahrens an einem zu fertigenden Modell der Yacht die exakten Schutzbereiche herausfindet. Besondere Beachtung schenkt man dabei der Gefährdung des Rudergängers bei Schräglage des Schiffes.

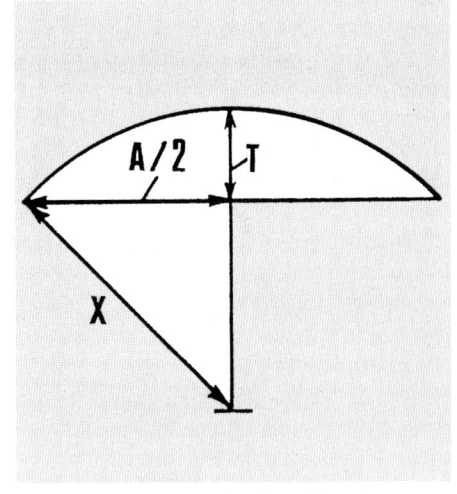

Eindringtiefe einer Kugel

$$t = X - \sqrt{X^2 - A^2/4}$$

T Eindringtiefe (m)
A Abstand der Punkte (m)
X Kugelradius (m)

Beispiel:

$$\text{Abstand Oberwant – Achterstag } A = 7 \text{ m}$$
$$\text{Kugelradius } X = 10 \text{ m}$$
$$T = 10 - \sqrt{100 - 49/4}$$
$$\text{Eindringtiefe } T = 0{,}63 \text{ m}$$

Das zeichnerische Abrollverfahren läßt sich auch mit einem Auto CAD Programm am PC durchführen. Der Faraday-Käfig bietet einer am Wind segelnden Yacht oder einer schlingernden Motoryacht nur dann ausreichenden Schutz, wenn alle möglichen Einschlagpunkte (als Begrenzungslinie dargestellt), außerhalb des erwünschten Schutzbereiches liegen. Das folgende Bild veranschaulicht die schematische Darstellung des Abrollverfahrens (mit einen Kugelradius von 5 m gezeichnet).

13. Konstruktion des Faraday-Käfigs

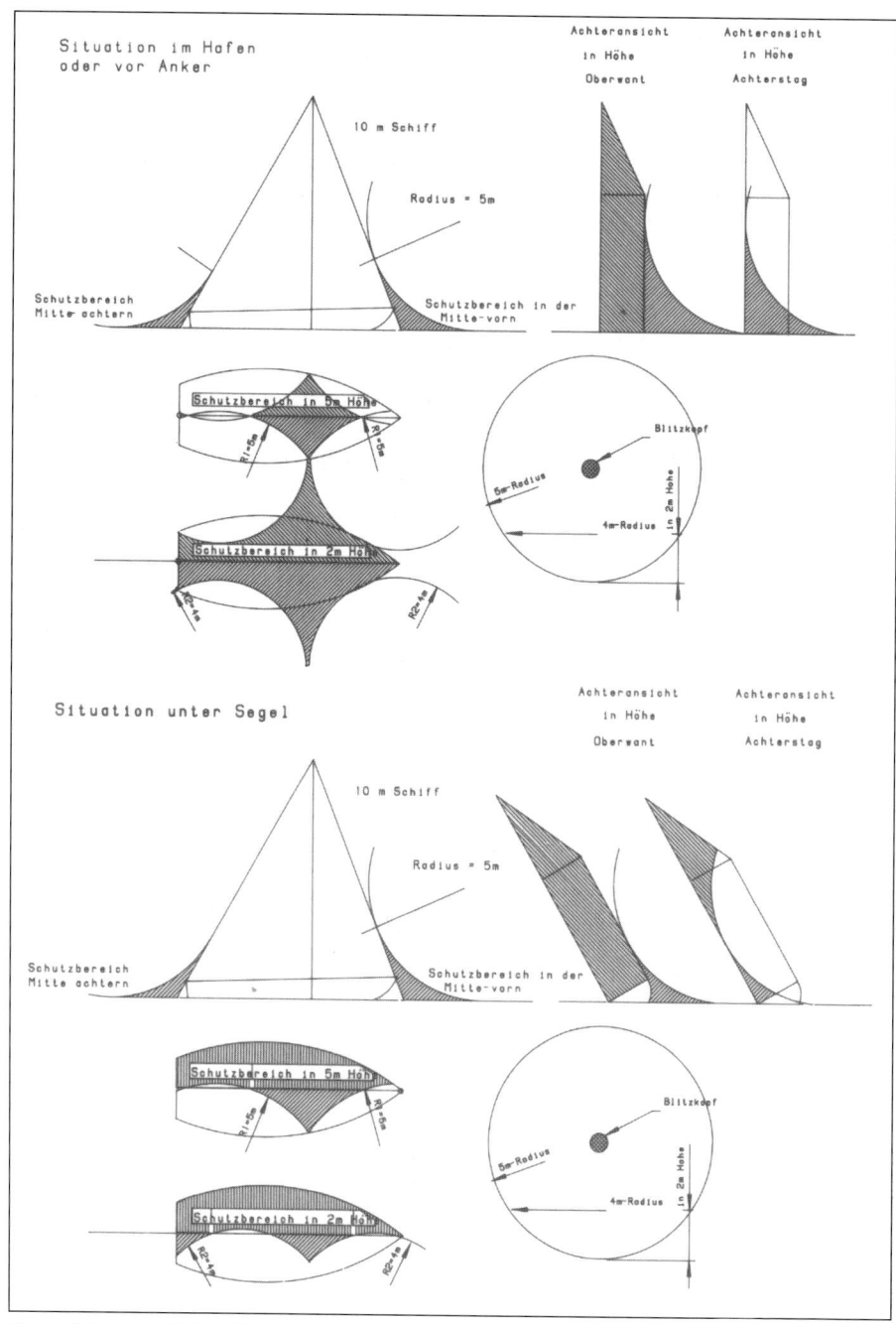

Grenzlinien möglicher Einschlagpunkte

14. Versicherungsfragen

Seitdem Blitzschutzfachleute der Feuerversicherer an dem Werk „Blitzschutz" der Arbeitsgemeinschaft für Blitzableiterbau und Blitzschutz (ABB) sowie an der VDE-Richtlinie mitarbeiteten, verzichten die Sachversicherer auf eigene Richtlinien für den Blitzschutz und weisen in ihren Versicherungsbedingungen und Merkblättern auf wichtige Meßmethoden sowie auf die Wartung und Prüfung an Blitzschutzanlagen hin.

In der Fachzeitschrift des Versicherungswesens (ZfV), Hamburg, Heft 16/ 83 weist man insbesondere auf die zu beachtende DIN 57185/ VDE 0185/11.82 hin.

Die nachfolgend genannten öffentlich-rechtlichen Sachversicherer gewähren – so weiter Dipl.-Ing. Blumhagen in „de" 4.84 – für ausgewählte Risiken, unter Einhaltung bestimmter Vereinbarungen über die Errichtung und den Betrieb einer Blitzschutzanlage auf Antrag des Versicherungsnehmers, einen ZUSCHUSS zum Bau einer Gebäude-Blitzschutzanlage, bzw. einen RABATT auf die zu entrichtende Feuerprämie.

Dies sind:
1. Hamburger Feuer-Kasse, Hamburg,
2. Oldenburgische Landesbrandkasse, Oldenburg in Holstein,
3. Ostfriesiche Landschaftliche Brandkasse, Aurich,
4. Lippische Landesversicherungsanstalt, Detmold,
5. Provinzial-Feuerversicherungsanstalt der Rheinprovinz Düsseldorf,
6. Badische Gebäude- Versicherungsanstalt, Karlsruhe,
7. Würtembergische Gebäudeversicherungsanstalt, Stuttgart.

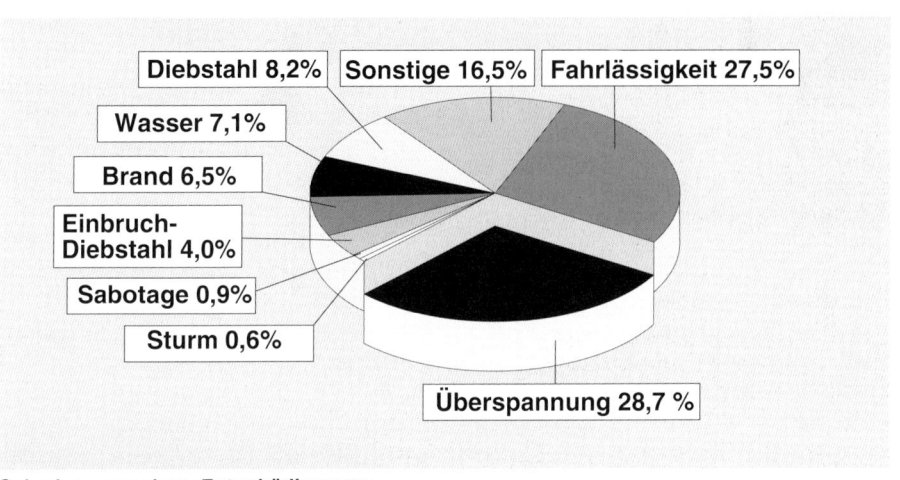

Schadensursachen, Entschädigungen

14. Versicherungsfragen

Zu beachten ist der Sektor "Überspannungsschäden!" Hierzu zählen auch diejenigen Schäden, deren Ursachen in der Stromversorgung (z.b. durch falsches Anklemmen von Hausanschlüssen) entstanden sind. Ihr Stellenwert ist aber gering.

Es gelten die "Speziellen Regelungen der Feuerversichung für Blitzschäden an elektrischen Einrichtungen ", die in gekürzter Form wiedergegeben werden. Für solche Fälle haben die Feuerversicherer den Versicherungsschutz wesentlich eingeschränkt. Sie haben in einem ersten Schritt festgelegt, daß sich die Feuerversicherung auf diese Schäden nicht erstreckt, es sei denn, daß der Blitz unmittelbar auf dieses Objekt übergegangen ist (§1 Nr.5d AFB 87). In einem zweiten Schritt nehmen sie diesen Ausschluß für Brand- und Explosionsschäden zurück, die blitzbedingt an elektrischen Einrichtungen entstehen. (§1 Nr.6 Abs.2 AFB 87). Diese Bestimmungen werfen eine Reihe von Problemen auf:

Welche Schäden von dem Ausschluß des §1 Nr 5 d. AfB erfaßt werden, verdeutlicht eine Systematik der Arten von Überspannungen. Diese Übersicht ist an ingenieurwissenschaftliche Veröffentlichungen angelehnt und sollte hier nicht weiter vertieft werden. Sie soll den Ausschluß von Induktions- und Influenzschäden an elektrischen Einrichtungen gewährleisten. Das bedeutet, es muß ein direkt vom Blitzstrom herrührender Strom in die geschädigte Anlage geflossen sein.

Der Schadensumfang indirekter Blitzschäden ist erheblich und ist nach einer Statistik ca. 245 fach höher als die Zahl der erfaßten Direkteinschläge.

Nach den üblichen Beweislastregeln muß der Versicherungsnehmer den unmittelbaren Übergang eines Blitzes auf die vom Schaden betroffene Einrichtung beweisen, um eine Leistungspflicht des Versicherers herbeizuführen.

Diese Beweismöglichkeit wird von Versicherungspraktikern, Ingenieuren und von Juristen bezweifelt.

Der Beweis ist nach einem Gutachten nur schwer zu führen. Da in diesen Fällen auch über das äußere Bild der beschädigten Anlage allgemein keine hinreichende Wahrscheinlichkeit für den unmittelbaren Übergang eines Blitzes auf elektrische Einrichtungen begründet werden kann, ist insofern von einer generellen Beweisnot der Versicherungsnehmer auszugehen, wie sie der BGH für Versicherungsverträge nicht zuläßt (Vers.R 57,325).

Den Versicherungsnehmern sind daher Chancen einzuräumen, daß sie nicht zumutbare Beweisanforderungen bei Blitzschäden an elektrischen Einrichtungen abwehren können (Auszüge aus „de" 1798-23-24/84).

Soweit die allgemein wiederkehrende Problematik, wenn ein Schaden durch Blitzschlag eingetreten ist. Wegen dieser und anderer Unsicherheiten im Fall eines Schadens durch elektromagnetische Kopplungen (Induktionsschäden), oder statische Aufladungen (Influenzschäden), insbesondere aber zur Abwendung von Blitzschäden auf Yachten, setzte sich der Verfasser mit dem Versicherungsmakler Pantaenius (Hamburg) in Verbindung. Pantaenius ist diejenige

14. Versicherungsfragen

Versicherung, die in Deutschland eine sehr große Anzahl von Yachten unter Vertrag hält. Die Möglichkeit eines Versicherungsrabattes auf die Vollkaskoprämie in Anlehnung an die Praxis der o.g. Feuerversicherer wurde erörtert. Einige Gründe sprechen dagegen, auf Yachten in ähnlicher Weise zu verfahren. Zum einen sind es die eng bemessenen Versicherungsprämien für den Sportbootbereich, andererseits, so sieht es der Makler Pantaenius, sind es die fehlenden technischen Kenntnisse im Versicherungswesen zur Beurteilung einer Blitzschutzanlage nach den derzeit anerkannten Regeln der Technik. Beiträge zum Selbstschutz und zur Schadensminderung werden von den Versicherungen selbstverständlich erwartet.

Es darf von keiner Anlage oder von einem baulichen Teil eine Gefährdung ausgehen. So besagen die Bauordnungen, daß bauliche Anlagen, bei denen nach Lage, Bauart oder Nutzung Blitzschlag eintreten oder zu schwerer Folge führen kann, mit einer Blitzschutzanlage zu versehen sind. Bei Außenantennenanlagen ist in jedem Fall ein wirksamer Schutz gegen Blitzeinschläge zu treffen. Das ist auch verständlich. Unverständlich ist, daß man insbesondere auf Segelyachten mit ihren hohen Masten diese Grundsätze außer Acht läßt und der Käufer dadurch in Gefahrensituationen schlittert, die er nicht kennt und mit seiner gelernten Seemannschaft auch nicht abwehren kann.

Es geht um die durch unbeabsichtigte Berührung entstehenden gefährlichen Körperströme. Insbesondere im Chartergeschäft als gewerbliches Unternehmen, sollte wegen möglicher Rechtsansprüche Betroffener diesen Fragen Beachtung geschenkt werden. Für den Benutzer, als Mieter des Bootes, sind derartige Versäumnisse nicht transparent. Er muß sich auf die korrekte Ausstattung des geleasten Schiffes nach den anerkannten Regeln der Technik verlassen können.

Die in manchem Verkaufsangebot enthaltenen Formulierung "nach den Vorschriften des Germanischen Lloyd oder LLOYDS REGISTER OF SHIPPING" das Schiff gebaut, verspricht dem Käufer zunächst eine große Sicherheit. Beim näheren Hinsehen betrifft diese offerierte Sicherheit dann leider nur Rumpf, Mast und Ruderanlage. Die Zusammenhänge zwischen dem 230-Volt-Bordnetz und einer brauchbaren Blitzschutzanlage werden durch die VDE-Vorschriften deutlich. Für den Yachtbereich können sich diese Vorschriften nur auf den Personen- und den Schiffsschutz (Brand und Wassereinbruch) beziehen. Blitzschutzmaßnahmen unterliegen den VDE- Bestimmungen und sind nach diesen Regeln zu installieren! Daher darf es behelfsmäßige 230-Volt Anlagen noch behelfsmäßige Blitzschutzanlagen nicht geben.

Die Blitzschutzanlage ist in vollem Umfang eine elektrische Anlage nach VDE. Es besteht eine unlösbare technische Verbindung zwischen Starkstromanlagen sowie Fernmelde- und Blitzschutzanlagen.

Ein strafrechtliches Verfahren kann als Auseinandersetzung um Interessen der Allgemeinheit verstanden werden. Was als Verstoß in diesem Sinne gilt, regelt das Strafgesetzbuch. Die Staatsanwaltschaft nimmt die Belange der Allgemeinheit

14. Versicherungsfragen

wahr und geht gegen strafrechtliche Tatbestände vor. Dabei können bei Ausübung eines elektrotechnischen Gewerbes zur Anwendung kommen:

§ 222 StGB Fahrlässige Tötung
"Wer durch Fahrlässigkeit den Tod eines Menschen verursacht, wird mit Freiheitsstrafe bis zu 5 Jahren oder mit Geldstrafe bestraft."

§ 303 StGB Sachbeschädigung
"Wer rechtswidrig eine fremde Sache beschädigt oder zerstört, wird mit Freiheitsstrafe bis zu 2 Jahren oder mit Geldstrafe bestraft." (bei Vorsatz)

§ 309 StGB Fahrlässige Brandstiftung
"Wer einen Brand der in den §§ 306 und 308 bezeichneten Art fahrlässig verursacht, wird mit Freiheitsstrafe bis zu 3 Jahren oder mit Geldstrafe und, wenn durch den Brand der Tod eines Menschen verursacht wird, mit Freiheitsstrafe bis zu 5 Jahren oder mit Geldstrafe bestraft."

323 StGB Baugefährdung
"(1) Wer bei der Planung, Leitung oder Ausführung eines Baues oder des Abbruchs eines Bauwerkes gegen die allgemein anerkannten Regeln der Technik verstößt und dadurch Leib und Leben eines anderen gefährdet, wird mit Freiheitsstrafe bis zu 5 Jahren oder mit Geldstrafe bestraft."
"(2) Ebenso wird bestraft, wer in Ausübung eines Berufes oder Gewerbe bei der Planung, Leitung oder Ausführung eines Vorhabens, technische Einrichtungen in ein Bauwerk einzubauen oder gegen die allgemein anerkannten Regeln der Technik verstößt und dadurch Leib und Leben eines anderen gefährdet."
"(3) Wer die Gefahr fahrlässig verursacht, wird mit Freiheitsstrafe bis zu 3 Jahren oder mit Geldstrafe bestraft"

Auch im Strafgesetzbuch findet sich der Begriff "Allgemein anerkannte Regeln der Technik" wieder, diesmal im Zusammenhang mit dem sehr weit gefaßten Tatbestand der Baugefährdung. Hier werden ebenfalls "Allgemein anerkannte Regeln der Technik" nur im Zusammenhang mit der Sicherheit angesprochen. Im Unterschied zum strafrechtlichen, behandelt das zivilrechtliche Verfahren den Interessenausgleich zwischen Privatpersonen, ohne daß die Staatsanwaltschaft davon berührt ist. Grundlage für ein zivilrechtliches Verfahren ist das Bürgerliche Gesetzbuch. Daraus werden die wesentlichen Passagen, die auch die Arbeit eines Technikers betreffen, wiedergegeben:

§ 276 BGB Haftung für Vorsatz und Fahrlässigkeit.
„(1) Der Schuldner hat sofern nicht ein anderes bestimmt, ist Vorsatz und Fahrlässigkeit zu vertreten. Fahrlässig handelt, wer die im Verkehr erforderliche

14. Versicherungsfragen

Sorgfalt außer Acht läßt. Die Vorschriften der §§ 827, 828 finden Anwendung.
„(2) Die Haftung wegen Vorsatzes kann dem Schuldner nicht im Voraus erlassen werden."

§ 459 BGB Haftung für Sachmängel (zugesicherte Eigenschaften)
„(1) Der Verkäufer einer Sache haftet dem Käufer dafür, daß sie zu der Zeit, zu welcher die Gefahr auf den Käufer übergeht, nicht mit Fehlern behaftet ist, die den Wert oder die Tauglichkeit zu dem gewöhnlichen oder dem nach dem Vertrage vorausgesetzten Gebrauch aufheben oder mindern. Eine unerhebliche Minderung des Wertes oder der Tauglichkeit kommt nicht in Betracht."
„(2) Der Verkäufer haftet auch dafür, daß die Sache zur Zeit des Überganges der Gefahr die zugesicherten Eigenschaften hat." 633 BGB Nachbesserung, Anspruch des Bestellers auf Mängelbeseitigung.
„I Der Unternehmer ist verpflichtet, das Werk so herzurichten, daß es die zugesicherten Eigenschaften hat und nicht mit Fehlern behaftet ist, die den Wert oder die Tauglichkeit zu dem gewöhnlichen oder demnach dem Vertrage vorausgesetzten Gebrauch aufheben oder mindern."
„II Ist das Werk nicht von dieser Beschaffenheit, so kann der Besteller die Beseitigung des Mangels verlangen. 476a gilt entsprechend."
Der Unternehmer ist berechtigt, die Beseitigung zu verweigern, wenn sie einen unverhältnismäßigen Aufwand erfordert.
„III ist der Unternehmer mit der Beseitigung des Mangels im Verzuge, so kann der Besteller den Mangel selbst beseitigen und Ersatz der erforderlichen Aufwendungen verlangen."

§ 823 BGB Verletzung von Lebensgütern und ausschließlichen Rechten
„(1) Wer vorsätzlich oder fahrlässig das Leben, den Körper, die Gesundheit eines anderen widerrechtlich verletzt, ist dem anderen zum Ersatz des daraus entstandenen Schadens verpflichtet."

Vielfach herrschen mangelnde Aufklärung und mangelndes Wissen über diese Fragen vor. Nach einem Blitzschlag in eine gewerblich genutzte Yacht mit Schadensansprüchen Betroffener wird sicherlich eine juristische Klärung erfolgen, wobei die Gerichte auf die VDE-Vorschriften verweisen und sich an den anerkannten Regeln der Technik mit Hilfe von Sachverständigen-Gutachten orientieren würden.
Eine Werft oder ein Produzent von Yachten und anderen vergleichbaren Fahrzeugen ist sicherlich gut beraten, diese Vorschriften zu beachten. Zumindest sollte beim Verkauf eines Schiffes an Privatleute auf fehlende, aber nachzurüstende Anlagen hingewiesen werden, wenn die Sicherheit der Benutzer berührt ist.

14. Versicherungsfragen

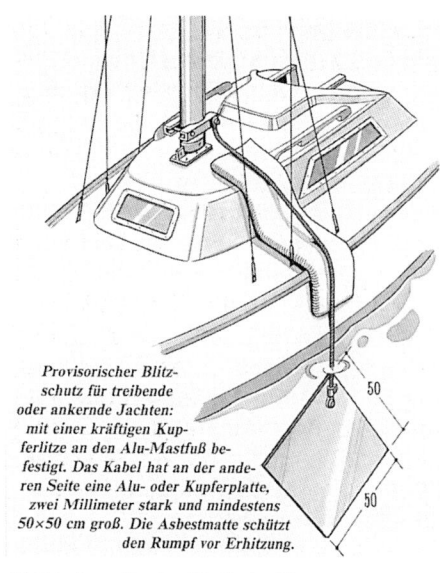

Provisorischer Blitzschutz für treibende oder ankernde Jachten: mit einer kräftigen Kupferlitze an den Alu-Mastfuß befestigt. Das Kabel hat an der anderen Seite eine Alu- oder Kupferplatte, zwei Millimeter stark und mindestens 50×50 cm groß. Die Asbestmatte schützt den Rumpf vor Erhitzung.

Nicht akzeptierter Notbehelf!

Beim Verkauf von Wasserfahrzeugen an Gewerbetreibende, z.B. an Vercharterer, ist der Spielraum sicherlich enger.

Um Regreßansprüchen aus dem Wege zu gehen, wird geraten, das gegenwärtig geltende Recht (unter Beachtung von DIN und VDE) zu berücksichtigen. Für mögliche Versäumnisse ist jedoch eine Erklärung notwendig.

Der vorschriftsmäßig eingebaute Blitzschutz für den Personen- und Schiffsschutz muß künftig zur Standardausrüstung gehören. Jeder Käufer wird dies entsprechend honorieren.

Der Kostenfaktor für die Anwendung von VDE im Yachtbereich ist beim Neubau sehr gering und beträgt sicherlich keine 2% der Verkaufssumme, wenn optimaler Personen- und Schiffsschutz erreicht wird und die Elektroinstallation nach DIN VDE 0100 Teil 721 ebenfalls durchgeführt wird.

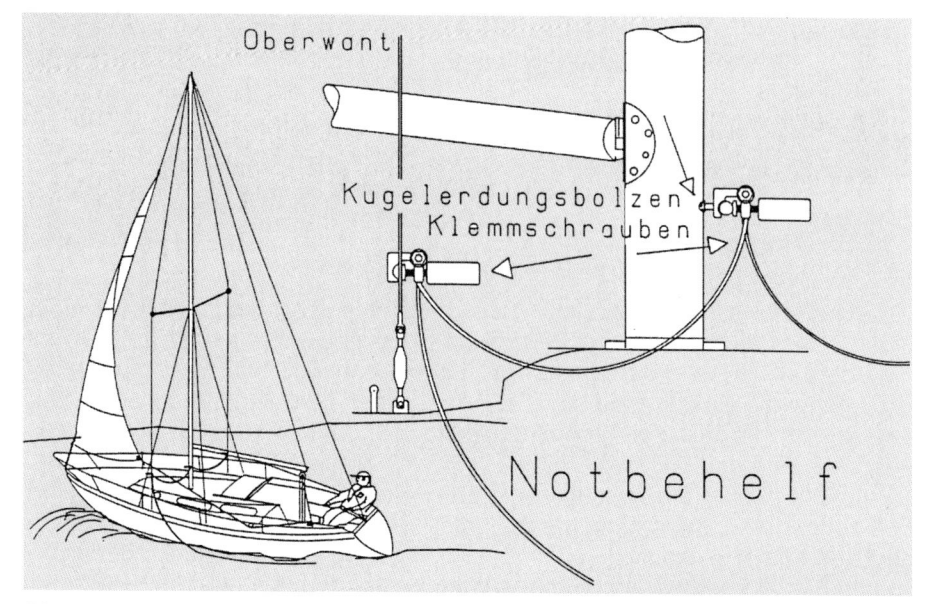

Dieser provisorische Blitzschutz für die Yacht ist nur ein fragwürdiger Notbehelf!

14. Versicherungsfragen

Das betrifft beim Blitzschutz nur diejenigen Yachten, die das Anbringen von Blitzschutzanlagen gestatten. Kleine Wasserfahrzeuge mit einem für den Blitzschutz zu gering bemessenen Rigg werden hiervon nicht berührt wie möglicherweise auch in einem begrenzten Revier eingesetzte Rennyachten, die zwar die Abmessungen für einen effektiven Blitzschutz aufweisen, aber eine Sonderstellung einnehmen, weil die Regatten bei Gewitter nicht stattfinden.

Behelfsmäßig angebrachte Blitzschutzeinrichtungen entsprechen nicht den VDE-Bestimmungen und sind nicht mit einer mobilen Erdungsvorrichtung, die für den Einsatz im Nieder- und im Hochspannungsbereich konzipiert ist, zu verwechseln. Die Kriterien dieser Erdungseinrichtungen sind auf das bedienende Fachpersonal abgestimmt und entsprechen in ihrer Wirksamkeit der Prüfung durch VDE. Das große Risiko einer provisorischen Blitzschutzeinrichtung besteht beim Hantieren an Deck im Seegang und im Anklemmen zum ungeeigneten mit elektrischen Gefahren verbundenen Zeitpunkt. Auch ist diese Erdung nicht ausreichend. Gegen einen Notbehelf kann es keine Einwände geben, wenn von diesem keine Gefahr ausgeht (beispielsweise Abschleppseil im Kofferraum).

Zum Bild Seite 78 unten: Die am Want (Oberstag) angeklemmte und über Bord gehängte Erdungsleitung besitzt durch Lage, Formgebung und Oberfläche nicht den erforderlichen Stoßerdungswiderstand. Beim Einschlag kommt es zu rückwärtigen Überschlägen. Außerdem werden beim Stromdurchgang enorme elektromagnetische Kräfte am Draht derart wirksam, daß diese Leitung aus dem Wasser schleudert und den Crewmitgliedern um die Ohren fliegen kann. Die Verwendung einer solchen Erdung ist als Notmaßname zwar gerechtfertigt, wenn man die vorbeschriebenen Auswirkungen kennt und sich dementsprechend verhält. Sie kann jedoch nur statische Aufladungen sowie kleinste Blitzentladungen ableiten.

15. Maßnahmen zur Schadensverhütung

15.A Praxis beim Schutz der Bordcrew

Auf die zu treffenden Blitzschutzmaßnahmen haben die unterschiedlichen Bootskonstruktionen von Motor- und Segelyachten einen entscheidenen Einfluß. Es gilt, diese Vielfalt der Konstruktionen zu ordnen, um nach immer wiederkehrenden Kriterien zu suchen. Denn nach dem Vorbild markanter Yachttypen kann die spezielle Vorbeugung besser erfaßt werden. Auch um die Kosten zu senken, werden die vorhandenen "natürlichen" Bauteile einer Yacht für den Blitzschutz mitbenutzt. Zunächst ist eine Bestandsaufnahme aus elektrotechnischer Sicht notwendig, die folgende Schiffselemente erfaßt:

Rumpf	aus Holz oder Kunststoff (elektrisch gering- oder nichtleitend) oder aus Metall
Deck	Holz-, Kunststoff- oder Metalldecks, metallunterlegte Decks
Kiel	außenliegend (nur bei Holz- und Kunststoffrumpf)
Rigg	Holz- oder Metallmast (Stahl- bzw. Aluminium)

Bei der Auswahl der "natürlichen" Bauteile einer Yacht für den Blitzschutz, muß ein ausgewogenes Verhältnis zu notwendigen Querschnitten der entsprechenden Blitzstromableitungen bestehen. Daher macht es keinen Sinn, zu schwache vorhandene Querschnitte auf der Yacht, direkt auf die genormten, starken nach den VDE- Vorschriften aufzuklemmen. Ein geeigneter Knotenpunkt ist dann als Bindeglied zwischen den schwachen und starken Querschnitten zu verwenden. Kunststoffschiffe mit einlaminierten Ballastkielen verursachen - infolge der isolierenden Wirkung des Kunststoffes - erheblich höhere Aufwendungen für einen effektiven Blitzschutz. In diese Gruppe fällt auch die große Anzahl der Motoryachten.

Innerhalb eines stabilen, engmaschigen, alles umschließenden Stahl- oder Metallkäfigs nach Faraday ist es möglich, direkte Blitzeinschläge ohne körperliche Schäden zu überstehen. Als Konstruktionselemente bieten sich auf einer Segelyacht das Rigg mit dem Mast und die Reling an. Auf Motoryachten können der Steuerstand und das Aufbaudeck für die Konstruktion eines solchen Schutzkäfigs genutzt werden, will man lästige, nur für den Blitzschutz über Deck zu ziehende Drähte vermeiden. Die gewünschte Schutzwirkung wird nur dann erreicht, wenn der Käfig die erforderliche Engmaschigkeit besitzt, der Drahtquerschnitt der Ableitung ausreichend bemessen ist und ein einwandfreier Potentialausgleich (Verbindung aller leitenden und im Käfig vorhandenen Metallteile mit dem Käfigboden) hergestellt wurde.

15A. Praxis beim Schutz der Bordcrew

Blitzkugel

10 m

maximale
Eindringtiefe t

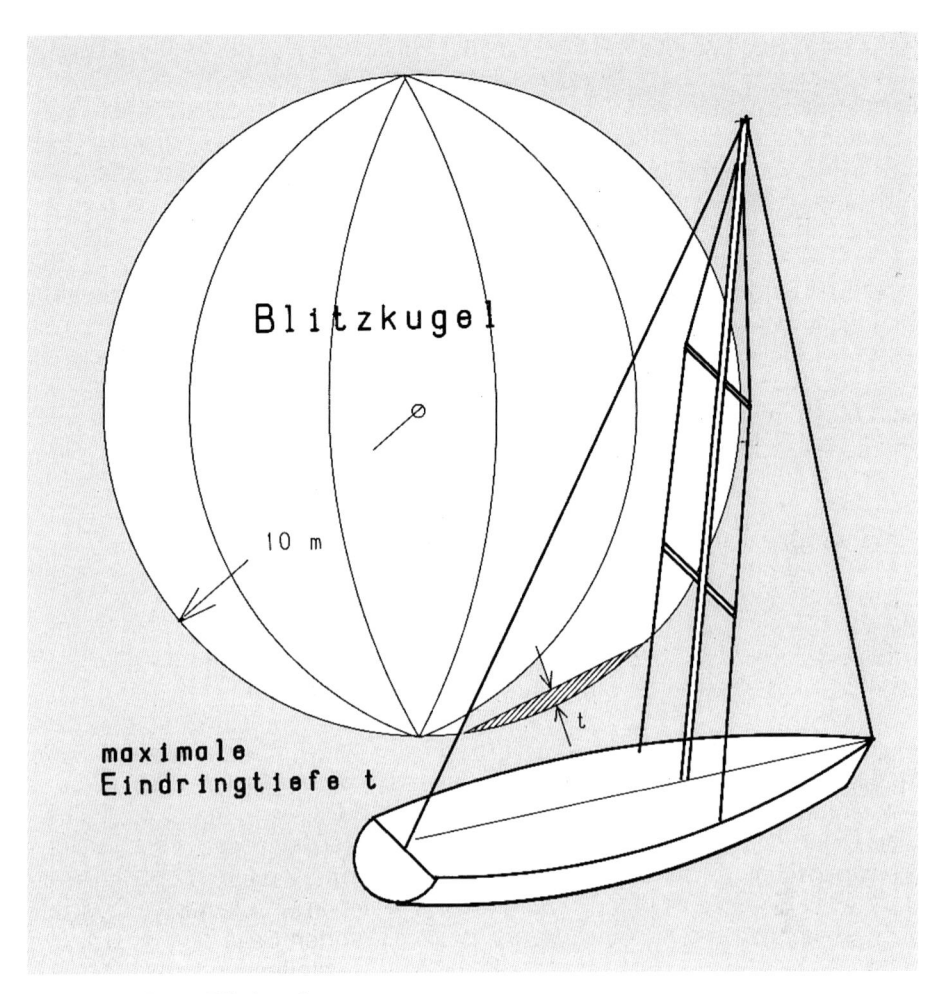

Eindringtiefe der Blitzkugel

15. Maßnahmen zur Schadensverhütung

Bei einer Segelyacht von 10 - 11 m (als Einmaster) sitzt der Rudergänger in einer zumeist ungünstigen Position, nämlich in einem relativ offenen Bereich in der Nähe des Achterstags. Zwischen diesem Stag und dem nächsten Unterwant ist, insbesondere bei Schräglage des Schiffes, die gewünschte Engmaschigkeit des Käfigs nicht vorhanden. Die technische Voraussetzung für einen effektiven Schutz muß in jedem Fall geprüft werden. Der Drahtdurchmesser des Riggs einer solchen Yacht liegt bei 8 mm. Ein daraus zu errechnender Querschnitt von ca. 50 mm^2, entspricht den geltenden VDE-Vorschriften »0185 Teil 1«. Die natürliche Hauptableitung ist der Mast als Teil des Käfigs, natürliche Nebenableitungen sind die Wanten, die dazu noch parallel geschaltet sind. Auch diese können Fußpunkte eines Blitzeinschlages werden und müssen in der Lage sein, den Blitzstrom gefahrlos abzuleiten. Der empfohlene Mindestdurchmesser dieser Wanten und Stagen beträgt, wie im ersten Teil unter „6. und 7." nachgewiesen wurde, 6 mm oder Rood-Draht (massiver Stahldraht) 5 mm als unteres Grenzmaß. Der nach einem Einschlag verbleibende Restseilquerschnitt muß in der Lage sein, die für die Festigkeit des Riggs erforderlichen Kräfte einer gerefften, am Wind im Gewitter segelnden Yacht aufzunehmen.

Man muß berücksichtigen, daß nach dem ersten Einschlag weitere Folgeblitze mit großer Energie den bereits geschaffenen Entladungsweg benutzen. Sie können -bei bereits zerstörten Riggteilen- in den nicht mehr geschlossenen Käfig eindringen. Es wurde nachgewiesen, daß negative Folgeblitze bis zu 1 Sekunde dasselbe Objekt bearbeiten können. Beim Schutz der Bordcrew muß man deshalb jeden Gefahrenpunkt beachten. Die Nachrüstung eines ausreichenden Rigg-Drahtdurchmessers ist sicher kein allzu großer Aufwand. Auswirkungen der Maschenweite auf die Sicherheitszonen zeigen sich mit Hilfe des „Blitzkugelverfahrens" (unter „13." Bild Seite 72). Mit einem Radius der Sicherheitskugel von höchstens 10 m sollte in diesem so wichtigen Abschnitt des Personenschutzes gerechnet werden. Bei Schiffen größerer Abmessungen wird der Radius der entsprechenden Fahrzeuglänge angepaßt, um noch vertretbare Sicherheitsabstände zu erhalten, wobei die Grenze bei 20 m liegt. Mit dem rechnerischen oder zeichnerischen Abrollverfahren wird die Eindringtiefe der Blitzkugel in den zu schützenden Bereich bestimmt. Man beachte, daß die Oberfläche der Kugel der Ort ist, den der Blitzkopf vom Mittelpunkt der Kugel erreichen kann.

Die optimalen Schutzbereiche können entweder mit Hilfe des Abrollverfahrens oder über ein Computerplotterprogramm in räumlicher Darstellung wiedergegeben werden. Die Berechnung der Eindringtiefe der Blitzkugel zwischen zwei benachbarten Seilen verschafft zunächst eine guten Überblick.

Metallteile, wie Winden, Fockschotleitschienen und Relingteile sind im Gefahrenbereich mit in den Potentialausgleich einzubeziehen und beim zeichnerischen Verfahren zu berücksichtigen. Sie werden als Teil des Faraday-Käfigs betrachtet und sind mit diesem elektrisch zu verbinden. Bei Rümpfen aus Kunststoff und Holz ist die Konstruktion des Käfigs bis zur Wasserlinie durchzuführen. Sämtliche Ableitungen des Käfigs werden mit der Gesamterdungs-

15A. Praxis beim Schutz der Bordcrew

leitung verbunden. Diese Methode einer räumlichen Abwicklung der Schutzbereiche auf einer mit 30° krängenden Segelyacht oder einer mit 15° nach beiden Seiten schlingernden Motoryacht ist die sicherste und einfachste. Sie führt zu optimalen Schutzräumen. Mit einem kleinen Schiffsmodell und einer dem Radius von 10 m entsprechenden Plastikkugel können die Schutzbereiche leicht zeichnerisch festgelegt werden, wenn an den Berührungspunkten (in der Regel an Wanten und Stagen) die lotrechten Abstände des Kugelmittelpunktes von direkt voraus bis achteraus aufgetragen werden. In der Achteransicht der Yacht werden dazu die entsprechenden Radien der Kugel mit den in der Tiefe liegenden Berührungspunkten eingetragen. Hiermit erhält man die Kurve möglicher Einschlagstellen. Mehrere derart ermittelte Hüllkurven ergeben den Schutzraum. Auch rechnerisch lassen sich die Eindringtiefen zwischen zwei Seilpunkten oder anderen Berührungspunkten ermitteln. Einige markante Werte können der folgenden Liste entnommen werden.

Abstand a in m	Eindringtiefe t in cm
2.0	5.01
2.5	7.84
3.0	11.31
3.5	15.43
4.0	20.20
4.5	25.64
5.0	31.75
6.5	54.20
8.0	83.48
8.5	94.80
9.0	106.97
9.5	120.01
10.0	133.97

Auf Motoryachten mit einer Flying-Bridge lassen sich mit Hilfe der Blitzkugel - durch Einbeziehung der Seitenbegrenzung und der Metallumfassung der Windschutzscheibe- ebenfalls Schutzbereiche für den darunter befindlichen Schlechtwetter-Steuerstand erreichen. Auf Schiffen ohne erhöhte Flying-Bridge muß der Schutzbereich vom Dach des Steuerstandes nach allen Seiten hin ermittelt werden. Es ergeben sich oft nur kleine Schutzzonen, die nicht ausreichen, das davor oder dahinter liegende Deck zu schützen. Unter den Decks befinden sich in der Regel Schlaf-oder Wohnräume. Hier müssen andere, sich anbietende Schiffsteile mit in den Bereich der Auffangeinrichtungen einbezogen werden, die dementsprechend elektrisch herzurichten sind. Während sich das

15. Maßnahmen zur Schadensverhütung

Rigg einer Segelyacht als Faraday-Käfig anbietet, muß auf einer Motoryacht nach den geeigneten "natürlichen" Konstruktionselementen gesucht werden.
Ein Beispiel ist die Einbeziehung sogar einer Holzreling, wenn die Außenkante der Holzreling mit einer durchgehenden Messing- oder Bronzeschiene versehen wird. Dadurch gelingt es, die darunter liegenden Räume in Teilbereichen zu schützen. Jeweils an den Stützen ist eine einwandfreie Verbindung herzustellen. Die Stützfüße sind an der Haupterdung anzuschließen. Im Bereich großer Decksflächen, bei Motoryachten über 12 m, ist es möglich in die Decksnähte in geeigneter Weise Kupferrunddrähte mit einem Querschnitt von 16 mm^2 hineinzulegen und anschließend zu vergießen, um einen sicheren Schutz der darunter liegenden Räume zu erreichen. (Siehe unter "18." 26-m-Motoryacht als ausgeführte Anlage)

Auf einer Segelyacht oder einem Motorsegler wird der konstruierte Schutzbereich oberhalb der Wasserlinie vom Mast durchdrungen. Er ist bei einem Einschlag oft Träger des Hauptblitzstromes wegen des bedeutend geringeren induktiven Widerstandes. Auch der Ohmsche Widerstand ist weitaus geringer als der Widerstand von Wanten und Stagen.

Man kann davon ausgehen, daß bei einem Einschlag in den Mast ca. 65% des Blitzstromes durch die Mastwandung fließen, während bei einem Einschlag in ein Oberwant (in Salinghöhe) nur ein kleiner Teil, ca. 30%, vom Mast aufgenommen wird. Beim Holzmast bildet die Mastschiene mit einem Querschnitt von ca. 50 mm^2 aus Messing die natürliche Ableitung. Saubere elektrische Kontakte zwischen den einzelnen Mastschienenabschnitten, dem Masttopp, den Stagen und -wenn vorhanden- dem Mastschuh, sind erforderlich, will man Holzschäden vermeiden und dadurch nicht den Schutz der Bordcrew beeinträchtigen. Die Maßnahmen gegen die negative Auswirkung eines Mastes im Inneren des Käfigs, werden später besprochen. Durch das Isolieren des Achterstags mit

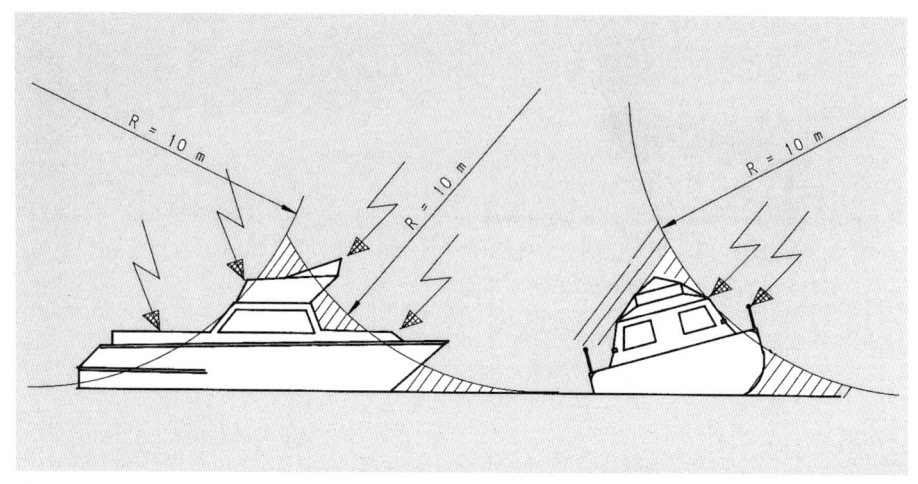

Schutzbereich einer 10-m-Motoryacht in aufrechter Position

15A. Praxis beim Schutz der Bordcrew

Hilfe von Porzellaneiern oder anderen für den Blitzschutz ungeeigneten Isolatoren geht ein wesentlicher Teil des entworfenen Käfigs verloren. Es ist der Teil, der den Rudergänger vor einem Direkteinschlag und vor einem rückwärtigen Überschlag schützen kann.

Speziell für den Antennenbereich werden Isolatoren mit integrierter Schutzfunkenstrecke angeboten, die in der Lage sind, wegen der geringen Ansprechspannung der hochwirksamen Funkenstrecke, einen Blitzstrom über den Zündlichtbogen mit einer Brennspannung von nur 30 Volt abzuleiten. Der Vorteil dieser Konstruktion liegt darin, daß beim Ableitvorgang keine mechanischen Teile durch den Lichtbogen in Mitleidenschaft gezogen werden. Die Festigkeit der Verbindung bleibt erhalten. Beschädigungen der Isolation können durch den Ableitlichtbogen nicht entstehen. Diese Isolatoren werden von 4 t bis 12 t Bruchlast in Serie gefertigt. Darüber hinaus bis zu 65 t sind es Einzelanfertigungen.

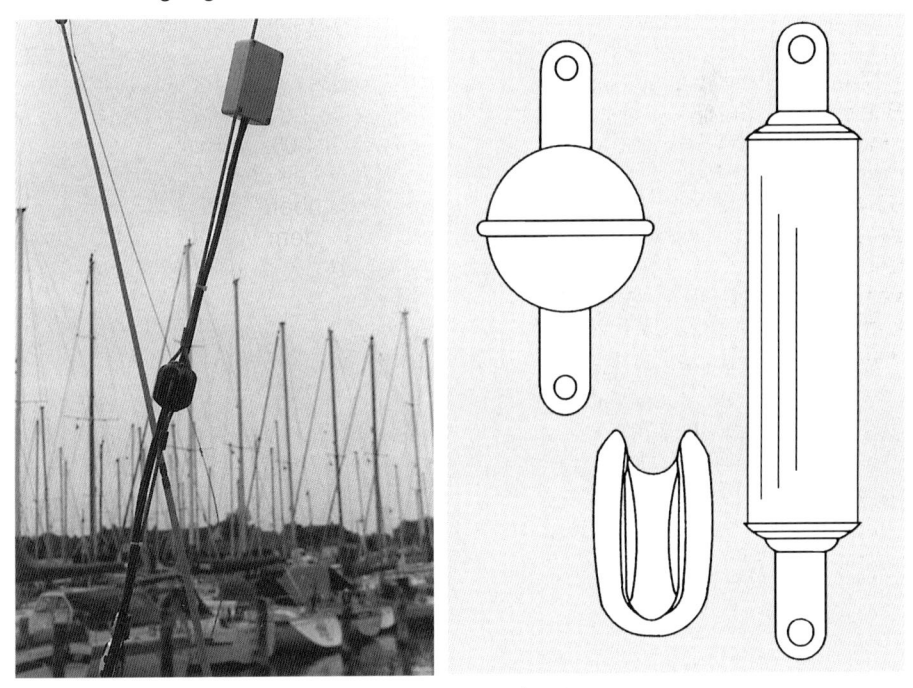

Seilisolatoren, allgemein für den Blitzschutz ungeeignet.

Beim Auto ist das 0,4 mm starke Blechdach die natürliche Auffangeinrichtung. Nach VDE wären 4 mm erforderlich, um jeden Fall zu erfassen. Im vorliegenden Fall wird ein durchschmolzenes, durchlöchertes Blechdach in Kauf genommen. Die Vertretbarkeit liegt im Verwendungszweck eines PKW. Eine Blitzschutzeinrichtung ist es wegen der geringen Blechstärke nicht. Aber ein sehr wirksamer Schutz bei einem Gewitter. Man beachte hierbei den Lichtbogen am Auto. Wenn wir das Bild

15. Maßnahmen zur Schadensverhütung

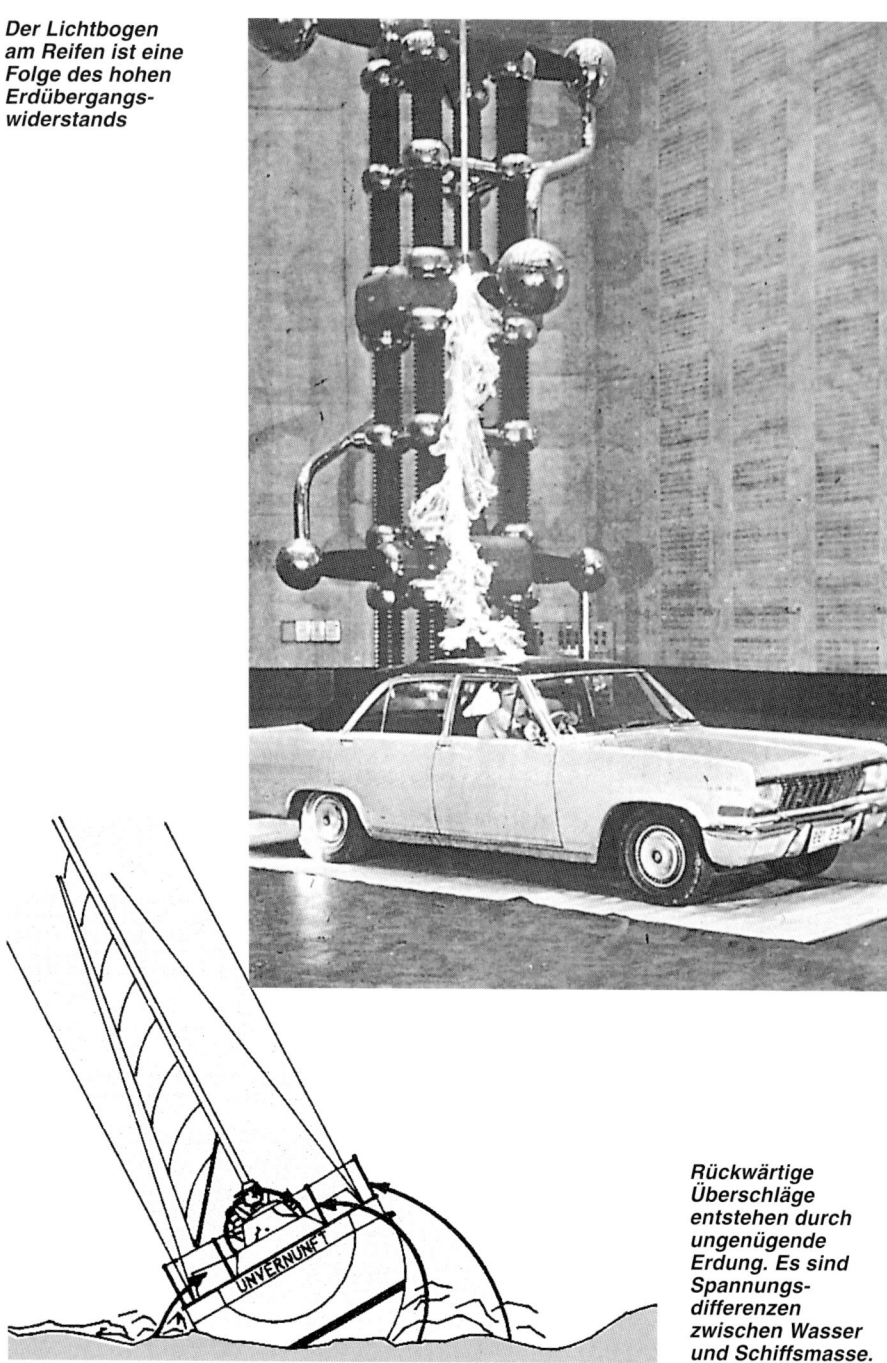

Der Lichtbogen am Reifen ist eine Folge des hohen Erdübergangswiderstands

Rückwärtige Überschläge entstehen durch ungenügende Erdung. Es sind Spannungsdifferenzen zwischen Wasser und Schiffsmasse.

15A. Praxis beim Schutz der Bordcrew

mit unserem Schiffsrumpf vergleichen, können wir erkennen, daß sowohl der Seiten- als auch der Bodenbereich wichtige Bestandteile des Käfigs sein müssen. Auf den Wasserfahrzeugen sind es die Bordwände und der Schiffsboden. Letzterer besteht häufig aus gut isolierendem Kunststoff und wird von der Wellenanlage, den zahlreichen Auslässen, wie Speigatten, Kühlwassereintritt und Toilettenanlage durchbrochen. Blitzströme können im ungeschützten Schiff über die vorgenannten Durchbrüche ins Schiffsinnere gelangen und Personen trotz des vermeintlichen Faraday-Käfigs verletzen. Ähnliche Effekte, wie sie am Autoreifen zu sehen sind, würden in der Kajüte auftreten. Das vermeidet man zum Teil durch einen guten elektrischen Potentialausgleich an den Durchbruchstellen. Eine weitere Maßnahme ist die ausreichende Erdung des Faraday-Käfigs. Der Strom verläuft dann über die Seile, respektive den Mast, sowie über eine Erdungssammelleitung (Erdungsplatte) ins Wasser. Durch diese exakte Leitungsführung mit anschließender Erdung kann der Blitzstrom sowohl am als auch im Boot keinen Personenschaden anrichten. Reicht die Erdung nicht aus, kommt es am Rumpf zu rückwärtigen Überschlägen vom Wasser zum Schiff. Dabei ist ein am Rad sitzender Rudergänger besonders und mehrfach gefährdet. Seine Füße haben oft einen geringen Abstand zu den im Cockpit vorhandenen Lenzrohren (kleiner als 30 cm). Hinzu kommt noch die Nässe.

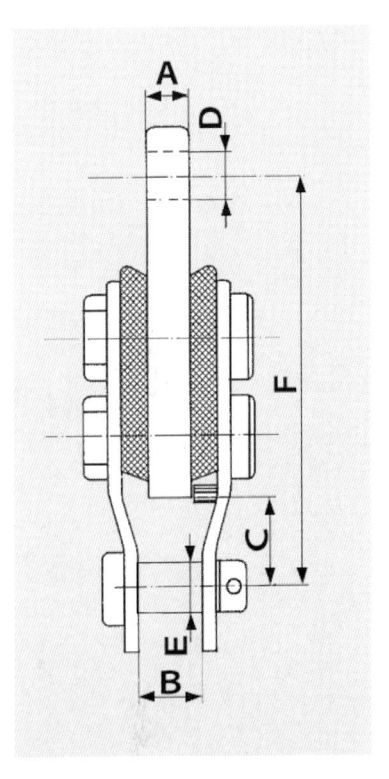

Typ			25/4A	30/6A	40/12A	50/16A
Bruchlast		t	4	6	12	16
Zungenstärke	A	mm	8	10	15	20
Gabelweite	B	mm	11	13	18	20
Gabeltiefe	C	mm	23	27	39	48
Bohrung	D	mm	10,5	13,5	16,5	22,5
Bolzen	E	mm	10	13	16	22
Spannlänge	F	mm	93	109	150	180

Antennenabspannisolator mit integrierter Schutzfunkenstrecke. Sie unterliegen nicht der DIN 48810 für Schutzfunkenstrecken und gehen im Überlastungsfall in den Kurzschluß.

15A. Praxis beim Schutz der Bordcrew

Sofern Personen 1,5 m oder mehr von Wanten- bzw. Mastableitungen, von der Motoren-, der Wasserversorgungs- oder der elektrischen Anlage entfernt sind, besteht bei Vorhandensein von Faraday-Käfig, Potentionalausgleich und Erdung keine Gefahr. Eine Berechnung muß im Einzelfall zeigen, um welchen Betrag dieses Maß von 1,5 m an den genannten Stellen unterschritten werden kann. Auf See und im Seegang wechseln die Sitzpositionen. Den Aufenthalt an Deck beim Heranziehen eines Gewitters erfordert die Seemannschaft. In erster Linie sind die Segel zu bergen oder zu reffen, alles ist zu sichern, um evtl. nur mit kleinster Besegelung das Schiff zu halten. Zusätzliche Gefahren außerhalb oder am Rande des Käfigs wie z.B. Berührungen mit den Stagen entstehen.

Ausführungsbeispiel

Für eine ca. 11-m-Serienyacht werden die zu treffenden Maßnahmen erklärt, durchgerechnet und übersichtlich aufgelistet oder zum besseren Verständnis durch Zeichnungen dargestellt.

Beschreibung des Schiffes für die Konzipierung des Personenschutzes: Der Rumpf besteht aus Kunststoff (GFK), das Deck sowie der Kajütenaufbau ebenfalls aus GFK (in Sandwichbauweise) mit aufgelegtem 15 mm Teak-Stabdeck. Im Mastbereich wurde durch Einfügen von massivem Hartholz und einer darunter liegenden Holzstütze die Kraftübertragung des Mastes sichergestellt. Der ca. 13 m lange Aluminiummast mit 4 - 5 mm Wandung steht in einem sehr flachen Mastschuh aus Aluminium, welcher lediglich der Kraftübertragung und der Positionierung dient.

Die Abstagung des Mastes erfolgt durch 8-mm-Seile A4 1x19.

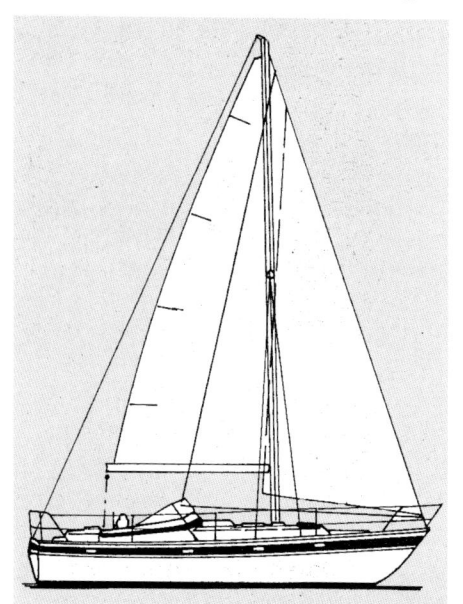

Vorhandene Stage:
2 Oberwanten
4 Unterwanten
1 Vorstag
1 Achterstag

Das Achterstag ist für den Grenzwellenempfang sowie für den Peil- und Decca-Betrieb vorgesehen. Es ist mit hochwertigen Isolatoren des Typs 30/6A (integrierte Schutzfunkenstrecke mit niedriger Ansprechspannung) bestückt. Weitere Isolatoren dieses Typs wurden in die anderen Stags und Wanten zur Auflösung von elektrischen Schleifen eingebaut. Störungsfreier Empfang und einwandfreie Peilungen sind die Ergebnisse.

Seitenansicht

Ausführungsbeispiel

Auf dem Mast sind eine UKW-Stabantenne sowie eine Windmeßanlage mit relativ kurzer Blitzauffangstange (zum Standerstock umfunktioniert) installiert.
Der innenliegende Gußkiel konnte für die erforderliche Erdung nicht benutzt werden. Er ist vollkommen in GFK eingebettet. Mehrere Erdungsplatten sind dem Rumpf und dem Ruderblatt so angepaßt, daß sie die Strömungsverhältnisse nicht beeinträchtigen. Die Haupterdungsfläche liegt beidseits des Ruderblatts. Auch sämtliche erreichbaren Borddurchlässe dienen innerhalb des Blitzschutzpotentialausgleichs zur Verbesserung der Gesamterdung. Für Verbindungsleitungen zu den Nebenableitungen und zur Erdung wurde NYA 35^2 verwendet. (VDE-Mindestquerschnitt).
Ausgangswerte: Bezugsgrößen der Blitzeinwirkung sind mit höchstmöglicher Sicherheit zunächst für den Schutz der Bordcrew festzulegen. Von den relevanten Bezugsgrößen wählen wir diejenige aus, die gewährleisten, daß 99,9% der Entladung diese Werte unterschreiten. Im Zusammenhang verkörpern diese einzelnen Werte keinen speziellen Blitz. Daher trägt kein Blitzschlag die Summe der Einzelwerte in sich. Sie gehen in die Berechnungen nur insoweit abschnittsweise ein, um die ungünstigsten Auswirkungen dieser einzelnen Blitzstromvorgaben am Objekt erkennen zu können.

Blitzstrom-Spitzenwert	150 kA	(extrem hoher Wert)
Blitzstrom-Mittelwert	50 kA	(pos. Strom 1,5 ms Wolke-Erde)
Blitzstrom-Steilheit	150 kA/μs	(extrem hoher Wert)
Blitzstrom-Quadratimpuls	10 kA$^2 \cdot$ s	(extrem hoher Wert)
Stirnzeit	1 μs	(dazu passende Zeit)
Stromschwanz	300 A	(nur im Fall neg. Blitze)
Ladung	300 As	(normaler Wert 50 As)
Stoßfaktor für Erdung	1	($R = R_{st}$)
Enddurchschlagstrecke	10 m	(99,9% aller Entladungen erfaßt)
Pe (spez.Erdwiderstand		
Seewasser)	0,2÷0,3 $\Omega \cdot$ m	(empirischer Wert)
Nordseewasser	0,01÷0,02 $\Omega \cdot$ m^2	(Wert zur Berechnung = 0,03 $\Omega \cdot$ m^2)
Drahtseildurchmesser	8 mm	(Niro A4 1x19)
L Seil	1 μH/m	(Seilinduktivität in μ Henry/m)
R Seil	2,4 mΩ/m	(Seilwiderstand in Milli-Ohm/m)
L Mast	0,5 μH/m	(Indukt. v. Mast in μ Henry/m)
R Mast	0,012 mΩ/m	(Widerst. v. Mast in Milli-Ohm/m)

15A. Praxis beim Schutz der Bordcrew

Der Drahtseildurchmesser mit 8 mm liegt deutlich über dem geforderten Mindestdurchmesser von 6 mm. Das Rigg eignet sich für den Faraday-Käfig. In diesen Käfig wird der Mast als Hauptableitungselement mit einbezogen. Er durchdringt diesen Schutzraum. Mögliche negative Auswirkungen auf den gewünschten Schutz werden rechnerisch ermittelt. Das Achterstag, durch Spezialisolatoren als Antenne verwendbar, wird somit zum vollwertigen Teilstück des Käfigs.

Für den Schutz der Bordcrew werden folgende Einzelberechnungen durchgeführt:

1. Ermittlung des räumlichen Schutzbereiches durch den Aufbau eines Faraday-Käfigs mit Hilfe des Riggs
   »Elekrostat. Betrachtung der letzten "Ruckstufe"«
2. Nachrechnung der Restfestigkeit des Riggs nach einem angenommenen Einschlag in ein Want oder Stag
   »Elektrotechnische Berechnung, Stromquadratimpuls«
3. Berechnung der zulässigen gefahrlosen Näherung an Ableitungsseilen, die Bestandteil des Käfigs sind
   »Stoßstrombeeinflussung in den ersten µs«
4. Untersuchung von Berührungsspannungen im Handbereich des Rudergängers und unter Deck »Stoßstrombeeinflussung innerhalb der ersten 10 µs und danach«
5. Nachrechnung evtl. rückwärtiger Überschläge vom Wasser ins Schiff in der Nähe des Rudergängers
   »Dauerableitstromgefahren nach den ersten 10 µs«

Zu 1: Ermittlung des Schutzbereichs
Nach dem Abrollverfahren und mit Hilfe der Eindringtiefe der Blitzkugel werden punktweise Schutzbereiche ermittelt.

$$\text{Eindringtiefe } t = 100 \cdot \left(x - \sqrt{x^2 - a^2/4} \right) \text{ in cm}$$

- x Blitzkugelradius (m)
- a waagerechter Abstand (m) zwischen Oberwant u. Achterstag in 2 m Höhe, hier 5,2 m

$t = 100 \cdot \left(10 - \sqrt{100 - 5{,}2^2/4} \right)$
$t = 34 \text{ cm}$

Der mit dem Verfahren gewonnene Gefährdungspunkt liegt in Höhe der Sitzbank unter der Spritzkappe. Geeignete Maßnahmen, wie die Einbeziehung der Alubügel als Auffangstangen, sind zu ergreifen.

Ausführungsbeispiel

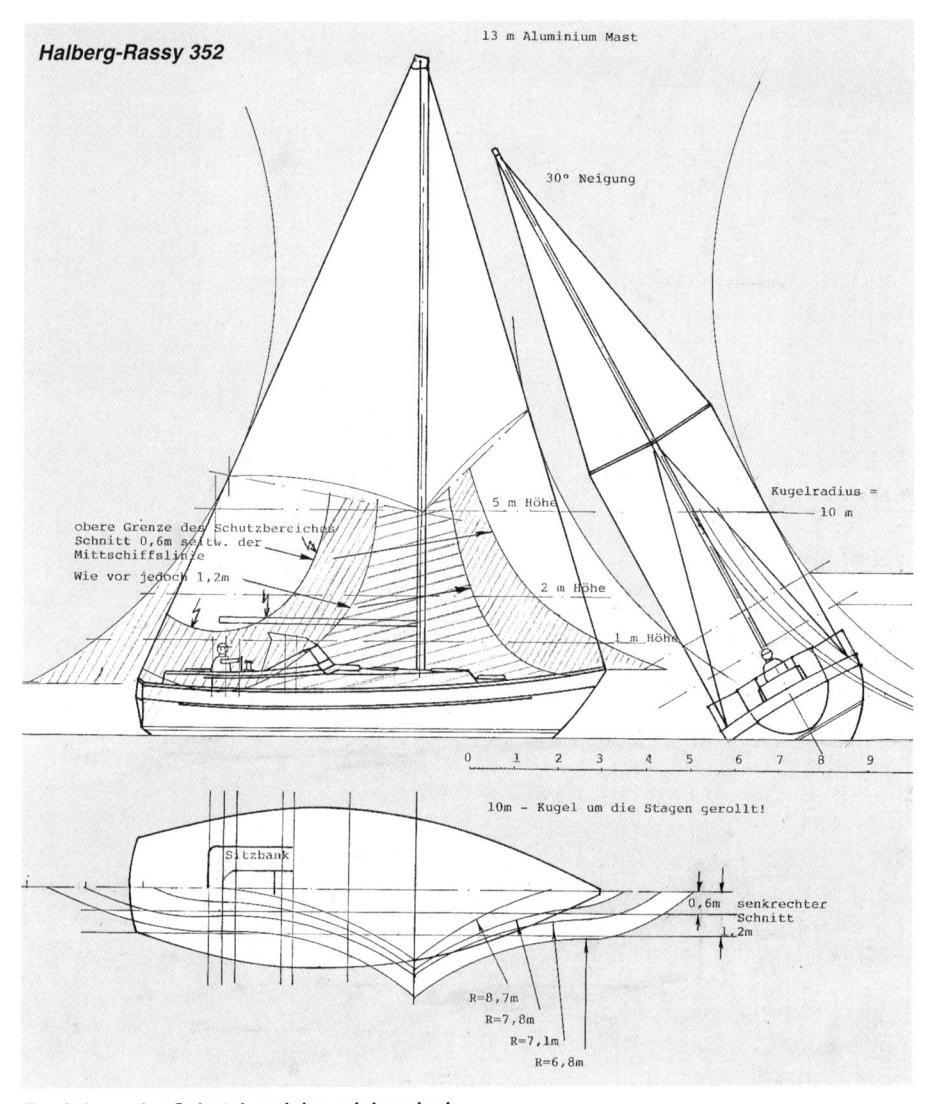

Ermittlung der Schutzbereiche zeichnerisch

Zeichnerischen Verfahren:

Die Vorder- oder Rückansicht, die Draufsicht und die Seitenansicht in 30° Schräglage beim Segelschiff und in 15° beim Motorschiff müssen vorliegen. Die Berührungspunkte der 20-m-Kugel (R = 10 m) lassen sich leicht ermitteln. Es empfiehlt sich, von mehreren wichtigen Bezugshöhenlinien (s. Beispiel) auszugehen. Man beachte bei einer um das Schiff gerollten Kugel, die erkennbaren Teilkugellinien mit den verschiedenen horizontalen Radien. Diese Radien ent-

15A. Praxis beim Schutz der Bordcrew

sprechen den Kugelabschnittsradien in der jeweils auszuwählenden Höhe. Durch lotrechte Schnitte, parallel zur Mittschiffslinie des aufrecht dargestellten Schiffes (Draufsicht) in dem zu wählenden Seitenabstand (hier 0,6 m und 1,2 m), wird in der Seitenansicht des aufrecht segelnden Schiffes ein Linienverlauf nach den tatsächlichen Positionen der Berührungspunkte des in 30° dargestellten Schiffes Punkt für Punkt konstruiert (Berührungspunkte am Rigg in der 30° Darstellung messen und auf die 0° Darstellung übertragen). Diese Linien begrenzen den im jeweiligen Seitenabstand zu betrachtenden Schutzbereich, der dann als senkrechte Fläche erscheint. Die obere Begrenzungslinie der Fläche gilt als Grenzmaß für die Sicherheit, der sich an Deck bewegenden Personen. Aus der Seitenansicht ist zu erkennen, daß auch die Reling als natürliches Bauteil, zum Fußpunkt von Blitzeinschlägen werden kann. Vorteilhaft kann sie jedoch in die Blitzschutzmaßnahmen mit einbezogen werden.

Schlußfolgerungen:

• Auf dem Musterschiff ist der Rudergänger im Sitzen nicht der Blitzeinwirkung ausgesetzt. Er könnte aber zur Erhöhung der Sicherheit besser die Leeposition einnehmen.

• Die unter der Spritzkappe sitzende Crew ist weiter als der Rudergänger von möglichen senkrechten Einschlagpunkten entfernt, jedoch nicht von den seitlichen Bügeln der Spritzkappe zur Absteifung der Persenning. Diese sind mit dem Scheibenrahmen verbunden. Sämtliche Teile bestehen aus Aluminium oder Hydronalium (seewasserfeste Aluminiumlegierung). Sie können den Käfig ergänzen, wenn sie mittels NYA 35^2 an die Nebenableitung angeschlossen werden. Das ist auf dem Musterschiff leicht durchzuführen. Man beachte eine mögliche Kontaktkorrosion am Anschlußpunkt des Scheibenrahmens.

Gefährliche Positionen unmittelbar vor und bei einem Gewitter

• Das Hantieren auf dem Vorschiff wäre bei Gewitter, ohne Mast und Seile zu berühren, nur in Mastnähe gefahrlos. Doch grundsätzlich sollte der Decksbereich bei akuten Gewitterentladungen nicht mehr betreten werden.

• Die unter Deck sich aufhaltenden Personen sind durch die Schirmwirkung des Faraday-Käfigs absolut geschützt. Die Fußpunkte möglicher Einschläge liegen außerhalb des Decksbereiches, wenn die Reling ebenfalls mit in die Blitzschutzmaßnahme einbezogen wird. Sie ist mittels 10 mm² NYA zusätzlich über Nebenableitungen zu erden.

Zu 2: Abbrand am Rigg nach einem Einschlag

Das Rigg muß in der Lage sein, sowohl den Blitzstrom zu tragen, als auch dem durch Lichtbogeneinwirkung hervorgerufenen Abschmelzvorgang am Einschlagpunkt des Seiles zu widerstehen. Dadurch erreicht man, daß die Schutzwirkung des aus dem Rigg bestehenden Käfigs im Fall oft vorkommender Folgeentladungen erhalten bleibt. Der Mast mit dem Rigg als Schutzschirm muß nach einem Einschlag stehen bleiben.

Die folgende Berechnung dient der Kontrolle einer richtigen Dimensionierung des Riggs. Dazu wird von einer extrem hohen Ladung mit 300 As ausgegangen. Der Lichtbogenfußpunkt wandert am Oberwant. Unter Verwendung der unter "6. Entladungsenergie" aufgeführten Gleichung wird das Abschmelzvolumen ermittelt.

Energie in Wattsek. (Ws) = Ladung (As) · Lichtbogenspannung (V)

Die Lichtbogenspannung liegt bei 20 - 30 Volt.
$W = 300 \cdot 30$
$W = 9000 \text{ Ws}$

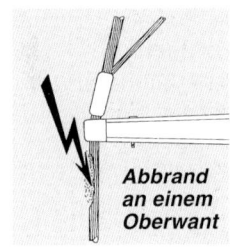

Abbrand an einem Oberwant

Demnach berechnet sich das Volumen des abgeschmolzenen Materials:

$$V = \frac{9000}{7700} \cdot \frac{10^6}{(469 \cdot 1350 + 272 \cdot 10^3)} = 1{,}29 \text{ cm}^3$$

Jeder Lichtbogen wandert entlang eines nicht definierten herausragenden Fußpunktes - in diesem Fall am Seil. Wegen der kurzen Stromeinwirkung legen wir nur eine Strecke von 10 cm zugrunde. Außerdem wird ein gleichmäßiges Abtragen des Schmelzmaterials angenommen.

Die Schmelzmenge von ca. 1,3 cm³ verteilt sich demnach auf 10 cm, somit auf das Volumen eines 8-mm-Seiles von 5 cm³. Aus der Restmenge, die etwa 3/4 des ursprünglichen Materials beträgt, kann auf einen Seildurchmesser nach dem Abbrand von 6,89 mm geschlossen werden. Das Restmaterial verliert durch die lokale Hitzeeinwirkung an Festigkeit, weil es sich um "Austenitisches Gefüge" handelt. Die Minderung soll mit einem Abschlag von 50 % berücksichtigt werden. Danach beträgt die Restfestigkeit des Seiles noch 6000 daN/cm². Bruchbelastbarkeit des Oberwantes nach dem Einschlag:

$$\text{Zugkraft (F)} = \frac{\text{Vol.} \cdot \text{Restfestigkeit}}{\text{Länge}} = \frac{3{,}7 \cdot 6000}{10}$$

F = 2226 daN

15A. Praxis beim Schutz der Bordcrew

Die noch zur Verfügung stehende Zugkraft von ca. 2 Tonnen (2000 da N) zur Abstützung des durch kleine Besegelung belasteten Mastes ist ausreichend. Der Schmelzvorgang findet nicht nur an der Einschlagstelle statt, sondern auf dem gesamten Stromweg. An schlechten Kontakten tritt nach einem Stromdurchfluß erhebliche Wärmebildung auf, die z.b. zum Schmelzen loser Verbindungen führen kann. Schiffe mit Aluminiummasten benötigen eine erhebliche Seilvorspannung, damit der Mast nicht durch Knicken oder Biegen bricht. Die Verbindungsstellen im Rigg sind daher aus elektrischer Sicht gut - im Gegensatz zum Rigg eines Holzmastes, das stets loser vorgespannt ist. Auch ein Stromschwanz von 300 A verursacht Abschmelzungen an losen Verbindungsstellen. Sie sind nur nicht so groß angesichts der geringeren Ladungen von etwa 60 As. Neben dem Lichtbogen belastet auch der Ableitstrom das Seilstück. Diese Erwärmung ist vom Wert des Stromquadratimpulses abhängig. Beim Schutz der Bordcrew wird der 4 fache Wert des Normalwertes 2,5 $kA^2 \cdot s$ angenommen.

Ein solches Seil würde sich um ca. 200°C erwärmen, was zu keiner Festigkeitsminderung beim vollen Querschnitt führt. Dagegen erwärmt sich der Restquerschnitt auf ca. 500°C (Grenzfall). Diese Wärmebelastung ist in der Festigkeitsminderung auf 6000 daN/cm^2 bereits berücksichtigt (Siehe auch hierzu unter "7. Erwärmung vom Blitzstrom durchflossener Leiter").

Zu 3: Näherungen an die Ableitungsseile über und unter Deck

Zweifelsfrei sitzt der Rudergänger bei einem Einschlag in der ungünstigen Position am Achterstag in nächster Nähe eines Auffangseiles. Dieses Antennenstag ist mit geeigneten Isolatoren (integrierte Schutzfunkenstrecke) isoliert. Weil die Haupterdung am Ruder liegt, würden bei einem Einschlag ins Stag ca. 90% des Stromes über das Achterstag zur Erdplatte abfließen. Der Rest fließt über den Mast.

In der kurzen "Stirn"zeit von 1 bis 3 µs entsteht in dem Achterstagstück bis zur Kopfhöhe und zur Steuersäule mit Steuerrad (Erdpotential) folgender Spannungsunterschied:

Induktiver Widerstand des unteren

Achterstags bis zur Kopfhöhe ca 1,2 m = 1,2 µH
Deck-Erdungspunkt ca.1,1m = 1,1 µH
Insgesamt = 2,3 µH

Bei einer Steilheit von 150 kA/µs ergibt sich daraus eine Spannung von:

$$U = kV/\mu s \cdot \mu H$$
$$U = 150 \cdot 2{,}3 = 345 \text{ kV}$$

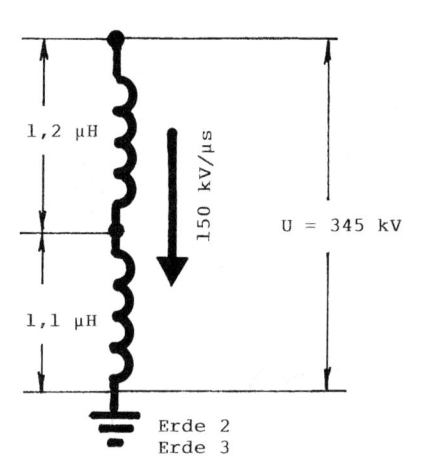

Ausführungsbeispiel

Widerstandsschema)) 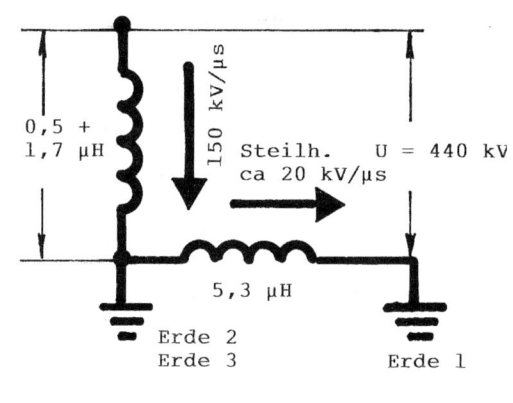 *Widerstandsschema))*

Das bedeutet eine **Schlagweite der Spannung von 69 cm** bei einer Überschlagsfestigkeit der Luft von 5 kV/cm. Die Entfernung zwischen dem Kopf und dem Stag beträgt 1,4 m, sie ist fast doppelt so groß wie die Schlagweite. Eine Gefährdung besteht somit nicht. Eine weitere Gefährdung besteht beim Einschlag in den Mast zwischen Baumnock und Kopf des Rudergängers. Diese Entfernung beträgt im ungünstigsten Fall 0,55 m.

Die Berechnung ergibt folgende Spannung:

Maststück vom Baum bis Mastfuß	= 1,0 m bei 0,5 µH/m	= 0,5 µH
Ableitungsstück Mast bis Erdung (35 mm Cu-Rohr)	= 2,1 m bei 0,8 µH/m	= 1,7 µH
Gesamtinduktivität		= 2,2 µH

$$U = 150 \cdot 2{,}2 = 330 \text{ kV}$$
$$+\, U = 20 \cdot 5{,}3 = 110 \text{ kV}$$
$$U = 440 \text{ kV} \quad = 88 \text{ cm Schlagweite}$$

In der geringen Entfernung zwischen dem Kopf des Rudergängers und der Baumnock von nur 55 cm entsteht eine Gefährdung. (Siehe auch unter „13. Konstruktion des Faraday-Käfigs".) Einerseits erhöht sich die Sicherheit des Rudergängers durch die vorgeschlagene Lee-Sitzposition auf Grund der zeichnerisch ermittelten Schutzbereiche, andererseits besteht durch den in den Käfig hineinragenden Mast über den nach Lee positionierten Baum eine größere Gefahr. Als Optimum an Sicherheit erreicht man somit durch eine Sitzposition in der Mitte bei etwas aufgefiertem Segel.

15A. Praxis beim Schutz der Bordcrew

Der nächste Blick führt zu dem unterhalb des Decks befindlichen Teil des Käfigs. Der muß in der Lage sein, die aus dem Rigg und aus dem Mast kommenden Ströme - gefahrlos für die Mannschaft - in eine großzügig angelegte Erdung abzuleiten. Sämtliche durchs Deck geführte Rüsteisen sind aus Festigkeitsgründen gegenüber dem Rigg überdimensioniert. Daher können die Preßkabelschuhe problemlos auf der Yacht an den Rüsteisen befestigt werden. Mit V4-A Schrauben M8 lassen sich gute Kontakte für die einzelnen Nebenableitungen (mittels Scheibe und Federring) herstellen.

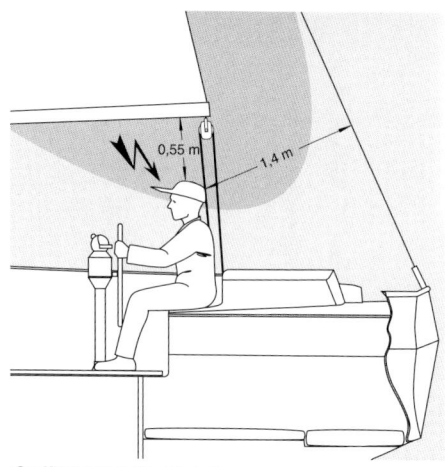

Gefährdung Rudergänger

Nach VDE 0185, Teil 1 sind entweder 2 Schrauben M8 oder 1 Schraube M10 für den Anschluß der Ableitungen erforderlich. In unserem Fall sind es parallel geschaltete Ableitungen, so daß die Dimensionierung mit M10 nur für den Mast, das Vor- und das Achterstag anzuwenden ist. Die Verbindungen vom Mast zur Erdung als Hauptableitung sind ebenfalls mittels M 10- Schrauben herzustellen. Die Standardpreßkabelschuhe für das Leitungsmaterial NYA 35^2 sind auf 8,5 mm und 10,5 mm gebohrt. Von den untereinander zu verbindenden 3 Seitenwanten am Mast sind Leitungen NYA 35^2 zum Kielbereich zu legen und z. B. mit PVC-Spachtelmasse abschnittsweise an der Innenbordwand sowie am Schott zu befestigen (Parallelschaltung, daher Verwendung von M8-Schrauben möglich). In Kiellinie ist eine Erdungssammelleitung innenbords zu legen. Der Querschnitt wird mit 2x NYA 35 mm^2 oder nach VDE 0185, Teil 1 mit 1x 50 mm^2 Cu für ausreichend bei kleineren Schiffslängen angesehen.

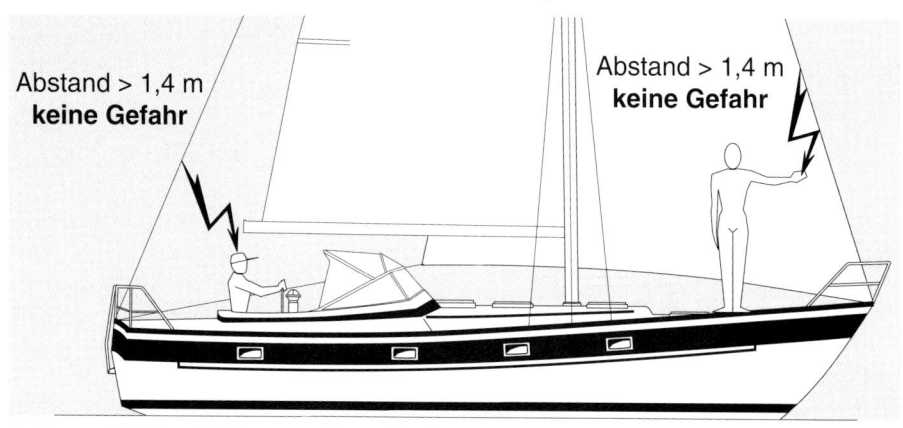

Seitenansicht der Gefahrenpunkte an Deck

Ausführungsbeispiel

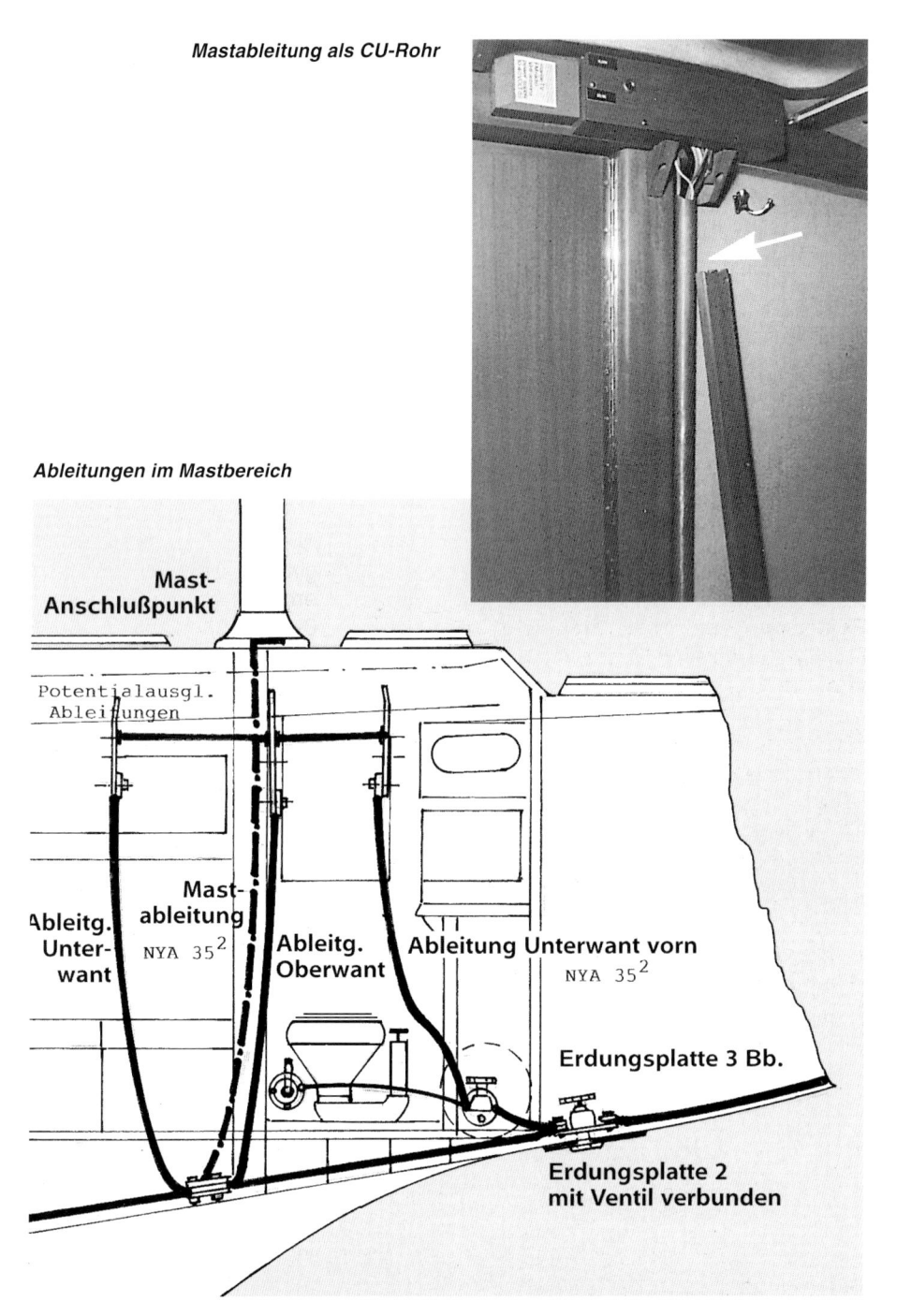

Mastableitung als CU-Rohr

Ableitungen im Mastbereich

Mast-Anschlußpunkt

Potentialausgl. Ableitungen

Ableitg. Unterwant

Mastableitung NYA 35^2

Ableitg. Oberwant

Ableitung Unterwant vorn NYA 35^2

Erdungsplatte 3 Bb.

Erdungsplatte 2 mit Ventil verbunden

15A. Praxis beim Schutz der Bordcrew

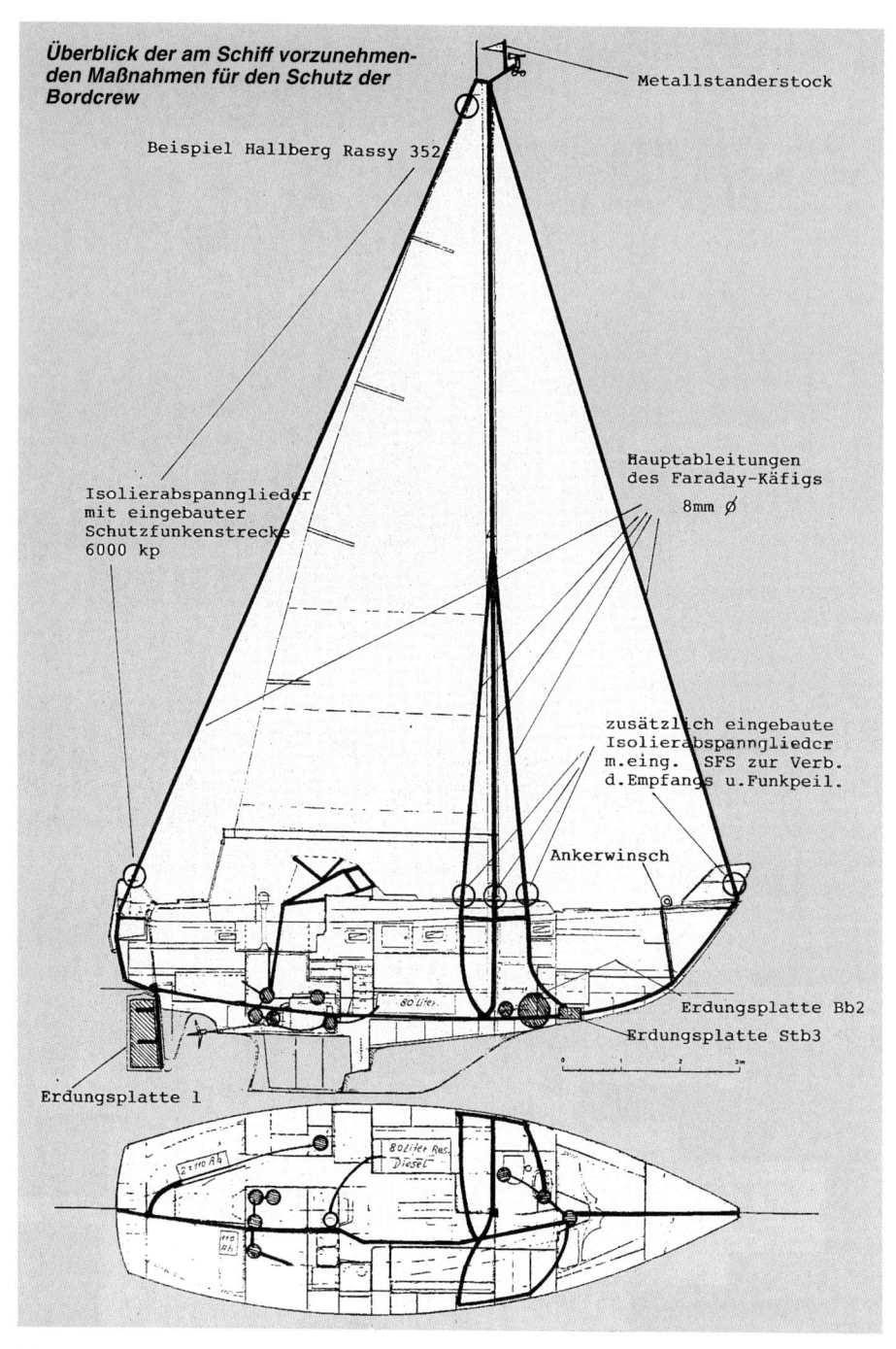

Überblick der am Schiff vorzunehmenden Maßnahmen für den Schutz der Bordcrew

Beispiel Hallberg Rassy 352

Metallstanderstock

Isolierabspannglieder mit eingebauter Schutzfunkenstrecke 6000 kp

Hauptableitungen des Faraday-Käfigs
8mm ⌀

zusätzlich eingebaute Isolierabspannglieder m.eing. SFS zur Verb. d.Empfangs u.Funkpeil.

Ankerwinsch

Erdungsplatte Bb2
Erdungsplatte Stb3

Erdungsplatte 1

Ausführungsbeispiel

Befestigung parallel geschalteter Ableitungen an Rüsteisen mittels Bolzen M8 und Kabelschuh 10,5 ⌀.

Preßkabelschuh 35mm²

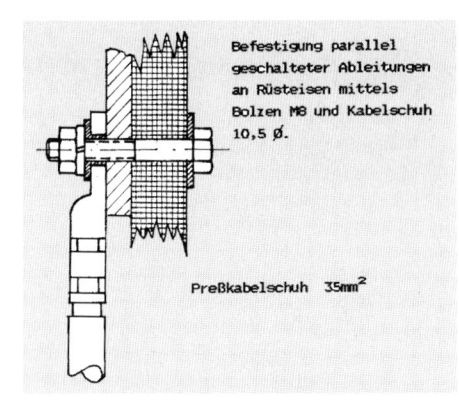

oben: Befestigung von Ableitungen

rechts: Beispiel einer Erdungsplattenverbindung mit dem Innenbordanschluß für 35 mm² Leitungen über einen mittels Silberlot an der Erdungsplatte befestigten Bolzen M10

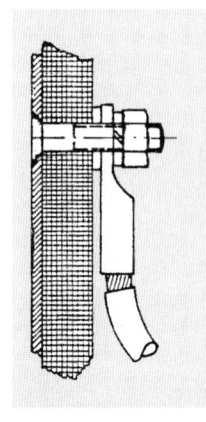

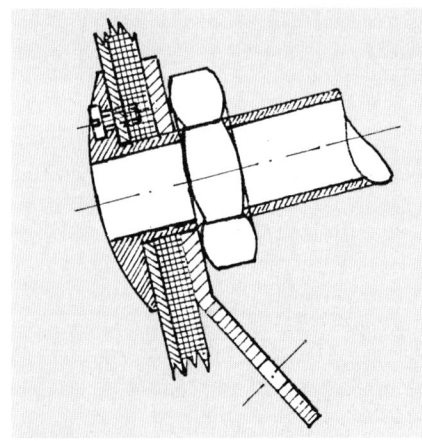

Beispiel eines Borddurchlasses 1" als Verbindungsglied zur Erdungsplatte am Rumpf

Mit Abzweigklemmen aus Kupfer (im Handel erhältlich) sind an der Erdungssammelleitung die unter Deck angeschlossenen Leitungen des Käfigs (einschließlich Vor- und Achterstag) sowie eine vom Mastschuh gelegte Herunterführung neben der Maststütze anzuschließen. Keinesfalls darf überschüssiges Leitungsmaterial aufgeschossen verlegt werden! Elegante Bögen mit möglichst großem Durchmesser sind eine Voraussetzung für die zu erzielende Wirkung (Siehe auch unter „11. Induktiver Widerstand des Riggs").

Die Klemmverbindungen sind mit säurefreier Vaseline gegen Korrosion zu schützen, auch die Innenseiten sind zu fetten. Die Erdungssammelleitung ist mit den am Ruderblatt beidseitig angepaßten Erdungsplatten über den Bronze-Ruderschaft anzuschließen. Die Platten werden durch mehrere Bronzeschrauben mit den Fingern des Ruderschaftes verbunden. Damit wird ein sauberer Stromübergang sichergestellt. Der sich drehende Ruderschaft muß mittels kurzer, hochflexibler Cu-Litze angeschlossen werden.

Zu 4. Berührungsspannung im Handbereich des Rudergängers und unter Deck

Die erste Vorbeugung gegen eine elektrische Durchströmung beim gleichzeitigen Berühren mehrerer Metallteile besteht im Potentialausgleich. Darunter ist der elektrische Zusammenschluß der einzelnen Metallteile im "Handbereich" von Personen zu verstehen. An Bord wird der Potentialausgleich mit 16 mm² isolierter Cu- Litze oder auch -Leitung hergestellt.

15A. Praxis beim Schutz der Bordcrew

Folgende Teile des Bootes sind, von achtern beginnend, anzuschließen:

- Cockpitlenzrohrabsperrventile
- Motormasse (-Pol der Batterien)
- Cockpitbodenstutzen
- Scheibenrahmen
- Heckkorb
- Propangasherdgestell
- Badeleiter
- Brennstoffreservetank 80 l
- Rudersteuersäule
- Toilettenabsperrschieber
- Deckspeigattventile
- Toilettenpumpe
- Lenzventil
- Fäkalientank
- Kühlwassereintrittventil
- Spülbecken
- Absperrventil Spüle

Trotz des vorgenommenen Blitzschutz-Potentialausgleiches können noch gefährliche Potentialunterschiede auftreten. Zwei typische Situationen:

4a) Gefährdung innerhalb der 1-10 µs

4b) Gefährdung innerhalb der 10 µs- 1,5 ms

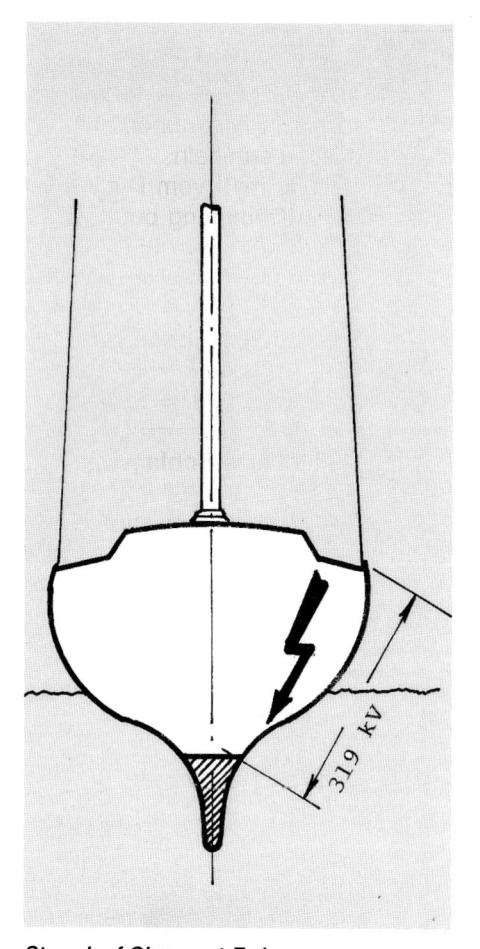

Stromlauf Oberwant-Erdung

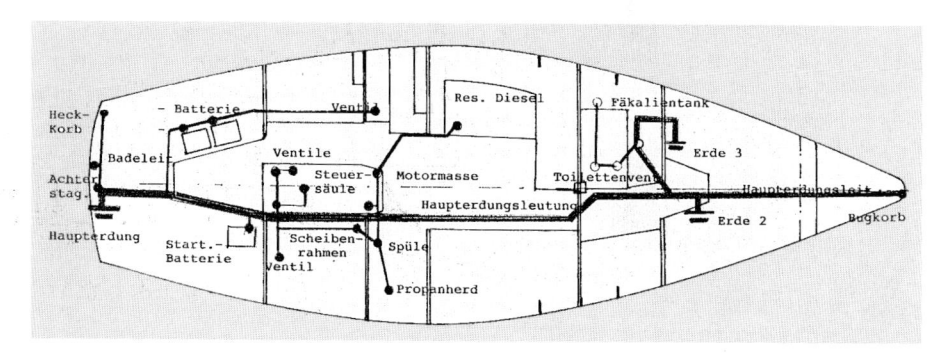

Haupterdungsleitung mit Potentialausgleichsleitungen

Ausführungsbeispiel

zu 4a, 1. Ort
Der Fußpunkt des Einschlages soll in einem Oberwant in Salinghöhe liegen. 75% des Ableitstromes fließen in diesem Seil zum Erdungsknotenpunkt im Mastbereich (in Bilgenhöhe). Die Potentialdifferenz zwischen Pütting und Bilgenpunkt ist zu ermitteln.

Die Ableitung mißt vom Pütting bis zur Bilge 2,5 m. Die durch den Rumpf vorgegebene Krümmung beträgt 0,3 m, der Radius der verwendeten Kupferleitung NYA 35^2 (3,8 mm = 0,0038 m), die Induktivität L = 2,124 µH (berechnet nach der unter "11." angegebenen Gleichung für die Induktivität)

Die induzierte Spannung ist demnach bei einer Steilheit von 150 kA/µs:

$$U = 150 \cdot 2,124 \quad U = 319 \text{ kV}$$

Das bedeutet eine **Schlagweite von 64 cm** bei einer angenommenen maximalen Feldstärke der Luft von ca. 5 kV/cm.

Durch den Zusammenschluß der Ableitungen (Oberwant und Unterwanten) läßt sich die Induktivität verringern. Sie erreicht den Wert 0,8 µH. Die Spannung wird dadurch auf 120 kV gesenkt, entsprechend **reduziert sich die Schlagweite in Luft auf 24 cm.**

Auf der Steuerbordseite wird die direkte Berührung von Ableitungen durch den Kleiderschrank verhindert. Überschlagswege zur Lampeninstallation in der Kajüte bleiben bestehen und bilden einen Gefahrenpunkt für die dort sitzenden Personen. Auf der Backbordseite führt eine Ableitung zur Erdplatte 2.

Eine ungewollte Näherung kann nicht ausgeschlossen werden. Die Personenverträglichkeit dieser in 1 bis 3 (10)µs anstehenden Spannung von 120 kV liegt über dem zulässigen Wert von maximal 95 kV. Bei einer Durchströmung des menschlichen Körpers entstehen lebensgefährliche Schädigungen, ermittelt nach der Verträglichkeitskurve der Berufsgenossenschaft!
(siehe unter „2.")

Leuchte in der Nähe der Ableitung. Überschlag zum Kopf möglich.

Zwei Bb-Ableitungen sowie eine an Stb verlaufen innerhalb des Schrankes in unmittelbarer Nähe der Bordinstallation für die Beleuchtung. Während des Gewitters sollte man sich dort nicht aufhalten.

Gefahrenpunkt Bb-Seite durch Näherung an die Ableitung

15.A Praxis beim Schutz der Bordcrew

Abhilfe: Die Gefahrenpunkte können durch ausreichend bemessene Isolation beseitigt werden. Ein anderer Weg besteht in der weiteren Verkleinerung der induktiven Widerstände dieses Leitungsabschnittes. Durch die Verwendung 5 cm breiter und 2,5 mm starker Kupferbänder, die an den Enden zur Verhinderung von Kontaktkorrosion verzinnt werden, ist eine weitere Senkung des induktiven Widerstandes möglich, so daß die zulässige Berührungsspannung von 95 kV unterschritten wird. Durch zusätzliche Schrumpfschläuche oder Isolierwickel wird die Bildung von Überschlägen weiter unterdrückt.

zu 4a, 2. Ort
In der Naßzelle könnte man in ähnlicher Weise vorgehen, will man ein Optimum beim Schutz der Bordcrew erreichen. Mit Abstand angebrachte Holzverkleidungen verhindern unzulässige Annäherungen. Aus Teak oder Mahagoni gefertigt, bieten solche Einbauten einen schönen Anblick und verdecken die zu bedienenden Ventile und Ableitungen.

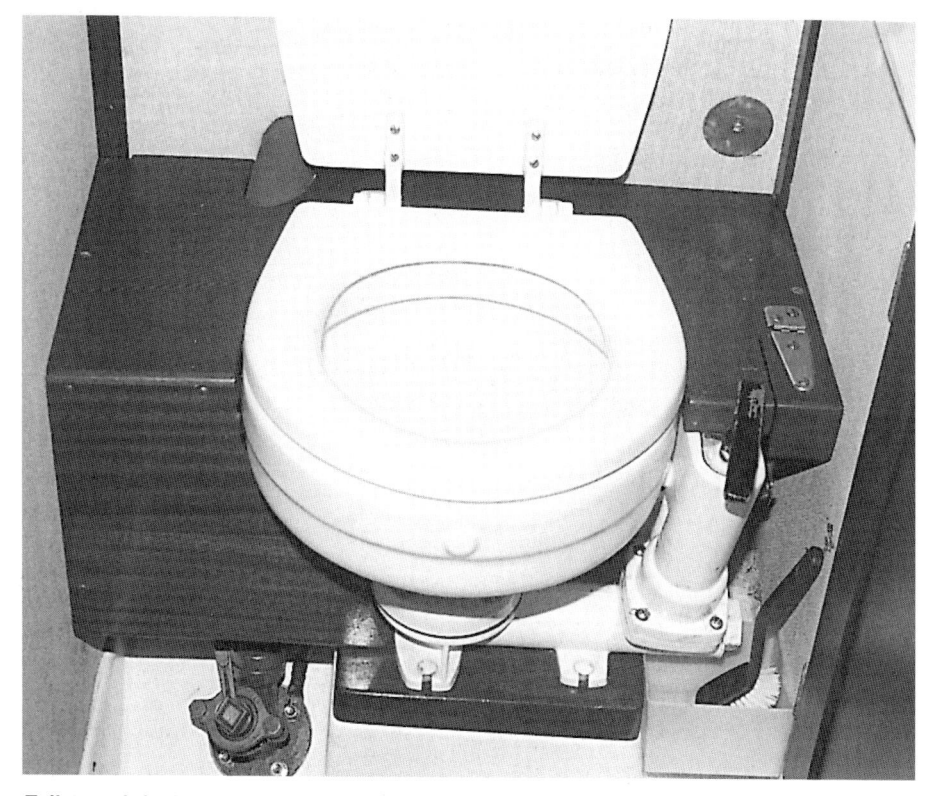

Toilettenabdeckung mit einem in die Ableitung einbezogenen Seeventil. Durch die Holzverkleidung wird zusätzlich ein Berührungsschutz erreicht.

Ausführungsbeispiel

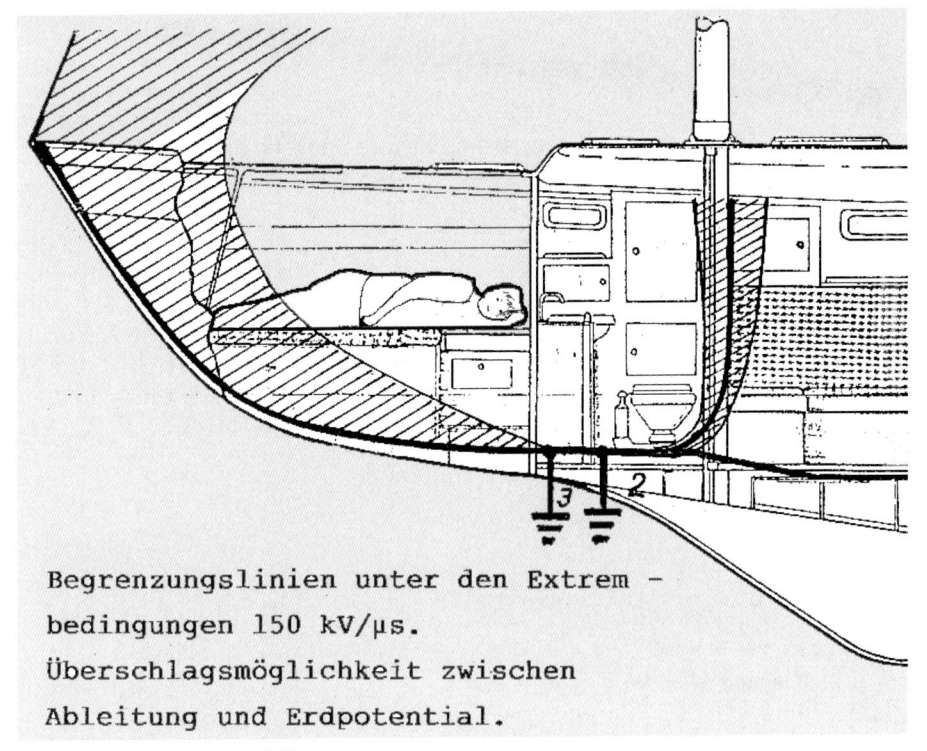

Begrenzungslinien unter den Extrem -
bedingungen 150 kV/µs.
Überschlagsmöglichkeit zwischen
Ableitung und Erdpotential.

Spannungsfeld im Vorschiff

zu 4a, 3. Ort
Der Fußpunkt des Einschlages liegt im Vorstag. Eine Berechnung der Differenzspannung zwischen Ableitung und Schott nach den vorhandenen Abmessungen ergibt unter Berücksichtigung der o.g. Werte:

$$U = 150 \cdot 1{,}6$$
$$U = 240 \text{ kV}$$

Dabei entsteht in Luft eine mögliche **Überschlagstrecke von 48 cm.** Somit können in diesem kleinen Raum (Vorpiek) nach allen Seiten hin Überschläge stattfinden. Auf dem Musterschiff dient dieser Raum u.a. zur Lagerung der Propangasflasche. Bei Gasaustritt kann ein Überschlag zur Explosion führen. Deshalb sind zusätzliche Maßnahmen erforderlich. (s. unter "15.B Schiffsschutz". Die sich im Vorschiff aufhaltende Person ist nur im Fußbereich der Gefahr eines Überschlages ausgesetzt. Durch das am Schott befestigte Kabel für die Ankerwinsch und die im Vorschiff liegende Ankerkette wird die elektrische Feldverteilung so verändert, daß keine elektrische Gefährdung eintritt.

15.A Praxis beim Schutz der Bordcrew

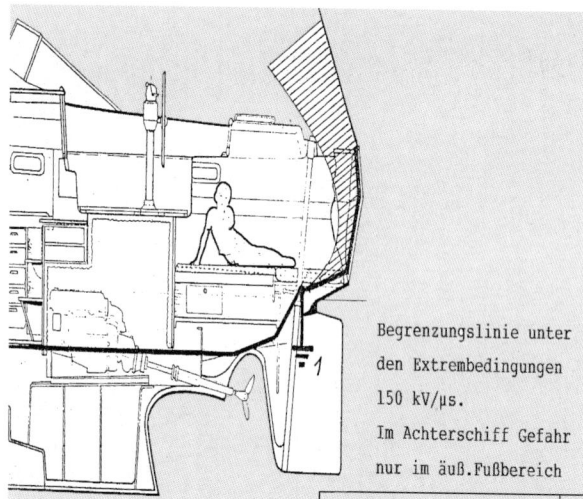

Begrenzungslinie unter den Extrembedingungen
150 kV/µs.
Im Achterschiff Gefahr nur im äuß. Fußbereich

zu 4a, 4. Ort
Der Fußpunkt des Einschlages liegt im Achterstag. Sind erkennbare Gefährdungen im Achterschiff zu erwarten?
Die Spannungsdifferenz zwischen Ableitung 35 mm² NYA und dem Anschlußpunkt der Erde am Ruderquadranten ist zu ermitteln.

$$U = 150 \cdot 1{,}5 \quad U = 225 \text{ kV}$$

Spannungsfeld im Achterschiff

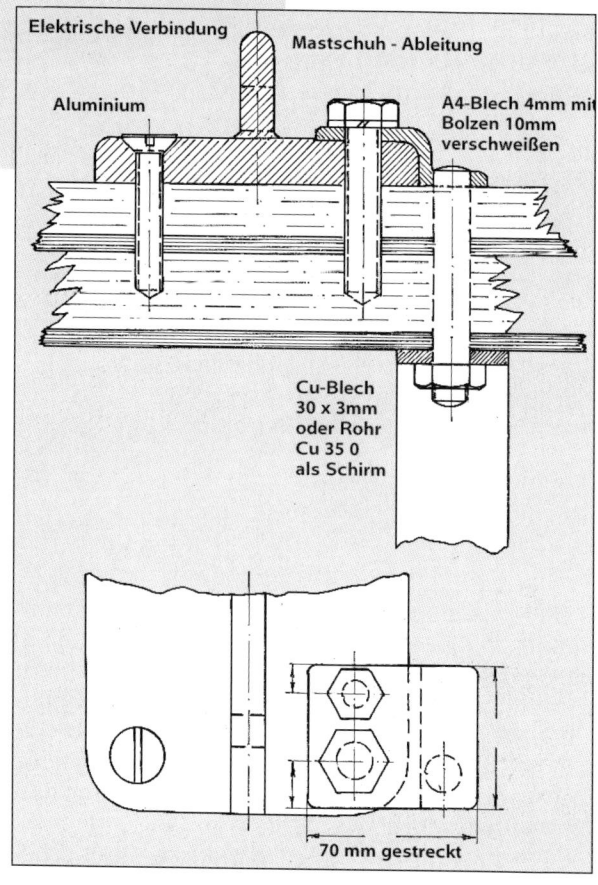

Elektrische Verbindung
Aluminium
Mastschuh - Ableitung
A4-Blech 4mm mit Bolzen 10mm verschweißen
Cu-Blech 30 x 3mm oder Rohr Cu 35 0 als Schirm

Elektrische Verbindung Mastschuh zur Dachdurchführung

70 mm gestreckt

Ausführungsbeispiel

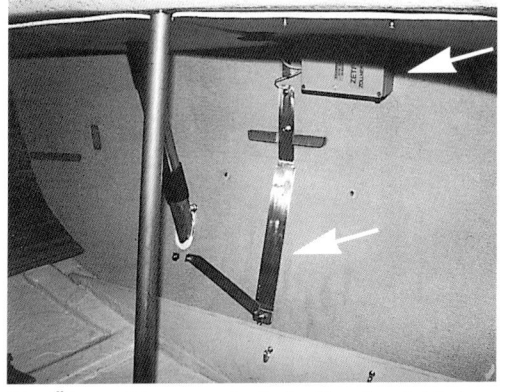

Metallkasten für Überspannungsfeinschutz und Antennenweiche

Achterstagableitung

Hauptableitung im Achterschiff

Die Überschlagstrecke in Luft entspricht der zuvor ermittelten und liegt bei 45 cm. Einen Überblick gewinnt man durch die eingezeichnete Linie gleicher Überschlagendpunkte. Unschwer läßt sich erkennen, daß die dort schlafende Person keiner Gefahr ausgesetzt ist. Ein sicherer Platz bei Gewitter. Lediglich im Fußbereich (15 cm vom Heck) kommt es zu höheren Spannungen, was aber zu tolerieren wäre.

zu 4b

Die Auswirkung des 1.Teils eines Blitzschlages innerhalb der ersten 10 µs (Zeit des steilen Anstiegs) wurde eben untersucht. Der eigentliche Entladungsstrom mit seinem Spitzenwert 150 kA wirkt jedoch in relativ langsam abklingendem Verlauf bis zu 250 µs. Bei positiven Entladungen wurden sogar 2000 µs gemessen. Untersucht werden die gleichen Einschlagsituationen.

zu 4b, 1. Ort (siehe Bild Seite 100 oben und 101)
Der Fußpunkt eines Einschlages liegt in einem Oberwant (Salinghöhe). Infolge der anderen Widerstandsverhältnisse am Kontaktpunkt der Saling wird angenommen, daß der gesamte Strom durch das Oberwant zur Erdung fließt. Der zu errechnende Spannungsfall in dem Ableitstück unter Deck (von dem Pütting bis zur Erdungsleitung) beträgt:

Gemittelter Entladungsstrom: von 150 kA abklingend > nahe 0 kA

I_{mi} = 50 kA
R = 0,5 Ohm/km $dU = I_{mi} \cdot R$
l = 2,6 m
q = 35 mm² Cu $U = 50 \cdot 10^3 \cdot 0,5 \cdot 2,6 \cdot 10^{-3}$

U = 65,0 V   (Hinzugerechnet werden muß der Spannungsfall an
+ U = 6,5 V   der Klemmverbindung mit $1,3 \cdot 10^{-4}$ Ohm = 6,5 V)
U = 71,5 V

15.A Praxis beim Schutz der Bordcrew

Dieser Wert ist für den Menschen selbst bei längerer Berührung absolut gefahrlos. Wird von dem Spitzenwert 150 kA ausgegangen, ergäben sich Werte um 214 V, die wegen der geringen Zeit, (maximal 2 ms), unterhalb des Grenzwertes liegen.

zu 4b, 2. Ort (siehe Bild Seite 102)
Beim Einschlagpunkt Mast sind die Widerstandswerte noch geringer. Eine Berechnung ist nicht erforderlich.

zu 4b, 3. Ort (siehe Bild Seite 103)
Der Fußpunkt eines Einschlages liegt im Vorstag. Die Verhältnisse sind ähnlich, die Werte nur durch die größeren Widerstände der längeren Ableitung etwas erhöht.
Durch die um 1 m größere Länge liegen die Spannungsdifferenzen im gesicherten Bereich (gerechnet bis zur Erdung 2)

zu 4b, 4. Ort (siehe Bild Seite 104)
Der Fußpunkt eines Einschlages liegt im Achterstag.
Die Verhältnisse sind vergleichbar. Die Widerstände sind etwa gleich. Eine Nachrechnung ist nicht erforderlich. Keine Gefährdung

zu 5. "Rückwärtige Überschläge"
Das Problem wird hauptsächlich durch die Elemente der Erdungsanlage gelöst. Der innenliegende Kiel verhindert eine Erdung. Alternativ werden als Haupterdung, 2 Bronzeplatten mit den Maßen 30 cm x 80 cm (Bilder Seite 107 oben und unten, Erdung 1) beiderseits des Ruders angebracht. Im Mastbereich ist eine Erdplatte 30 cm x 30 cm (Bild Seite 107 Mitte, Erdung 2), auf der Steuerbordseite eine Rechteckplatte 15 cm x 40 cm (Bild Seite 108 oben, Erdung 3) in Verbindung mit dem Spülwassereintrittsventil angebracht. Die bessere Lösung, beiderseits des Mastes eine Erdplatte als Haupterdung anzubringen, erfordert wegen der Balligkeit des Rumpfes an diesen Stellen, ein schwieriges Verformen der Bronzeplatten. Das wurde durch das Anbringen einzelner Platten umgangen. Die so erzielte Gesamterdungsfläche beträgt 0,75 m². Der mit 1 m² zu erzielende Erdübergangswiderstand in der Nordsee beträgt ca. 0,01 Ohm. In der Ostsee liegt dieser Wert bei 0,02 bis 0,03 Ohm.
Die 2,5 bis 3 mm starken Platten aus seewasserbeständiger Phosphorbronze werden mit Hilfe von Neoprenekleber am Ruderblatt sowie an größeren Seitenlängen zusätzlich mit Bronzesenkschrauben M 6x 20 befestigt. Empfohlen wird ein Schraubenabstand von 10 cm. Auch die Schrauben werden in die Gewindebohrungen mit Neoprenekleber eingesetzt, um keine Feuchtigkeit eindringen zu lassen. Bei Rümpfen oder Rudern in Sandwich-Bauweise ist auf sauberste Abdichtung an den Bohrstellen zu achten.
Im Rumpfbereich sollten die Platten unter Benutzung der Außenborddurchführungen mit einwandfreiem elektrischen Kontakt befestigt werden. Der Kontaktabgriff an der Innenbordseite erfolgt, wenn möglich, über Laschen aus Bronze, deren Bohrung dem Bohrloch des jeweiligen Ventils entspricht.

Ausführungsbeispiel

*Befestigung der
Haupterde am
Ruderblatt*

*Ansicht der
Nebenerde 2
(Auslaß Wasch-
becken)*

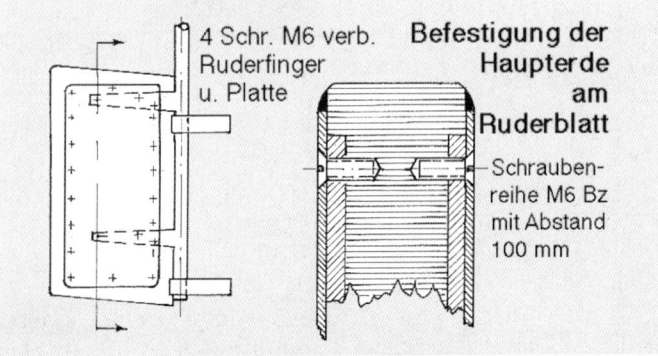

4 Schr. M6 verb.
Ruderfinger
u. Platte

**Befestigung der
Haupterde
am
Ruderblatt**

Schrauben-
reihe M6 Bz
mit Abstand
100 mm

*Ansicht der
Haupterde 1
(am Ruder)*

15.A Praxis beim Schutz der Bordcrew

(Bild Seite 99 unten) Außenbords am Ventilflansch muß die Erdungsplatte mittels M6-Gewindeschraube, welche sowohl die Platte als auch den Durchführungsflansch erfaßt, elektrisch verbunden werden. Für die am Ruderblatt zu befestigenden Platten ist die elektrische Verbindung ebenfalls mit Gewindeschrauben M6 aus Bronze möglich, wenn nach der Endmontage der Platten an den vorgezeichneten Stellen (sowohl in die Ruderschaftfahnen als auch in die Bronzeplatten) M6-Gewinde geschnitten wird.

Platten an anderen Stellen müssen ebenfalls mit Neoprene geklebt und verschraubt werden.

Falls kein geeigneter Durchlaß für die Befestigung und für den Stromübergang vorhanden ist, kann ein mittels Hartlot an der Erdplatte befestigter M10-Bronzebolzen (alternat. 2 M8-Bolzen entsprechend Bild Seite 99 Mitte) für den Anschluß benutzt werden. Innenbords wird über Scheibe, Kabelschuh, Federring und Mutter ein dauerhafter Kontaktdruck hergestellt.

Der Kontakt zum Anschluß der Erdungsleitung am Ruderschaft ist aus der nebenstehenden Zeichnung zu ersehen.

Auf die Funktion des fehlerfreien Ableitvorganges beim Blitzeinschlag hat diese Verbindung einen unmittelbaren Einfluß, auch auf die in der Revision vorzunehmenden Kontrollmessungen mit kleiner Spannung. Die Blitzschutzerden werden im 230-Volt Bordnetz auch als Schutzerde benutzt. Weitere Verbindungen mit den Verbrauchern verschiedener Spannungsebenen bestehen über den im gesamten Schiff gelegten Blitzschutzpotentialausgleich. Diese Verbindungspunkte sollten an zugänglichen Stellen liegen und als solche markiert werden.

Weitere Gefahrenpunkte sind rückwärtige Überschläge vom Wasser in ein Schiffsteil, bedingt durch hohe Blitzströme und ungenügende Erdung.

Ansicht der Nebenerde 3 (Stb Wassereinlaß)

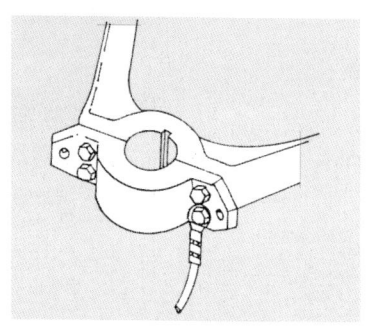

Anschluß der Haupterde und der Erdsammelleitung an den Ruderquadranten

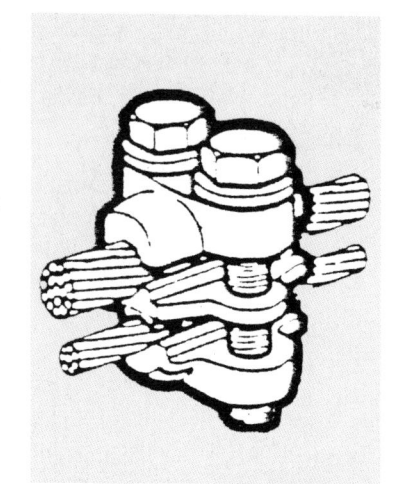

Klemme für den Anschluß der Erdungs- und der Potentialausgleichsleitungen

Ausführungsbeispiel

Die Gefahr eines rückwärtigen Überschlags ist nach vorschriftsmäßiger Erdung und einem umfassenden Potentialausgleich für den Innenbereich nicht gegeben.
Ist dagegen der Rudergänger durch den Spitzenwert 150 kA des Ableitstromes und durch den mittleren Wert 50 kA gefährdet?
Ein mittlerer Ableitstrom von 50 kA, der in der Zeit von 1,5 ms wirkt, ist bereits ein selten großer Bezugswert. Er verursacht am Erdübergangswiderstand, zwischen Erdungsanlage des Bootes und dem umgebenden Wasser, eine Spannungsdifferenz von:

$U = I \cdot R_ü$
$U = 50\,000 \cdot 0,04$ (Grenzwert der Verträglichkeit = 8 000
$U = 2000\,V$ bei 1,5 ms (siehe Bild Seite 29)

Auch der maximale Strom mit 150 kA erzeugt nur einen Spannungsfall, der mit 6000 V noch unter dem Grenzwert 8000 V liegt. Unter Berücksichtigung der kurzen Zeitdauer von 10 µs dieses sehr hohen Spitzenstromes, liegt die menschliche Verträglichkeit weit höher (bei etwa 100 kV).
Diese Werte gefährden auch nicht die sich unter Deck aufhaltenden Personen. Man muß dabei aber berücksichtigen, daß eine im sauberen Süßwasser segelnde Yacht einem solchen Blitzeinschlag standhalten muß. Beispiele dafür sind der Väner- und der Vätternsee als bekannte Segelreviere. Mit nahezu dem 100fachen Wert wäre dort zu rechnen. Eine andere Situation ergäbe sich.

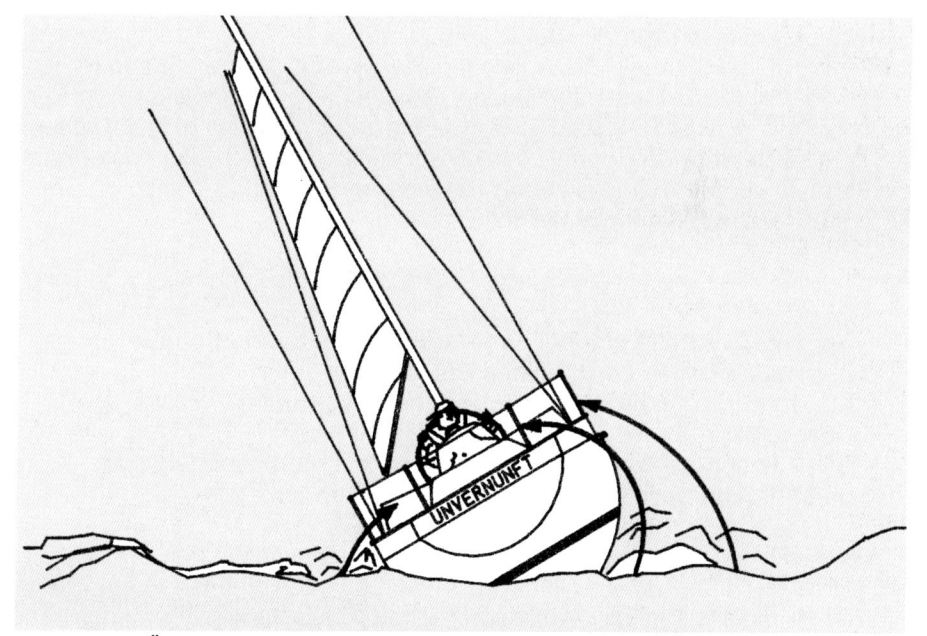

Rückwärtige Überschläge vom Wasser über die Bordwand ins Schiff

15.A Praxis beim Schutz der Bordcrew

Die Berechnungswerte veränderten sich trotz der guten Erdungsfläche auf:

> $U = 200\,000$ V
> und im anderen Fall
> (150 kA) auf $600\,000$ V.

Durch den im Schiffsrumpf vorgenommenen Potentialausgleich zwischen allen fest installierten Metallteilen besteht trotz dieser hohen Spannungswerte keine Gefahr. Wie sieht es unter diesen Gegebenheiten mit der Sicherheit des Rudergängers im Hand- und Fußbereich aus? Zunächst war er nachweislich durch den Faraday-Käfig und den Potentialausgleich geschützt. Bei zugrunde gelegter Spannungsfestigkeit der Luft mit 5 kV/cm kann ein Lichtbogenüberschlag über eine Distanz von 40 cm im ersten Fall und von 1,2 m (beide Möglichkeiten im Süßwasser) erfolgen. An der Bordwand überbrückt ein Gleitlichtbogen noch größere Entfernungen, gleiche Spannungen zugrunde gelegt. Für den Rudergänger besteht eine Gefahrensituation bei der Fahrt im Süßwasser infolge Durchströmung zwischen Hand- und Fußbereich. (siehe Bild Seite 110 oben) Auf dem Musterschiff sind zum Anschluß der Lenzrohre werftseitig Kupferrohre einlaminiert worden. Sie sind in den Potentialausgleich einzubeziehen, damit auch diese letzte Gefahrenquelle beseitigt wird.

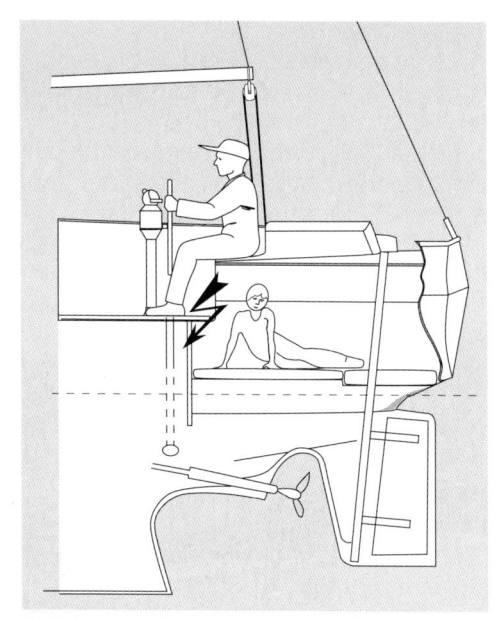

Gefahrenbereich Fußbereich, Lenzrohre

Somit gewährleisten mehrere Faktoren den Schutz der Bordcrew.

- **Der Faraday-Käfig schützt in der richtigen Konstruktion die Besatzung gegen den direkten Blitzschlag.**
- **Die richtig dimensionierte große Erdung verhindert rückwärtige Überschläge.**
- **Der Blitzschutz-Potentialausgleich schützt die Besatzung vor gefährlichen Durchströmungen im Handbereich.**

Wenn sich der Rudergänger vom Baum und vom Achterstag so weit wie möglich entfernt (≥ 1m) und die folgenden Maßnahmen ergriffen werden, kann die Besatzung des Musterschiffes dem nächsten Gewitter gelassen entgegensehen.

Ausführungsbeispiel

Zusammenfassung der für den Schutz der Bordcrew erforderlichen Maßnahmen

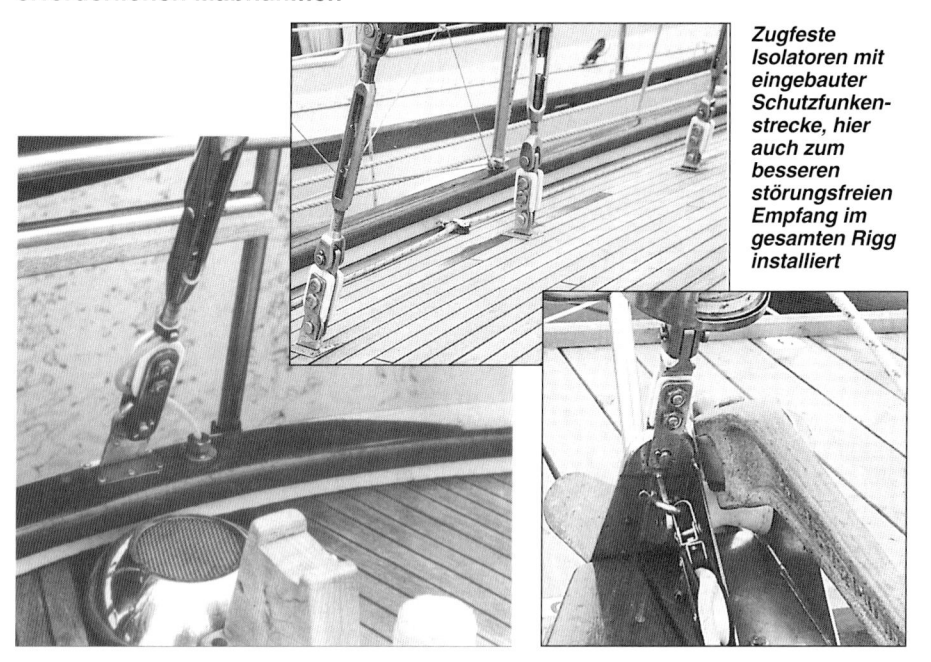

Zugfeste Isolatoren mit eingebauter Schutzfunkenstrecke, hier auch zum besseren störungsfreien Empfang im gesamten Rigg installiert

1. Am gesamten Rigg sind keine Änderungen vorzunehmen. Der Drahtdurchmesser mit 8 mm ist auch bei einer Teilabschmelzung ausreichend dimensioniert. Er liegt außerdem im zulässigen Bereich der VDE 0185.
2. Das Achterstag ist anstatt mit Porzellaneiern oder anderen Antennenisolatoren durch zugfeste Isolatoren mit integrierter Schutzfunkenstrecke auszurüsten, eingesetzt werden diese direkt in den Mastkopfbeschlag und an Deck am Pütting.
3. Ein totaler Blitzschutz-Potentialausgleich entsprechend der Abbildung ist vorzunehmen.
4. Ableitungen müssen im Bootsinneren in ausreichender Dimensionierung am Bug, am Heck, am Mastschuh und an den Unterwanten nach der Beschreibung angebracht werden.
5. Erdungsplatten aus Phosphorbronze werden beidseitig am Ruderblatt sowie an der Backbord- und der Steuerbord-Seite, in Verbindung mit den bereits vorhandenen Borddurchführungen, angebracht und mit einer vom Bug bis zum Heck sich erstreckenden Erdungssammelleitung verbunden.
6. Das Bordnetz (-Batterie) ist mit dem Blitzschutz-Potentialausgleich und der Erdungsleitung zu verbinden.
7. Der Scheibenrahmen mit den Aluminiumbügeln ist mit einer Ableitung an der Steuerbord-Seite zum Schutz der sich im Cockpit aufhaltenden Personen zu verbinden.

15.A Praxis beim Schutz der Bordcrew

Erforderliche Materialien

Bezeichnung	Stück	Länge	Fläche; Querschn.	Durch-messer	Mat.	Hersteller Lieferant
Isolatoren mit Schutzf.str. Typ 30/6A	2(9)	109 mm		13 mm	A4	W.Elfers
Cu-Kabel-schuh	23		35^2	8,5 mm	Cu	Dehn & Söhne
Cu-Kabel-schuh	2		50^2	8,5 mm	Cu	Dehn & Söhne
Cu-Kabel-schuh	1		16^2	6,5 mm	Cu	Dehn & Söhne
Cu-Kabel-schuh	1		6^2		Cu	Dehn & Söhne
Cu-Flachband f.O-U Wanten	4	0,5 m	30 x 3		Cu	Dehn & Söhne
altern. für Ableit. 35^2 von Püttings	6	a 2,5 m	30 x 3		Cu	Dehn & Söhne
Cu-Rohr-bänder	9				Cu	Dehn & Söhne
Cu-Kabel-schuh	1		16^2		Cu	Dehn & Söhne
Cu-Abzweig-Klemme	12		35^2		Cu	Dehn & Söhne
Cu-Litze 50^2	1	0,5	50^2		Cu	Handel
NYA 35^2		ca.30 m	35^2		Cu	"
NYA 16^2		ca.10 m	16^2		Cu	"
NYA 6^2		ca.2 m	6^2		Cu	"
Erdungsblech	2		0,3 x 0,8m^2		PBz	"
Erdungsblech	1		0,2 x 0,4m^2		PBz	"
Erdungsblech	1		0,5 x 0,4m^2		PBz	"
Senkschr.	ca.60			M6 x 20	PBz	"
Senkschr.	ca.15			M6 x 30	PBz	"
Kopfschr.	ca.10			M8 x 40	A4	"
Kopfschr.	ca.5			M8 x 25	A4	"
Mutter	ca.15			M8	A4	"
Scheibe	ca.50			8,5	A4	"
Federring	ca.50			8,5	A4	"
Neoprene-Kleber	5 Kar-tuschen					SIKA
Schrumpfschlauch nach Bedarf für Ableitung 35mm^2 Kleinmaterial nach Bedarf						Handel

Kostenrichtwerte

1. Montage der Erdungsplatten 1 am Ruder

Rudererdungsplatte 300 mm x 800 mm anreißen, schneiden	60 min
Erdungsplatte bohren, versenken und entgraten	50 min
Erdungsplatte anpassen und etwas in das Ruderblatt einlassen. Platte festsetzen	40 min
In das Ruderblatt für ca. 50 Gewinde M6 Bohrungen einbringen und Gewinde schneiden	70 min
In die Ruderfinger (Bronze) zur elektrischen Kontaktherstellung 2 x 4 Gewindebohrungen für M6 schneiden	30 min
Ruderblatt mit Neoprenekleber bestreichen Bronzeplatte entfetten, ansetzen, mit Schraubzwingen anpressen 54 Bronzeschrauben M6 einschrauben. Nach einer halben Stunde die Schrauben nachziehen und Platte säubern	100 min
Zwischensumme =	**350 min**

2. Weitere Erdungsplatten 2 sowie 3 montieren

Abgerundete Erdungsplatte 2 500 mm x 400 mm anreißen, schneiden, entgraten	40 min
Eine Bohrung in der Mitte je nach Borddurchlaßgröße herstellen (ausbohren oder aussägen)	30 min
Bodenventil oder Auslaß ausbauen, reinigen Rumpfteil reinigen	40 min
4 Bohrungen am Rand herstellen (bei genauer Anpassung an den Rumpf nicht erforderlich)	10 min
Anschlußfahne 3 mm für den Innenborderdungsanschluß (Abmessungen 120 mm x 70 mm) aus Bronze herstellen und mit einer Bohrung zum Borddurchlaß passend und einer Anschlußbohrung 8,5 mm versehen (Material ggf. aus Resten der Erdungsplatten)	30 min
Platte sowie Rumpf mit Neoprenekleber beschichten Platte mit Durchlaß einsetzen und innenbords verschrauben. Nach einer halben Stunde nachschrauben. Platte mit dem Durchlaßflansch mittels Schraube M6 elektrisch verbinden.	50 min
Zwischensumme =	**200 min**

15.A Praxis beim Schutz der Bordcrew

Weitere Erdungsplatte 3 mit den Abmessungen 200 mm x 400 mm am Rumpf des Vorschiffs anbringen Der Zeitaufwand ist in etwa gleich	200 min
Zwischensumme =	**400 min**

3. Verlegung der Haupterdungsleitung vom Bug zum Heck (NYA 35^2)

4 Bohrungen 12 mm im Schott und in den Bodenwrangen herstellen	30 min
Leitung ausziehen und Endpunkte mit je einem Kabelschuh versehen	45 min
Leitung im Vorschiff zum Anschluß der Erdungsplatte 3 schneiden und mit je einem Kabelschuh versehen	10 min
Leitung bis auf den Ruderanschluß anschließen	30 min
Verbindungsleitungen von den Püttings zur Haupterdungsleitung ausmessen, abschneiden und mit Kabelschuhen versehen (6 Leitg. NYA 35^2 - altern. Flachband)	30 min
4 kurze Verbindungsleitungen NYA 35^2 zur Überbrückung der Rüsteisen innenbords herstell. (altern. Flachband)	20 min
Leitungen verlegen, einschließlich der erforderlichen Schottbohrungen.	120 min
Anklemmen dieser im Mastbereich liegenden Ableitungen an die Haupterdungsleitung	40 min
Je eine Leitung NYA für den Anschluß der Batterie (-Pol) und des Achterstagpüttings mit Kabelschuhen versehen und an die Haupterdungsleitung anklemmen	25 min
Legen einer kurzen Leitung im Bugbereich von der Ankerwinsch bis zur Erdungsleitung, einschließlich Anklemmen	30 min
Zwischensumme =	**410 min**

4. Verlegung von hochflexiblen isolierten Leitungen für den Anschluß beweglicher Teile.

Verlegen und Anklemmen 35^2 Cu-Leitung von der Haupterdung zum Motorblock	30 min
Legen einer kurzen, flexiblen Leitung 35^2 Cu (besser 50^2 Cu) zum Ruderquadranten vom Anschluß der Haupterdung	30 min
Zwischensumme =	**60 min**

Kostenrichtwerte

5. Mastschuh-Verbindung

Anfertigen einer abgewinkelten Anschlußfahne mit eingeschweißten A4-Bolzen zur Herstellung der elektr. Verbindung zwischen Mastschuh und Ableitung u. Deck	80 min
Anpassen des Teils an den Mastschuh und Befestigung desselben mittels Senkschrauben M10	25 min
Verlegen von ca. 2 m Cu-Band 25 mm x 2 mm mit aufgebrachtem Schrumpfschlauch als Mastherunterführung unter Deck	50 min
Anschluß sowohl an den Mastschuh als auch an die Erdungsleitung über ein kurzes Stück NYA 35^2 (bessere Lösung mit Cu-Rohr 35 mm Durchmesser, siehe Bilder Seite 164)	10 min
Zwischensumme =	**165 min**

6. Verlegen von Potentialausgleichsleitungen

Mastbereich: Anschluß der Toilette und des Schmutzwassertanks mittels Spezial-Schellenbändern und der Leitung NYA 16^2	80 min
Salon: Anschluß des Dieselreservetanks	25 min
Anschluß des Gasherdes, wenn vorhanden, Leitung 6^2 Cu flexibel	30 min
Anschluß des Abwaschbeckens	25 min
Motorenraum: Verbindung sämtlicher Durchlässe und beider Lenzrohrstutzen mit der Haupterde. Steuersäule anschließen	160 min
Achterschiff: Verbindung zur Heckleiter und zum Heckkorb herstellen	120 min
Zwischensumme =	**440 min**

Zusammenstellung der Arbeitszeiten:

Erdungsplatten 1 am Ruder anbringen	2xZeit 1 =	700 min
Erdungsplatte 2 am Rumpf anbringen	1xZeit 2 =	200 min
Erdungsplatte 3 am Rumpf anbringen	1xZeit 2 =	200 min
Leitungen NYA 35^2 verlegen	1xZeit 3 =	410 min
Flexible Leitungen 35^2 verlegen	1xZeit 4 =	60 min
Ableitungen für den Mastbereich	1xZeit 5 =	165 min
Potentialausgleichsleitungen	1xZeit 6 =	440 min

Gesamtzeitaufwand: etwa 36 Arbeitsstunden ohne Arbeitsvorbereitungszeit und Maschinenrüstzeit	**2.175 min**

15.A Praxis beim Schutz der Bordcrew

Maßnahmen für andere Wasserfahrzeuge

Das am Beispiel eines Musterschiffs vorgestellte Grundkonzept für den Schutz der Bordcrew ist auf andere Boote ähnlicher Konstruktion übertragbar.

Zusammenfassend noch einmal die grundlegenden Bauweisen:

Rumpf aus Holz oder Kunststoff
(elektrisch gering- oder nichtleitend)
oder aus Metall

Deck Holz-, Kunststoff- oder Metalldecks,
metallunterlegte Decks

Kiel außenliegend
(nur bei Holz- und Kunststoffrumpf)

Rigg Holz- oder Metallmast (Stahl- bzw. Aluminium)

Nach diesen Merkmalen existieren neben der Musteryacht sieben weitere Yachtvarianten:

1. Kunststoffrumpf mit untergebolztem elektrisch freiliegendem Kiel

2. Kunststoffrumpf wie beim Musterschiff, jedoch mit einem Holzmast

3. Holzrumpf mit Holzmast

4. Holzrumpf mit Alu-Mast

5. Metallrumpf mit Holzmast

6. Metallrumpf mit Alu-Mast

7. Schiffe wie 1 ÷ 6 mit Saildrive oder ähnlichem Antrieb

(Die Motoryachten werden sinngemäß eingruppiert)

Maßnahmen für andere Wasserfahrzeuge

Zu 1:
Beim Kunststoffschiff mit freiliegendem, nicht in Kunststoff eingebettetem Kiel ersetzt dieser (Voraussetzung einer nicht isolierenden Beschichtung) die erforderliche Erdung mittels Erdplatten am Rumpf. Die Oberfläche eines solchen Kiels ist in jedem Fall größer als 1 m^2, so daß sehr gute Erdungswerte erzielt werden. Ein zugänglicher, jederzeit zu kontrollierender Anschlußpunkt am Kielbolzen erleichtert den Anschluß der Ableitungen, der Erdungssammelleitung und des Potentialausgleiches. Wie beim Musterschiff sollte der erforderliche Blitzschutz-Potentialausgleich an eine von vorn bis zum Heck zu verlegenden Erdungssammelleitung mit einem Querschnitt von 50 mm^2 oder 2x 35 mm^2 nach Möglichkeit an wenigen leicht zu kontrollierenden Punkten angeschlossen werden. Die übrigen, im Musterschiff ausgeführten Schutzmaßnahmen, sind analog auf die andere Bauweise zu übertragen.

Zu 2:
Ein Schiff mit einlaminiertem Kiel und einem Holzmast erfordert für den Blitzstromweg eine elektrisch ausreichende Ableitung am oder im Mast. Der Querschnitt dieser Leitung sollte 35 mm^2 Cu nicht unterschreiten. Sie ist vom Masttopp bis zum Mastschuh zu verlegen (IEC-Norm 1024-1). Beim Holzmast bietet sich die kräftige Mastschiene an, die gegebenenfalls an den Schnittstellen durch Silberlot zu verbinden ist. Der Querschnitt der normalen Schienen reicht im allgemeinen aus. Die übrigen, auf die Musteryacht zugeschnittenen Maßnahmen sind analog durchzuführen.

Zu 3:
Beim Holzrumpf mit Holzmast wird der Kiel ausschließlich als Erdung benutzt. Der Holzmast ist, wie unter Punkt 2 beschrieben, mit einer durchgehenden Ableitung zu versehen. Falls im Unterwasserbereich des Rumpfes verschiedene Metalle, beispielsweise für Borddurchlässe oder Ruder- und Stevenbeschläge verwendet worden sind, ist eine Trennung dieser Teile aus Korrosionsschutzgründen erforderlich. Das geschieht mit Hilfe von Trennfunkenstrecken. Sie sind bei Benzinmotoren sowie bei Propangasanlagen in explosionsgeschützter Ausführung einzubauen. Es können auch abschnittsweise mehrere Armaturen gleichen Materials zusammengefaßt werden.

Falls man die Korrosionsgefahr im Unterwasserbereich nicht beachtet, kann es auch am Holzrumpf zu Strukturveränderungen kommen (galvanischen Teilströme fließen). Probleme können auch durch den mit in die Erdung einbezogenen Propeller entstehen (-Pol der Batterie, Motormasse ist damit geerdet!). Die Isolierung des Propellers, wie auf der Musteryacht am Abtriebsflansch wäre in diesem Fall die geeignete Maßnahme gegen eine vom Propeller verursachte Korrosion (siehe „15.D"). Es wird davon abgeraten, den Kiel über eine Trennfunkenstrecke zu isolieren. Daraus würden neue elektrische Probleme entstehen, deren Beseitigung schwierig ist.

Der Mast wird in der Regel über eine Stütze mittschiffs abgefangen. Die Ableitung ist an diesem Punkt über einen Querschnitt 35 mm² mit der Erdungssammelleitung oder besser direkt mit einem in der Nähe liegenden Kielbolzen zu

15.A Praxis beim Schutz der Bordcrew

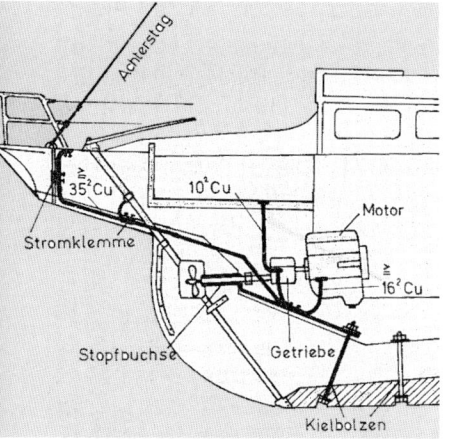

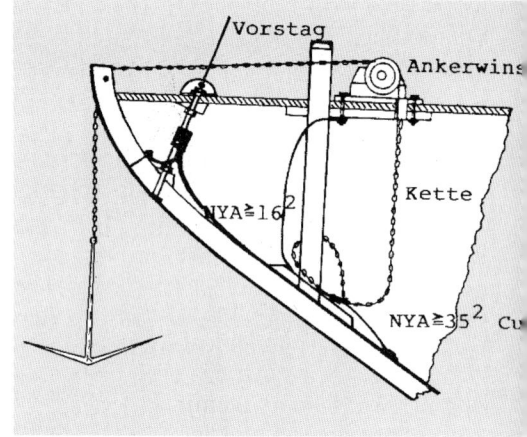

Ableitungen im Heck

Ableitungen im Vorschiff

verbinden. Außerdem sind die Rüsteisen der Wanten mit der Erdungssammelleitung wie beim Musterschiff zusammenzuführen. Als Leitungsmaterial wird NYA 35 mm² verwendet. Sonstige Maßnahmen s. Musteryacht.

Zu 4:
Bei einem Holzrumpf und einem Alu-Mast ist, wie unter Punkt 3 beschrieben, zu verfahren. Die beim Holzmast erforderliche Mastableitung wird durch den Aluminiummast ersetzt. Sonstige Maßnahmen s. Musteryacht.

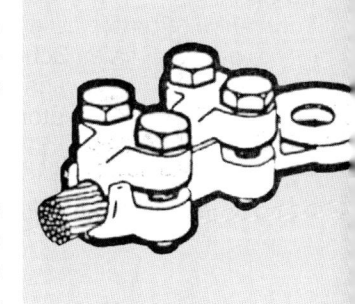

Kielbolzenkabelschuh

Zu 5:
Eine Yacht mit einem Metallrumpf ersetzt die beim Musterschiff erforderliche Erdungsanlage. Auch der Potentialausgleich entfällt. Sofern Holzaufbauten anstelle von Metallaufbauten vorhanden sind, müssen großflächige Metallteile (auch innerhalb des Faraday-Käfigs) mit dem Rumpf über NYA 16 mm² verbunden werden.

Handelt es sich dagegen um mögliche Fußpunkte eines Blitzschlages, also um Metallteile, die am Rande oder außerhalb der ermittelten Schutzbereiche liegen, ist ein Querschnitt für die Ableitung von NYA 35^2 Cu erforderlich. Besonders ist dabei auf mögliche Korrosionsstellen an den Verbindungen zwischen dem Metallrumpf und den Ableitungen zu achten. Spezielle Aluminium-Kupferbleche (Kupalbleche) verhindern, u.a. beim Aluminiumrumpf, die Korrosion. Auf Stahlyachten haben sich Niro-Laschen gegen Korrosion durch Kupferanschlüsse bewährt. Die Kontaktstellen müssen zusätzlich mit säurefreier

Maßnahmen für andere Wasserfahrzeuge

Vaseline gegen Feuchtigkeit geschützt werden. Auch Batterie-Polfett eignet sich hierfür. Schiffe mit Metallrümpfen sind wegen des außergewöhnlich niedrigen Erdübergangswiderstands gegen rückwärtige Überschläge gefeit. Das Rigg wird wie auf dem Musterschiff beim Blitzeinschlag beansprucht und muß in seinen Abmessungen den oben ermittelten Mindestquerschnitten entsprechen.

Im Gewitter ist die Gefahr zu großer Annäherung ans Rigg ebenfalls vorhanden. Sie ist von der Schiffsgröße abhängig, und der Sicherheitsabstand sollte >1,5 m sein. Falls das Achterstag als Antenne benutzt wird, muß es durch die erwähnten Isolatoren mit integrierter Schutzfunkenstrecke gesichert sein.

Auf Stahl-Motoryachten mit unarmierten Holzdecks wird der Faraday-Käfig nicht mit Hilfe von separaten Auffangseilen hergestellt, sondern durch das Einbeziehen der natürlichen Bauteile der Yacht. Das Einlegen von Einzel-Massivdrähten in 10 mm^2- oder besser 16 mm^2 Kupfer in die Decksfugen (mit einem Abstand von 20 cm) hat sich bewährt. Die Nähte werden danach wieder vergossen und darunter liegende Decks oder Räume geschützt. Sonstige Maßnahmen s. Musteryacht.

Zu 6:
Yachten mit Rümpfen wie unter Punkt 5, jedoch mit einem Metallmast ausgerüstet, bieten optimalen Schutz. Maßnahmen zum Schutz der Bordcrew betreffen nur das Achterstag, wenn es als Antenne benutzt wird. Durch den Einbau der bereits genannten Isolatoren mit integrierter Schutzfunkenstrecke, wird die Sicherheit für den Rudergänger herbeigeführt. (Berechnungen zur Annäherung unter den verschiedenen Voraussetzungen s. beim Musterschiff). Die Schutzbereiche müssen zeichnerisch ermittelt werden.

Zu 7:
Die auf kleinen und mittleren Yachten häufig benutzte Antriebstechnik mit einem Saildrive verursacht im Zusammenwirken mit den Blitzschutzmaßnahmen Korrosionsprobleme. Einerseits soll vermieden werden, daß bei einem Einschlag der Blitzstrom über die Ritzel und Lager des Saildrives fließt, andererseits verursacht die erforderliche Erdung (ob über eine separate Erdungsplatte oder mit Hilfe der Kielfläche) gegenüber dem aus Hydronalium bestehenden Unterwasserteil galvanische Ströme. Sondermaßnahmen sind zu treffen.

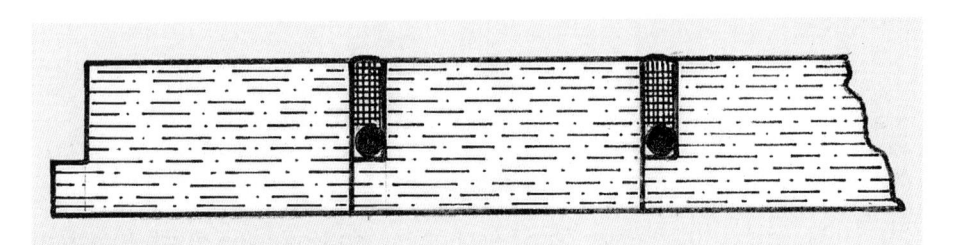

Auffangdrähte in den Decksfugen

15.A Praxis beim Schutz der Bordcrew

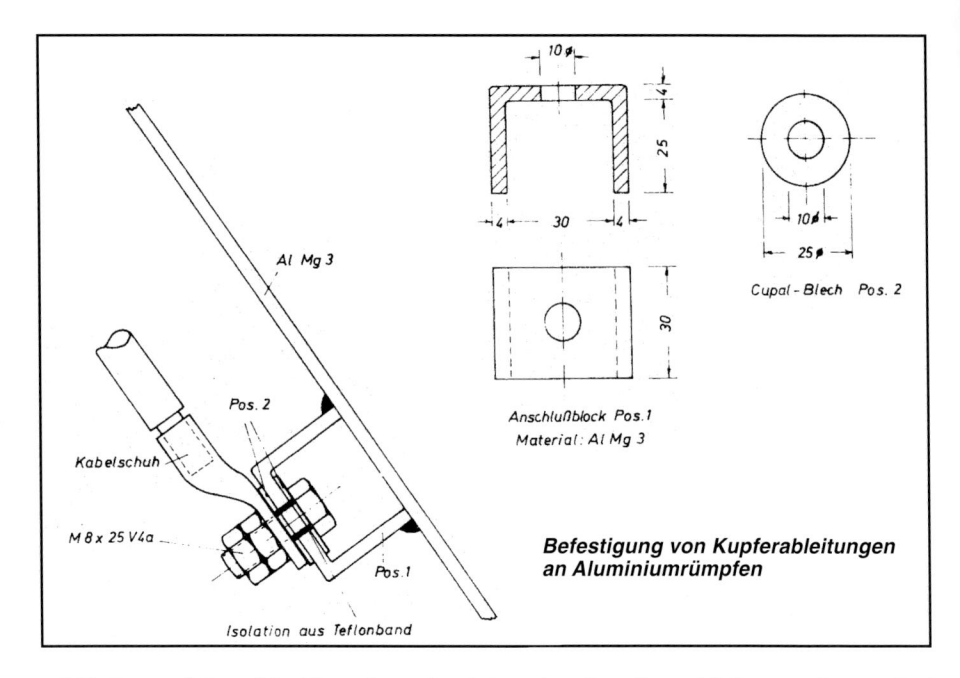

Befestigung von Kupferableitungen an Aluminiumrümpfen

Anschlußblock Pos.1
Material: Al Mg 3

Cupal-Blech Pos. 2

Kabelschuh
Al Mg 3
M 8 x 25 V4a
Pos. 2
Pos. 1
Isolation aus Teflonband

Mit den auf dem Markt auch zu beziehenden 2 poligen Motorenanlagen, bei denen sämtliche Elektrik von der Motorenmasse isoliert ist, erreicht man eine galvanische Trennung von Erdung und Motor.

Bei einer 1 poligen Anlage ist diese Trennung schwierig, weil auch die Bordinstallation davon betroffen ist. Später können solche Trennungen bei Nachinstallationen und Wartungsarbeiten kaum erkannt und berücksichtigt werden.

Auch wenn eine Erdungsplatte aus nichtrostendem Stahl (A4-Qualität) eingesetzt wird, verbleiben Restströme, die zu unliebsamer Korrosion (nicht nur in der Antriebstechnik) führen können. Im Falle einer 2 poligen Motorenanlage würde der Motorenblock über eine Trennfunkenstrecke KFS isoliert mit der vorgesehenen Erdung verbunden. Beim Saildrive ist außerdem auf die Korrosionsmöglichkeit über den zumeist Bronze-Ruderschaft zu achten. Mit zusätzlichen Opferanoden (angebracht am Ruderschaft, am Kiel und Unterwasserteil des Saildrives) sowie mit einer isolierender Beschichtung des Antriebsteiles mit SIKA SF221 oder Teer-Epoxyd-Harz begegnet man wirksam der Korrosion. Der Motorenhersteller ist nach der Verträglichkeit solcher Produkte vorsichtshalber zu befragen. Nach einer kurzen Wasserliegezeit ist eine elektrische Messung zur Feststellung möglicher galvanischer Restströme zu empfehlen. Nach einer Liegezeit von ca. 4 Wochen im Wasser, sollte der Saildrive besichtigt werden. Man erspart sich dadurch unangenehme Überraschungen. Andere Möglichkeiten einer Trennung zur Korrosionsvermeidung, s. auch Abschnitt "Schutz der Motorenanlage" s. Bild S. 154. Sämtliche Erdungsleitungen und Potentialausgleichleitungen sind wie beim Musterschiff zu verlegen.

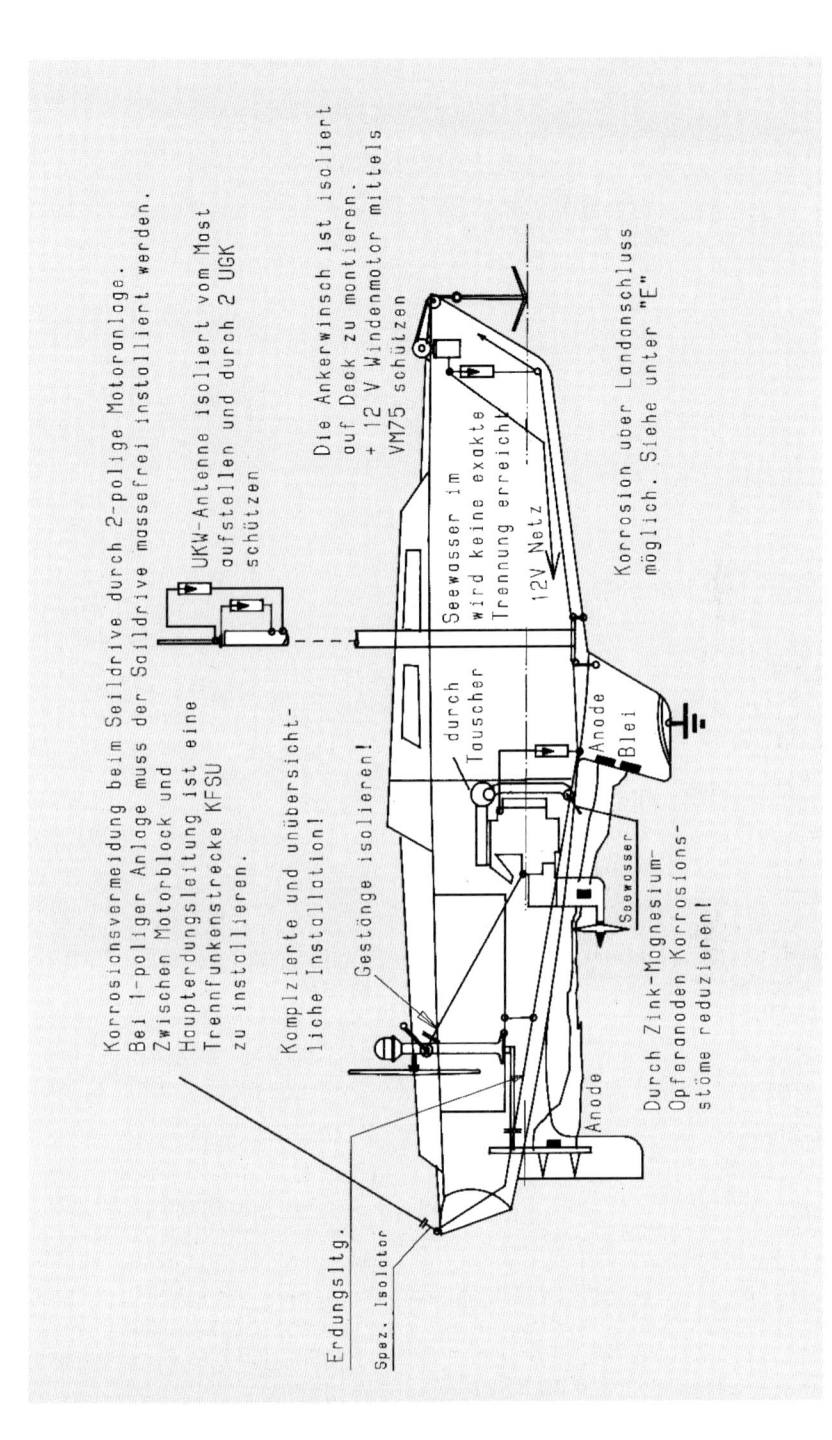

Maßnahmen für andere Wasserfahrzeuge

Korrosionsvermeidung beim Seildrive durch 2-polige Motoranlage. Bei 1-poliger Anlage muss der Saildrive massefrei installiert werden. Zwischen Motorblock und Hauptenergieleitung ist eine Trennfunkenstrecke KFSU zu installieren.

Komplizierte und unübersichtliche Installation!

Gestänge isolieren!

Durch Zink-Magnesium-Opferanoden Korrosionsströme reduzieren!

Erdungsltg.

Spez. Isolator

Anode

Seewasser

durch Tauscher

Anode Blei

Seewasser im wird keine exakte Trennung erreicht

12V Netz

UKW-Antenne isoliert vom Mast aufstellen und durch 2 UGK schützen

Die Ankerwinsch ist isoliert auf Deck zu montieren. + 12 V Windenmotor mittels VM75 schützen

Korrosion über Landanschluss möglich. Siehe unter "E"

Mögliche Korrosionsströme durch Verbindungen im Schiff und durch das Seewasser

15.A Praxis beim Schutz der Bordcrew

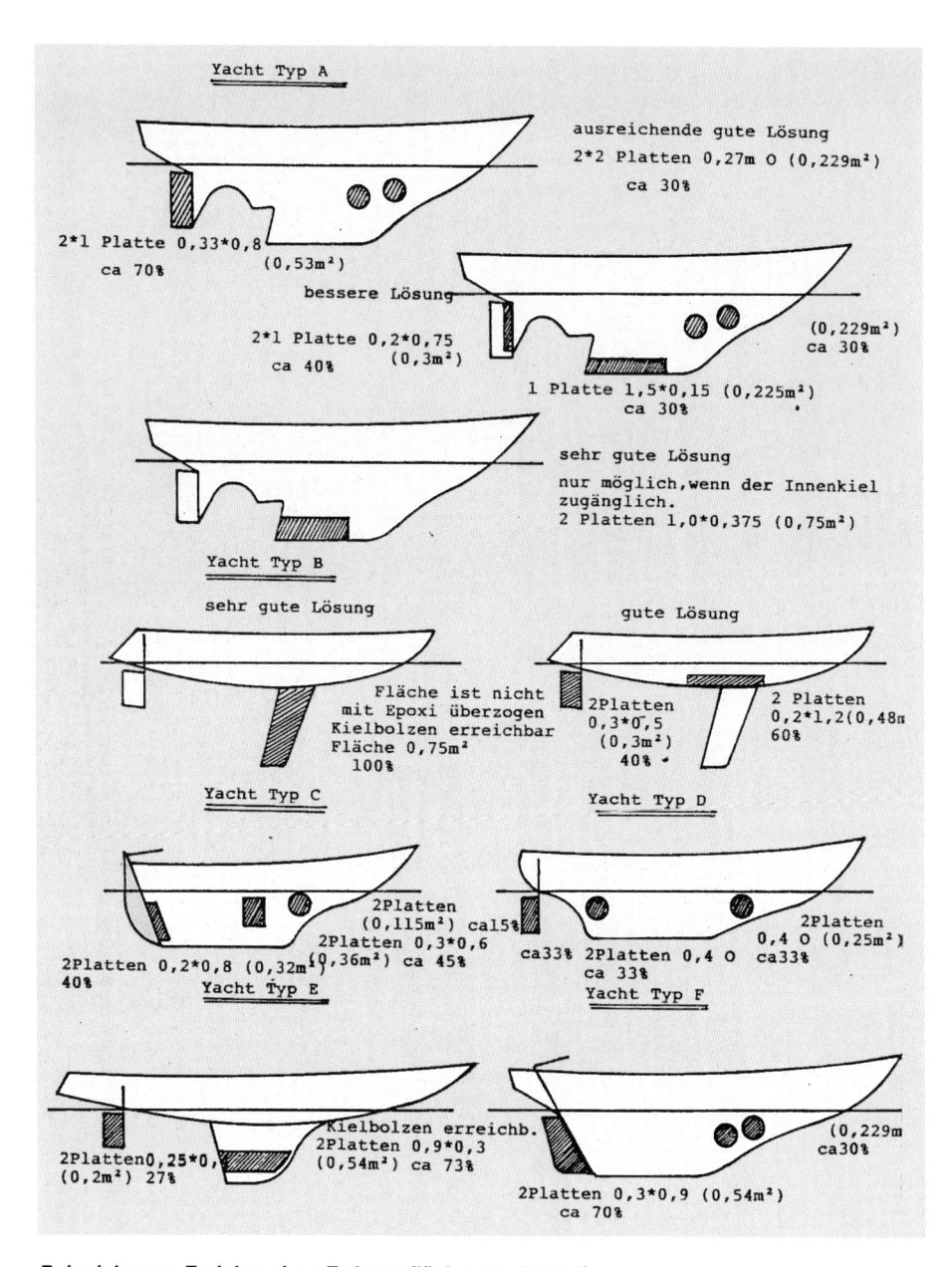

Yacht Typ A

ausreichende gute Lösung
2*2 Platten 0,27m O (0,229m²)
ca 30%

2*1 Platte 0,33*0,8
ca 70%   (0,53m²)

bessere Lösung

2*1 Platte 0,2*0,75
ca 40%   (0,3m²)

(0,229m²)
ca 30%

1 Platte 1,5*0,15 (0,225m²)
ca 30%

sehr gute Lösung
nur möglich, wenn der Innenkiel zugänglich.
2 Platten 1,0*0,375 (0,75m²)

Yacht Typ B

sehr gute Lösung

Fläche ist nicht mit Epoxi überzogen
Kielbolzen erreichbar
Fläche 0,75m²
100%

Yacht Typ C

gute Lösung

2Platten 0,3*0,5
(0,3m²)
40%

2 Platten 0,2*1,2 (0,48m²)
60%

Yacht Typ D

2Platten 0,2*0,8 (0,32m²)
40%

2Platten (0,115m²) ca15%
2Platten 0,3*0,6 (0,36m²) ca 45%

Yacht Typ E

ca33% 2Platten 0,4 O
ca 33%

2Platten 0,4 O (0,25m²)
ca33%

Yacht Typ F

2Platten 0,25*0,
(0,2m²) 27%

Kielbolzen erreichb.
2Platten 0,9*0,3
(0,54m²) ca 73%

(0,229m)
ca30%

2Platten 0,3*0,9 (0,54m²)
ca 70%

Beispiele zum Erzielen einer Erdungsfläche von 0,75 m²

15.B Praxis beim Schiffsschutz

Der Schiffsschutz ist eine über den Schutz der Bordcrew hinausgehende, jedoch auf ihn aufbauende Maßnahme. Nach einem überstandenen Blitzeinschlag soll das Schiff schwimmfähig bleiben. Wassereinbruch, Feuer im Schiff, Explosionen von brennbaren Gasen und Flüssigkeiten müssen durch geeignete Maßnahmen verhindert werden.

Schwachpunkte im Schiff sind:
1. **die Propangasanlage,**
2. **Benzin- oder Dieseltanks,**
3. **ungesicherte 12-Volt-Batteriestromkreise,**
4. **durch den Schiffsrumpf geführte Geber für Logge und Lot.**

zu 1:
Heizgase wie z.B. Propan verdampfen bereits bei normaler Umgebungstemperatur. Mit Luft vermischt, verbrennen sie beim Heranführen einer Zündquelle. Bei Propan liegt die Zündquellentemperatur über 400° C. Bei Dieselöl genügt eine Zündtemperatur von ca. 250° C. Jedoch liegt bei Dieselöl die Verdampfungstemperatur mit 55° bis 70° höher als die normale Umgebungstemperatur. Im Motorenraum kommen am Motor weit höhere Temperaturen vor und auch sonst kann eine Verdampfung des Dieselöls im Raum an heißen Tagen vorkommen, die durch einen Blitzeinschlag entzündet würden. Zur Explosion kommt es, wenn der verdampfte Dieselkraftstoff in dem Mischungsverhältnis 0,6 bis 6,5 Vol.-% mit Luft vermischt ist. Größere Gefahren einer Verpuffung und Explosion entstehen durch Propan, Butan sowie Benzin und Spiritus. Propan und Butangas bilden in dem Mischungsverhältnis 2,1 bis 9,5 Vol.-% mit Luft, ein explosionsfähiges Gemisch, während Benzin bereits bei 0,6 Vol.-% mit Luft vermischt explodiert.

Durch nicht kontrollierten Austritt von Propan oder Benzin (z.B. durch eine Leckage an den Anschlüssen), bedarf es nur eines Funkens, um das Schiff zu sprengen. Das ist bei einem Blitzeinschlag der Fall. An allen Stellen des nicht geschützten Schiffes liegen dann die Zündquellen. Insbesondere ist der Lagerraum für die Propangasflaschen stets gut zu belüften, und Zündquellen sind von ihm fernzuhalten. Zusätzliche Maßnahmen müssen auch gegen statische Aufladungen getroffen werden. Lagerräume sind nach DIN 52900 TRB 610 herzurichten. Ob großer oder kleiner Raum, die Explosionsgefahr ist in beiden Fällen zu beseitigen. Die kleinen Räume sind besonders gefährlich, weil keine oder nur unzulängliche Kontrollen möglich sind. Man merkt es nicht so leicht, wenn durch winzige Leckagen Gas ausgetreten ist! Die Alternative wäre, die Flasche an Deck zu stellen. Dann ist sie aber dem Seewasser ausgesetzt und verrottet in kurzer Zeit unkontrolliert. Der bessere Platz ist sicherlich ein separater Raum für das Gas. Er muß nur den Sicherheitskriterien so entsprechen, daß auch durch einen Blitzschlag keine Verpuffung, Explosion oder Brände entstehen können. Statische Aufladungen sind

15.B Praxis beim Schiffsschutz

durch Schirmung des Raumes und Potentialausgleich zu verhindern. Sprüherscheinungen beim Blitzeinschlag sind ebenfalls an diesen gefährdeten Stellen zu beseitigen. Aus den gleichen Gründen sind elektrische Leitungen, (auch des 12-Volt-Netzes) an diesem Raum vorbeizuführen oder zumindest in ein Metallrohr zu legen. Dieses Rohr ist mit dem Blitzschutz-Potentialausgleich zu verbinden.

Gasherd, Gasbackofen sowie Gasheizungsanlagen können durch ein Gaswarnsystem zusätzlich kontrolliert werden. Auch der kleine Lagerraum für die Propangasflaschen könnte durch Installation einer vorschriftsmäßigen explosionsgeschützten Geberanlage mit einbezogen werden. Leider verbrauchen die Gaswarnanlagen ständig eingeschaltet, zuviel Strom. Ein intermittierender Betrieb, z.b. automatische Kontrolle alle Stunde bei nicht benutzter Anlage, ist sicherlich neben einer ständigen guten Belüftung eine gute Lösung.

zu 2:

Tanks für Dieselöl oder Benzin können bei einem Blitzeinschlag über die Entlüftungen oder über Geber der elektrischen Tankanzeige Feuer fangen.

Metalltanks sind daher in den Blitzschutzpotentialausgleich mit einzubeziehen. Die Anzeigeeinrichtung sollte mit Hilfe eines speziellen Überspannungsschutzes (z.B. von der Fa. Dehn und Söhne - MM-DS/NFEL-) abgesichert werden.

Zu 3:

Ein ungesicherter Betrieb der 12-Volt-Bordnetzanlage führt - z.B. nach Kurzschluß der Batteriekabel - zu einem Kabelbrand. Häufig ist die Ursache ein Blitzeinschlag. Dabei fließen entsprechend der Batteriekapazität sehr große Kurzschlußströme. Sie können nicht mit den handelsüblichen Batterieschaltern abgeschaltet werden. An den Kontaktstellen dieser Schalter finden häufig Verschmelzungen statt. Sie sind danach nicht mehr zu bewegen. Man begrenzt Kurzschlußströme durch speziell konstruierte Batterieschutzschalter. Auch Schmelzeinsätze, abgestimmt auf den maximal zugelassenen Strom, sind eine preiswerte Lösung.

Z.B. kann der Versorgungsstromkreis einschließlich Winschenstromkreis mit 100 A abgesichert werden und der für den Motor mit 160 oder 200 A. Diese Angaben beziehen sich auf eine Yacht mittlerer Größe. Auf Motoryachten werden größere Ströme benötigt. Danach richtet sich auch die Schaltergröße.

Wichtig sind ferner die Folgen einer Schalter- oder einer Sicherungsauslösung im Batteriestromkreis bei laufendem Motor. Die Drehstrom-Lichtmaschine darf in keinem Fall ohne Belastung, d.h. im Leerlauf, betrieben werden. Es entstehen dann bei abgeschalteter Batterie Spannungsspitzen, die zur Zerstörung der Gleichrichterdioden führen. Es kommt zum inneren Kurzschluß der Lichtmaschine.

Abhilfe: Mit Hilfe einer Beleuchtungsquelle von ca. 15 W, die z.B. für die Motorenraumbeleuchtung genutzt werden kann, wird der Generator ständig bei laufendem Motor belastet. Dadurch werden die Spannungsspitzen stark reduziert: Zu realisieren durch das Anschalten dieser Beleuchtung mit Hilfe eines Relais über den Steuerdraht des Betriebsstundenzählers.

Weitere Maßnahmen s. unter „Schutz der Motorenanlage".

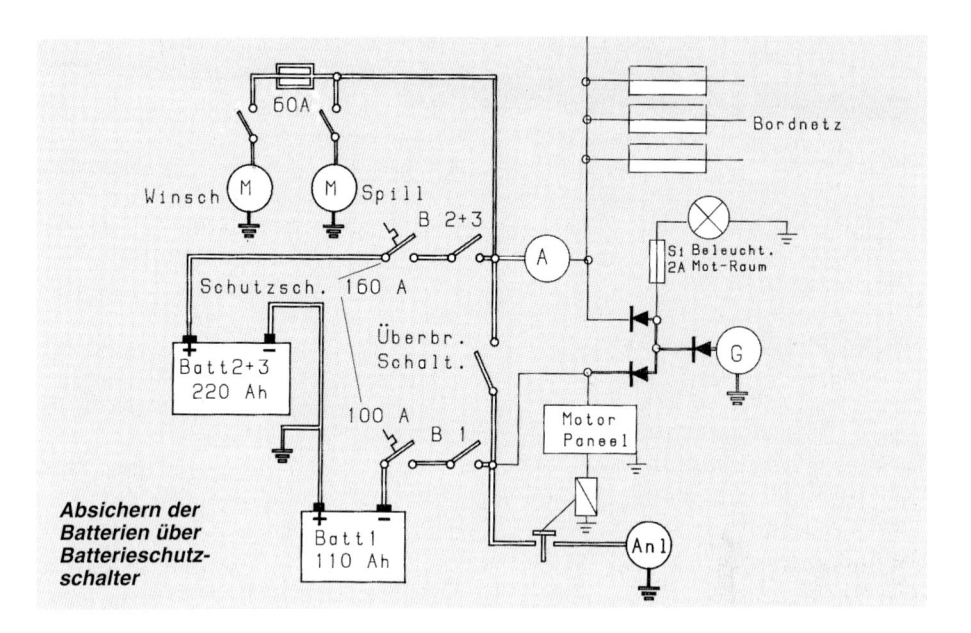

15.B Praxis beim Schiffsschutz

Absichern der Batterien über Batterieschutzschalter

Zu 4:
Vielfach sind die Geber für Logge und Lot außerhalb des Rumpfes angebracht. Ein Blitzschlag kann sie aus dem Rumpf heraussprengen. (siehe auch den Schadensbericht Bilder Seite 14). Ein Wassereinbruch wäre die Folge, der zunächst unerkannt bliebe. Erst wenn das Bilgewasser über die Bodenbretter schwappt, bemerkt man den Schaden. Das entstehende Tohuwabohu an Bord und das in der Kajüte stehende Seewasser erschweren die Suche nach dem Leck. So manche Yacht ist nach einem derartigen Vorfall gesunken. Auch am Liegeplatz kann dies unbeobachtet passieren.

Je nach Art der Impulsübertragung der Logge kann mittels eines darauf abgestimmten Überspannungsableiters Abhilfe geschaffen werden. Auch ein Geräteschaden wird verhindert (s. unter "15.F Fernmeldeanlagen"). Die gute Erdung mit großer Oberfläche verhindert auch einen großen Stromaustritt an diesen Stellen. Nur kleine Ströme können dann noch fließen, weil die Spannungsdifferenzen geringer sind.

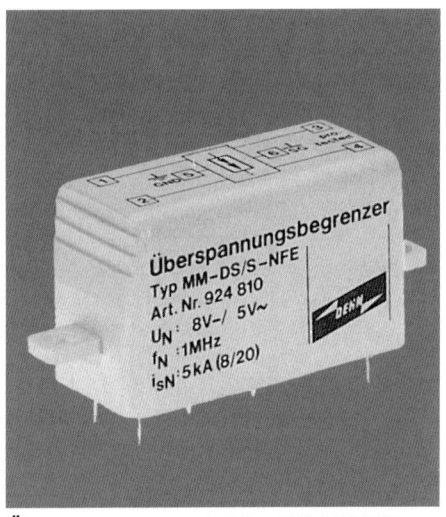

Überspannungsmodul Typ MM-DS/NFEL mit Datenangaben

15.B Praxis beim Schiffsschutz

Ausführungsbeispiel

Grundlage bildet wiederum die 11-m-Musteryacht. Während beim Schutz der Bordcrew die Anforderungen so hoch lagen, daß 99,9% aller Blitze diese Werte unterschreiten, wählen wir, abgestuft zum Schutz der Bordcrew, geringere Anforderungen. Es genügt eine Sicherheit von 95%, denn es liegen 95% aller beobachteten Blitzschläge unter diesem Wert.

Bezugsgrößen

Blitzstromsteilheit	100 kA/µs	Vergl.Pers.-schutz	150 kA/µs
Blitzspitzenstrom	100 kA	Vergl.Pers.-schutz	150 kA
Stirnzeit	1 µs	Vergl.Pers.-schutz	1 µs
Stromschwanz	200 A	Vergl.Pers.-schutz	200 A
Ladung	200 As	Vergl.Pers.-schutz	300 As
Stoßfaktor Erdung	1	Vergl.Pers.-schutz	1

1. Flüssiggasanlagen
Sie müssen den Anforderungen nach DIN 52900 genügen. Auf der Musteryacht ist die Ankerkettenlast im Vorschiff auch für die Lagerung von Propan-Flaschengas vorgesehen. Das ist sicherlich nicht der günstigste Platz an Bord einer Yacht, zumal die zu den Verbrauchern führende, verdeckt verlegte Kupfer-Gasleitung mit ca. 6 m sehr lang ist. Aus baulichen Gründen ließ sich kein geeigneter Platz für die

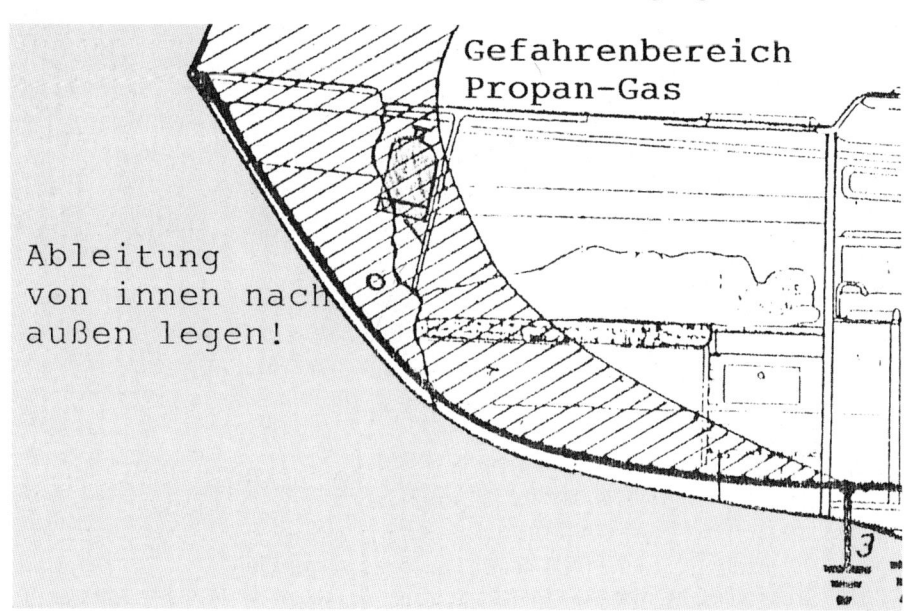

Spannungen im Vorschiffbereich

Ausführungsbeispiel

Flaschen in unmittelbarer Nähe des Verbrauchers (beispielsweise im Seitendeck) finden. Auch liegen in der Vorpiek elektrische Leitungen - zur Versorgung der am Bugkorb angebrachten Positionslampen. Bei einem Kurzschluß, verursacht durch einen Teilblitzstrom, könnten diese ein vorhandenes Gasgemisch entzünden. Die beiden elektrischen Leitungen müssen daher in ein separates Kupferrohr gelegt werden. An den Öffnungen zum Deck und am Schott zum Vorschiff ist eine sichere Abdichtung mittels Sikaflex oder einem ähnlichen Dichtungsmittel vorzunehmen. Weitere Zündgefahren bestehen durch das Metallabflußloch in der Vorpiek. Eine von außen kommende Durchzündung könnte durch den Abschluß des Entwässerungsloches mit einem Metallgazesieb verhindert werden. Aber um einen ungehinderten Wasserablauf sicherzustellen, ist dies nicht praktikabel, weil sich die Gaze rasch dicht setzt. Damit würden sowohl der notwendige Wasserablauf als auch der Gasabzug verhindert. Deshalb ist das Metallstück im Abflußloch zu entfernen. Das vorhandene Restrisiko einer Zündung des Leckgasgemisches wird durch folgende Maßnahmen weiter verringert. Gasflasche und Kupfergasrohr sind mit in den Blitzschutzpotentialausgleich einzubinden. Dies ist nach Vorschrift DIN VDE 185 erforderlich, wo es unter „4 Verbindungen" heißt: „Gas- und Wasserleitungen in Verbraucheranlagen sind nach GW 0190/ VDE 190 zum Potentialausgleich mit anderen Rohren und mit dem Schutzleiter der Starkstromanlage zu verbinden. Der Querschnitt der Verbindungen muß mindestens 10 mm^2 betragen."

Bereits beim Schutz der Bordcrew wurde diese Maßnahme für den Gasherd ergriffen, um eine mögliche Durchströmung im Handbereich zu verhindern.

Der Überschlagsbereich in der kleinen Vorpiek ist im Bild Seite 126 schraffiert dargestellt. Wenn auch im Schiffsschutz mit kleineren Blitzströmen gerechnet wird, so sind dennoch erhebliche Spannungen im Vorschiff möglich. Eine Auskleidung des Kettenraumes mit Niroblech wäre daher eine sehr gute Maßnahme. Nachträglich ist das kaum oder nur mit großen Verrenkungen zu realisieren. Deshalb ist die Bugschiene bis in Höhe der Wasserlinie zu verlängern und als Außenableitung mit zu nutzen, deren Anschlußpunkt dadurch weiter nach hinten verlegt wird. **Gute Durchlüftung**, eine außen liegende Ableitung großen Querschnitts und der explosionsgeschützte Geber einer zuverlässigen Gaswarnanlage, wären **für den Lagerraum zu empfehlen**, so daß keine Gefahren von ihm ausgehen können.

2. Dieselkraftstofftanks

Auf der Musteryacht wird der Brennstoff für den Motor und für die Heizung in einem einlaminierten, unter der Wasserlinie liegenden Kunststofftank gelagert. Ein Niro-Reservetank mit 80 Litern ist unter der Bb-Koje im Salon eingebaut. Der Tankdeckel des Haupttanks mit allen Anschlüssen liegt unter der Wasserlinie. Dieser Flansch ist mit dem Potentialausgleich der Blitzschutzanlage zu verbinden. Der Querschnitt sollte nicht kleiner als 10 mm^2 Cu sein. Litze ist zu verwenden.

VDE 0185 weist im Anhang (mit dem PTB-Merkblatt für den Blitzschutz an eigensicheren Stromkreisen, die in Behälter mit brennbaren Flüssigkeiten ein-

15.B Praxis beim Schiffsschutz

geführt sind) auf die Konstruktion von Meßwertgebern hin. In der Sportschiffahrt bedient man sich der bewährten Geber der Automobilindustrie. Mögliche Schäden nach einem Leiterbruch führen offensichtlich wegen der geringen Spannung und des geringen Stromes zu keinem Behälterbrand. Mit einem Blitzschlag in ein Schiff ist das nicht zu vergleichen, wie aus dem angeführten Bericht über eine englische Yacht zu entnehmen ist. Vermutlich wurde diese neue Yacht durch einen Diesel-Behälterbrand nach einem Blitzeinschlag zerstört und sank. Die Brandursache lag sicherlich an den Meßpegel-Leitungen. Daher sollten die beiden zum Tank führenden Einzeladern mit Hilfe eines Feinschutzmoduls z.B. MM-DS/ NFEL geschützt werden. Eine Verfälschung der Meßergebnisse wird durch den geringen Innenwiderstand des Moduls mit 1,5 Ohm vermieden (siehe Bild Seite 125 unten).

3. 12-Volt-Netz

Obwohl durch den Blitzschutz-Potentialausgleich günstige Voraussetzungen zur Verhinderung eines Kabelbrandes geschaffen wurden, kann es durch elektromagnetische Einkopplungen dennoch zu einem Isolationsschaden kommen, mit einem Kurzschluß als Folge. Im Verteilungsbereich der 12-Volt-Anlage ist diese Gefahr durch abgestufte Absicherungen nicht vorhanden. Gefährdet sind die ungesicherten Batteriekabel! Mit Hilfe zweier Batterieschutzschalter können die Folgen eines Batterie-Kurzschlußstromes vermieden werden. Auch ist es möglich, unmittelbar an den Batteriekästen Schmelzeinsätze (Sicherungen) zu installieren. Das wurde im Musterschiff durchgeführt. Mit 100 A wäre der Verbraucherteil (einschließlich elektrischer Ankerwinde von 1000 Watt) und mit 160 A der Motorenteil abzusichern.(Leider ist bei einer Sicherungsauslösung die Lichtmaschine unbelastet, speist dann durch inneren Kurzschluß sich selbst mit maximalem Strom und verbrennt. Abhilfe s. 15.D Schutz der Motorenanlage).

Die nach außenbords gelegten Geber für Logge und Lot können mit den bereits erwähnten Minimodulen vom Typ MM-DS/HFE beschaltet werden, wobei die Daten dieser Schnittstelle zu dem Modul passen müssen. Das Echolot könnte auf diesen Eingriff empfindlich reagieren. In jedem Fall ist die Anordnung des Echolot-Gebers innenbords billiger und sicherer, wobei als Schallübertragungsmedium Rizinusöl verwendet wird.

Die Mäntel der zu den Gebern gelegten Koaxkabel sind in der Nähe der Borddurchlässe mit dem Blitzschutz-Potentialausgleich zu verbinden.

Auf dem Musterschiff wurden die Batterieentlüftungen vorbildlich verlegt. Der Borddurchlass ist daher nur mit Messinggaze gegen mögliche Rückzündungen zu versehen. Durch den Einbau von Batterien in geschlossener Bauweise ist diese Gefahr nicht mehr vorhanden. Eine Entlüftung ist dennoch erforderlich, weil auch in der auslaufsicheren Bauweise ein Teil der Wasserstoffgase durch die Wandung (beim übermäßigen Laden) diffundiert, deren Menge von der gewählten Batterieart abhängt. Batteriehersteller rechnen mit 10-30% der Gase im Vergleich zu offenen Batterien.

Zusammenfassung der für den Schiffsschutz erforderlichen zusätzlichen Maßnahmen:
1. Die Gasanlage ist in den Blitzschutzpotentialausgleich einzubeziehen. Elektrische Leitungen sind aus dem Gasflaschen-Lagerraum in der Vorpiek zu entfernen oder luftdicht getrennt in Metallrohre zu legen. Die Metalldurchführung für Entlüftung und Entwässerung ist durch eine aus Kunststoff zu ersetzen. Eine zusätzliche Belüftung im Deckel der Vorpiek ist zu schaffen. Die für den Schutz der Bordcrew vorgesehene Ableitung im Vorschiff ist zur Erreichung des Schiffschutzes nach außen zu legen. Dazu ist der Stevenbeschlag zu verlängern. Ein in der Vorpiek zu installierender Gasalarmgeber in Ex-Ausführung kann zur Überwachung des kleinen Gaslagerraumes vorgesehen werden. Falls keine effektive Belüftung geschaffen wird, ist die Überwachung erforderlich.
2. Die Dieselkraftstoffanlage ist ebenfalls in den Potentialausgleich einzubeziehen.- Der Geber für die Kraftstofftank-Anzeige muß durch einen Überspannungsableiter geschützt werden.
3. Das 12-Volt-Netz muß batterieseitig mit selektiven Schutzorganen (Sicherung/Schutzschalter) gegen einen möglichen Kabelbrand geschützt werden. Die Geberleitungen für Logge und Lot sind mit einem Überspannungsschutz zu versehen. Koaxkabel müssen vor dem Borddurchlaß geerdet werden.

Erforderliche Materialien

Anlageteil	Bezeichnung	Stück	Abmessungen mm	Material	Hersteller Lieferant
Vorschiff Gasanlage in der Vorpiek	Lüfter	1			Handel
	Cu-Rohr	2	15 Durchm.	Cu 1 mm 0,4 m lang	Handwerk
	Cu T-Stck	1	15 Durchm.	Cu 1 mm	Handwerk
	Cu Winkel	2	15 Durchm.	Cu 1 mm	Handwerk
	Flansch	2	60 Durchm.	Cu 3 mm	Handwerk
	Litze	1	10 mm^2 2 m lang	Cu	Handwerk
	Stevenbeschlag verlängerung	1	850 lang 4 mm stark	4571 A4	Handwerk
Mittelschiff	Überspannungs- Ableiter	1 2	MM MM	DS/HFE DS/NFEL	Dehn & Söhne Dehn & Söhne
Achterschiff Motor-Raum	(Relais)	1	12 V 6A 2 polig		Handwerk
Durchgang Tank	Gazesieb	1	in Entlüftung	Messing	Handwerk
Heckraum	Batterie-Schutz- schalter	2	200 Ampere		E-T-A Philippi

15.B Praxis beim Schiffsschutz

Kostenrichtwerte

1. Gasanlage:

Kupferrohr (15 mm Durchm.) mit 1 Winkel und 1 T-Stück verlöten	50 min
Leitungen für Posi-Lampen abnehmen	20 min
Fertiges Rohrstück sauber einpassen und mit SIKA verkleben	30 min
Leitungen einziehen und anschließen Propanflasche mit Schellenband sowie Leitung zum Verbraucher an den Potentialausgleich anschließen	60 min
Lüfter einbauen	70 min
Steven-Verlängerungsschiene anfertigen: Handwerk Schiene anbauen und elektrisch verbinden	120 min
Zwischensumme =	**420 min**

2. Dieselkraftstoffanlage:

Legen einer kurzen Erdungsleitung vom Tankdeckel zum Erdungsanschlußpunkt	20 min
Überspannungs-Ableiter einbauen (MM-DS/NFEL))	40 min
Gaze in der Tankentlüftung befestigen	20 min
Zwischensumme =	**80 min**

3. 12-Volt-Bordnetz:

2 Batterieschutzschalter mit selektiver Kurzschlußauslösung in unmittelbarer Nähe der Batterie montieren und anschließen	110 min
Batteriekabel ändern und neu hinzulegen, anschließen	90 min
Logge-Zuleitung trennen und Überspannungs-Ableiter anschließen (MM-DS/NFEL))	45 min
Echolot Geberleitung: Leitung trennen, Mantel erden, Überspannungs-Ableiter anschließen (MM-DS/HFE))	45 min
Zwischensumme =	**290 min**
Gesamtsumme =	**790 min**

Gesamtzeitaufwand etwa 13 Arbeitsstunden ohne Arbeitsvorbereitungs- und Maschinenrüstzeit

Maßnahmen für andere Wasserfahrzeuge

Vom Grundmodell des Blitzschutzes für das Musterschiff sind Vergleiche zu anderen Wasserfahrzeugen zu ziehen. Die Schwimmfähigkeit des Rumpfes nach einem Einschlag hängt wesentlich vom Baumaterial ab. Es ist daher sinnvoll, folgende Varianten zu untersuchen:

a. Kunststoffrumpf anderer Konstruktion mit innenliegendem Kiel
b. Kunststoffrumpf anderer Konstruktion mit außenliegendem Kiel
c. Holzrumpf mit außenliegendem Kiel
d. Holzrumpf mit Innenballast
e. Stahl- oder Aluminiumrumpf

Zu a:
Das Flüssiggas ist nach Möglichkeit nicht in der Piek unterzubringen, sondern in der Nähe der Verbraucher. Bewährt haben sich vom Seitendeck aus zugängliche Propangasboxen, die mit Metallblech ausgelegt werden. Für gute Belüftung und einen Gasablauf an der tiefsten Stelle ist zu sorgen. Die Boxenauskleidung ist mit in den Potentialausgleich einzubeziehen, damit in dem Raum keine elektrischen Entladungen möglich sind.

Ansonsten sind keine weiteren Maßnahmen als die auf dem Musterschiff vorgeschlagenen erforderlich.

Zu b:
Falls es sich um einen Kunststoffrumpf mit untergebolztem Kiel handelt, ist die Erdungsfrage wie beim Schutz der Bordcrew zu beachten. Sofern Benzintanks im Schiff vorhanden sind, gelten hierfür die gleichen Vorkehrungsmaßnahmen. Bei Benzinmotoren ist auf gute Belüftung des Motorenraumes und der Bilge zu achten, dabei ist eine zeitlich abhängige Verriegelung vor dem Start wichtig. Ein Motorstart darf erst dann möglich sein, wenn der explosionsgeschützte Lüftermotor einige Minuten lang die Luft erneuert hat. Eine Gaswarnanlage (s. Musteryacht) ist bei einem Benzinmotor ebenfalls notwendig und nach den Einbauvorschriften zu installieren.

Keine weiteren Maßnahmen, als die auf der Musteryacht vorgeschlagenen sind erforderlich.

Zu c:
Beim Holzrumpf können Scheuerleisten aus Metall, Stevenbeschläge, der Ruderkoker, oder die Stopfbuchse (im Wasserlinienbereich) in der Blitzstrombahn liegen. Durch gute Erdung und einen umfassenden Potentialausgleich (s. unter "Schutz der Bordcrew") wird vorgebeugt. Keine weiteren Maßnahmen als die vorgenannten unter "Zu a und b" sind zu treffen.

15.B Praxis beim Schiffsschutz

Zu d:
Handelt es sich um einen Holzrumpf mit innenliegendem Ballast, so ist, wie unter "Schutz der Bordcrew" beschrieben, eine ausreichende Erdung am Rumpf anzubringen. Der innenliegende Ballast ist in den Blitzschutz-Potentialausgleich einzubeziehen.

Es sind keine weiteren Maßnahmen, als die auf der Musteryacht vorgeschlagenen, zu treffen. Die vorgenannten Punkte "Zu a, b und c" sind auf den Holzrumpf zu übertragen.

Zu e:
Stahl- oder Aluminiumrümpfe können nur bei einem Blitzschlag durch ausgetretene zündfähige Gase beschädigt werden. Diese Entlüftungsstellen sind mit Messinggaze zu verschließen, damit keine Rückzündungen möglich sind. Der Blitzschutz-Potentialausgleich entfällt. Keine weiteren Maßnahmen sind zum Schutz des Rumpfes erforderlich.

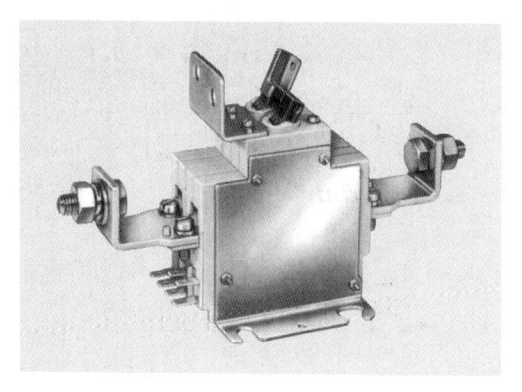

Batterieschutzschalter

Maßnahmen für andere Wasserfahrzeuge

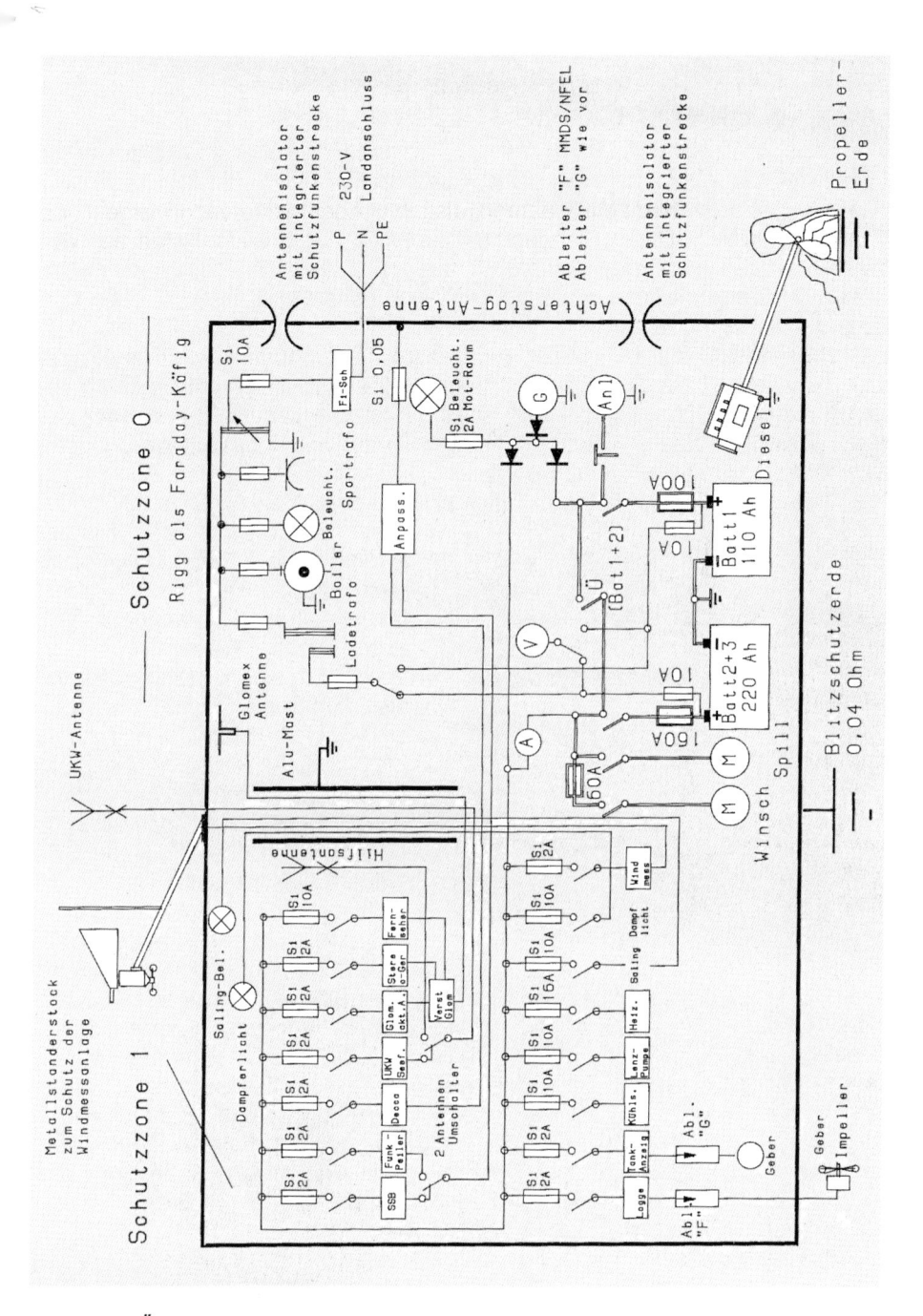

Einbau der Überspannungsableiter auf der Musteryacht

15.C Praxis beim Schutz des Riggs, der Fallen und des Ruders

Ziel der Maßnahmen ist die volle Verfügbarkeit der Segel aber auch der Seilzug-Ruderanlage nach einem Einschlag. Abgesehen vom Mast und den Wanten, die bereits beim Faraday-Käfig auf Stabilität hin untersucht wurden, interessiert zunächst in diesem Abschnitt die Stabilität des Riggs nach einem Abbrand, jedoch unter einem geringeren Sicherheitslevel. Eingeschlossen sind auch die am Masttopp laufenden Fallen für das Vor- und das Großsegel.

Die relevante Größe ist hier weniger der Blitzstrom, sondern eine Energie, die sich aus der abfließenden Wolkenladung und der am Einschlagpunkt auftretenden Schmelz-Lichtbogenspannung ergibt (s. auch unter "6. Entladungsenergie"). Fußpunkte dieses Lichtbogens können der Masttopp mit freiliegenden Seilrollen, die Oberwanten, die Stags und die Drahtseilfallen sein. Auch ein in der Nähe verlaufendes Dacron Fall würde durch die Hitze geschädigt oder abschmelzen. Durch die Seile der Ruderanlage können, falls keine ausreichende Erdung und ein Potentialausgleich vorhanden sind, auch erhebliche Anteile des Blitzstromes fließen. Eine wichtige Maßnahme zum Schutz der Bordcrew war die Erdung des Schiffes mit einer Gesamtfläche von 0,75 m². Ist diese Erdung vorhanden, können nur noch geringe Nebenströme über die Ruderseile fließen. Der benutzte Querschnitt ist mit 6 mm Durchmesser ausreichend. Bei geringeren Seildurchmessern auf anderen Schiffen oder bei Bowdenzügen zur Kraftübertragung sollte aus Sicherheitsgründen das Steuerseil isoliert befestigt sein. Die Isolation ist bei den vorgeschlagenen Erdungswerten für eine Spannung von 2000 V auszulegen. Diese Spannung entspricht einem Luftüberschlagweg von ca. 2 bis 4 mm.

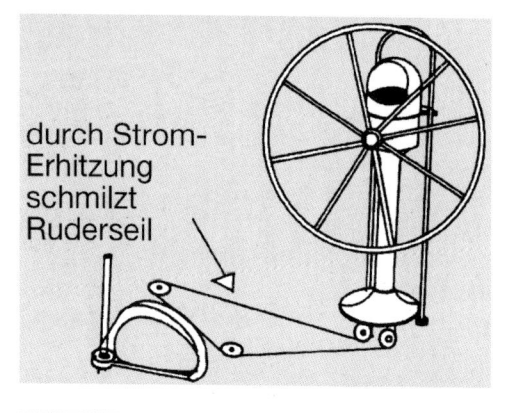

durch Strom-Erhitzung schmilzt Ruderseil

Rollen u Fallen schützen

Kritische Punkte beim Einschlag

Ausführungsbeispiel

Am Beispiel der 35-Fuß-Serienyacht werden die zu treffenden Maßnahmen mittels Zeichnung und Rechnung erklärt. Weitere Angaben s. unter 15. A Schutz der Bordcrew. Für den Schutz des Riggs, der Fallen und des Ruders bemessen wir die Sicherheitsgrenze mit 80% d.h., daß 80% aller beobachteten Blitzschläge unter diesem Wert liegen.

Bezugsgrößen

Blitzstromsteilheit	100 kA/µs	Vergl.Pers.-schutz	150k A/µs
Blitzspitzenstrom	40 kA	Vergl.Pers.-schutz	150 kA
Stirnzeit	1 µs	Vergl.Pers.-schutz	1 µs
Stromschwanz	100 A	Vergl.Pers.-schutz	200 A
Ladung	100 As	Vergl.Pers.-schutz	300 As
Stoßfaktor Erdung	1	Vergl.Pers.-schutz	1

Der Schutz umfaßt die gesamte Beseilung. Der beim Einschlag übrig gebliebene Restquerschnitt, muß den im gerefften Zustand beim Segeln auftretenden Belastungen standhalten. Insbesondere gilt dies für das am stärksten beanspruchte Seil, das Oberwant.

Die relevante Größe hierbei ist die elektrische Energie (proportional der Ladung Q). Wegen der geringeren Sicherheitsansprüche beträgt sie jedoch nur 1/3 des beim Schutz der Bordcrew zugrunde gelegten Wertes.

Die errechnete Abschmelzmenge, verursacht durch eine Ladung von 100 As (s. unter "6"), beträgt 0,43 cm³.

Auf eine Seillänge von 10 cm bezogen, reduziert sie den Querschnitt gleichmäßig auf die im folgenden berechnete Fläche. Das Gesamtvolumen des unbeschädigten, 10 cm langen Seiles beträgt:

$$V = D^2 \cdot \frac{3,14}{4} \cdot 10 \text{ cm}$$
$$= 0,8^2 \cdot \frac{3,14}{4} \cdot 10$$
$$\underline{V = 5,026 \text{ cm}^3}$$

Der Abbrand (mit 0,43 cm³) abgerechnet ergibt ein Restvolumen von 4,596 cm³. Dieses Volumen entspricht einem Querschnitt von 0,459 cm² (rechnerischer Restseildurchmesser nach Abbrand = 0,76 cm).

15.C Praxis beim Schutz des Riggs, der Fallen und des Ruders

Die Hitze des Lichtbogens entfestigt Seilteile. Mit einem Festigkeitswert von 8000 daN/cm² wird dieser Entfestigung bereits Rechnung getragen, so daß das Seil, mit 3,7 t Seilzugkraft belastet, auch beim harten Einsetzen des Schiffes der Belastung standhält.

Beim Blitzeinschlag in das Vorderwant fließt ein Teil des Stromes auch über die Rollreffeinrichtung und kann diese blockieren. Das Anbringen eines zweiten wegnehmbaren Stags wäre eine Lösung. Aus technischen und praktischen Gründen sollte das Stag nicht neben, sondern hinter das Vorstag gesetzt werden.

Auch sonst ist beim Segeln ein solches zusätzliches Stag im hartem Wetter nützlich. Ohne Probleme können an ihm die auf das Wetter zugeschnittenen Segel gesetzt werden. Ein weiterer Schwachpunkt sind die am Topp des Mastes freiliegenden Seilrollen. Bei einem Einschlag in den Mast schmelzen die dort verlaufenden Fallen. Ein Metallstanderstab, auf dem Topp angebracht, schützt die Seilrollen. Die UKW- Antenne eignet sich dafür nicht. Sie schmilzt in jedem Fall. Das Abdecken mit einer 5 mm Aluminium- oder auch 3 mm Stahlblechplatte ist die bessere Lösung zum Schutz der Toppseile und Rollen.

VDE 0185, Teil 100 gibt als Materialstärke für Auffangbleche folgende Werte an:

Kupferblech 5 mm
Alu-Blech   7 mm
Stahlblech   4 mm

Wegen der Gewichtsersparnis und durch die geringeren Sicherheitsansprüche an Rigg und Fallen können die Materialstärken ohne weiteres um 1 bis 2 mm reduziert werden.

Die Toppabdeckung muß nicht bündig aufliegen. Sie kann mit den am Topp vorhandenen Schrauben befestigt werden und ist außerdem eine gute Montagegrundplatte für die zahlreichen dort zu befestigenden Einzelteile.

Zusammenfassung der für den Schutz des Riggs, der Fallen und des Ruders erforderlichen zusätzlichen Maßnahmen:

- **Die Materialstärken der Beseilung sind ausreichend.**

- **Die Ruderanlage ist auf dem Musterschiff wegen der guten Gesamterdung und der verwendeten 6 mm Ruderseile nicht mehr gefährdet.**

- **Die Seilrollen sind entweder über einen Metallstanderstock oder durch ein Abdeckblech zu schützen.**

Erforderliche Materialien

Anlageteil	Bezeichnung	Stück	Abmessungen mm	Material	Hersteller Lieferant
Mast	Abdeckplatte	1	100 x 350 4571	A4	Handwerk
	Schrauben	4	M6 x 20	A4	Handwerk
	Muttern	4	M6	A4	Handwerk
	Federringe	4	6,5 $\varnothing$	A4	Handwerk
	Distanzst.	4	5 mm lang	A4	Handwerk
	Flansch	2	60 $\varnothing$	Cu 3 mm	Handwerk

Kostenrichtwerte

Masttoppzeichnung anfertigen	45 min
Aluminiumblech 5 mm oder A4-Blech 3 mm nach Vorlage aussägen, entgraten	50 min
4 Bohrungen 6,5 mm herstellen	10 min
Blech mit dem Masttopp verbohren und verschrauben	40 min
Gesamt =	**145 min**

Gesamtzeitaufwand etwa 2,5 Stunden ohne Arbeitsvorbereitungs- und Maschinenrüstzeit

Maßnahmen für andere Wasserfahrzeuge

Um die Segelfähigkeit nach einem Blitzschlag zu gewährleisten, sind die Stagen und Wanten mit einem Mindestdurchmesser von 6 mm auszuwählen. Ein Seildurchmesser von 7 bis 8 mm ist in der Lage, auch nach einem Lichtbogenschmelzvorgang an ungünstiger Stelle die erforderlichen Seilzugkräfte zu ca. 75% zu übernehmen. Bei Aluminiummasten ist eine Verstärkung der Oberwanten nicht ohne weiteres möglich. Der Mastenhersteller ist zu befragen, damit nicht der Mast, trotz der stärkeren Oberwantenbeseilung, durch falsche Verspannung bricht.

Ein Holzmast sollte nach Möglichkeit am Topp einen Metallbeschlag erhalten, der mit der Ableitung - meist eine durchgehende Messingschiene für die Segelrutscher - elektrisch verbunden sein muß. Offen liegende Blöcke und Rollen der Fallen sind mit Metallblech so abzudecken, daß ein Blitzeinschlag nicht das Drahtseil- oder Taufall beschädigen kann. Die Ruderanlage ist, abgesehen von dem Seildurchmesser des Ruderantriebs, auf Schwachpunkte hin zu untersuchen. Diese können in der Erdung, im Potentialausgleich und im Rudersystem liegen. Evtl sind die Antriebe – z.B. bei Bowdenzügen – zu isolieren.

15.D Praxis beim Schutz der Motorenanlage

Häufige Folgen von Blitzströmen sind Schäden in den Lagerstellen am Motor und im Getriebe. Außerdem wird nach einem Blitzeinschlag der elektrische zur Motorenanlage gehörende Teil zuerst zerstört. Ob Segel- oder Motoryacht, bei beiden ist der Weg des Blitzstromes in etwa gleich. Er verläuft über den Mast zu den Aufbauten und gelangt dann in die Installation, um von dort den Weg über Motorblock, Getriebe und Propeller ins Wasser zu nehmen. Dieser enorme Strom beschädigt die Gleitlager und die empfindlichen Kugellager des Getriebes. In der übrigen Bordinstallation fließen ebenfalls zu große Blitzteilströme, die den Motorenstromkreis mitbelasten und zum vollständigen Ausfall führen. Bei nicht ausreichender Erdung nehmen weitaus größere Blitzströme den bequemeren Weg durch den mechanischen Teil der Motorenanlage und über die relativ große Propelleroberfläche von ca.0,2 m² als 3 Flügler, anstatt über die Erdung ins Wasser zu fließen. Solch eine Propellerfläche benötigt man bereits bei relativ kleinen Motorenleistungen unter 30 kW (abgewickelte Vorder- und Rückseite).

Die Gefahrensituation für die Motorenanlage soll folgende Berechnung verdeutlichen, die durch eine zu klein bemessene Erdplatte mit 1 Ohm bei einem häufig vorkommenden Blitzstrom von 20 kA entsteht (s. auch Ausführungsbeispiel). Danach entsteht eine Differenzspannung, die sich zwischen der Motorenanlage und dem Außenbordwasser über den Propeller auswirkt. Sie beträgt:

$$U = I \cdot R \quad U = 20\,000\,V\,!$$

Eine Erdungsfläche von mindestens 0,75 m² (s. Schutz der Bordcrew) bewirkt, daß beim Blitzeinschlag nur ein bedeutend geringerer Teilstrom über den Propeller fließen kann. Der Propeller liegt in dieser Widerstands-Konfiguration im » elektrischen Nebenschluß «. Aber selbst dieser Teilstrom ist noch zu groß und muß zur Schadenverhütung an den Lagern vermieden werden.

> **Zwei Varianten verhindern diesen Stromweg!**
> **a) Der Propeller wird durch einen Abgriff mit in die Gesamterdung einbezogen**
> **b) Der Propeller wird – durch Isolieren gegenüber dem Motorblock – aus der Erdung herausgenommen.**

Die bisherigen Überlegungen betrafen nur den mechanischen Teil der Motorenanlage. Der elektrische Teil, auch der eines Diesels, ist sehr empfindlich gegenüber Überspannungen gleich welcher Art. Insbesondere sind es die Gleichrichter- und Verteilerdioden an der Lichtmaschine sowie die elektronische Regeleinrichtung. Aber auch der Anlasser mit seinem Relais gehört dazu. Eine Beschädigung der Dioden führt in jedem Fall zu einem inneren Kurzschluß der Lichtmaschine und es entsteht daraus ein Wicklungsbrand.(s. "Schiffsschutz") Schaden können nun auch die Bordbatterien nehmen. Sie vertragen keine hohe Blitzstrombelastung und sind ebenfalls zu schützen.

Ausführungsbeispiel

Gefährdungspunkt Anlassermotor

Gefährdungspunkt Getriebe

Lichtmaschine und Gleichrichterdioden

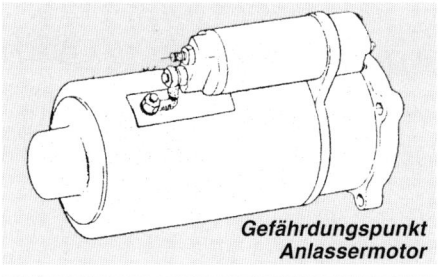

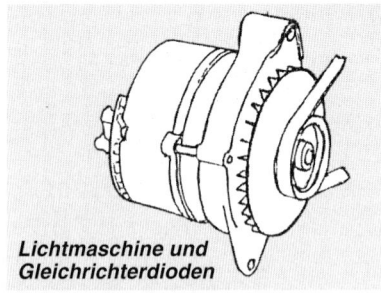

Gefährdungspunkt Motorschalttafel

Ausführungsbeispiel

Um die Motorenanlage der Yacht vor Blitzschäden zu schützen, genügt eine Sicherheit von 60%.

Folgende Bezugsgrößen liegen der Berechnung zugrunde:

Blitzstromsteilheit	100 kA/µs	Vgl.Pers.-schutz	150 kA/µs
Blitzspitzenstrom	20 kA	Vgl.Pers.-schutz	150 kA
Stirnzeit	1 µs	Vgl.Pers.-schutz	1 µs
Stromschwanz	100 A	Vgl.Pers.-schutz	200 A
Ladung	50 As	Vgl.Pers.-schutz	300 As
Stoßfaktor Erdung	1	Vgl.Pers.-schutz	1

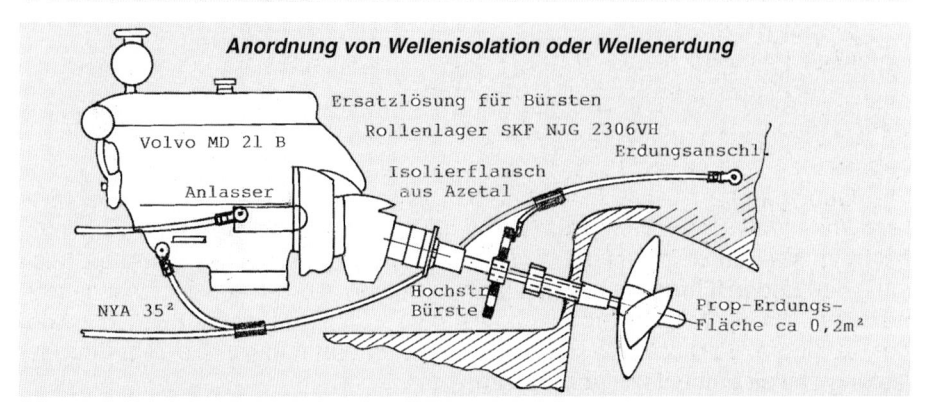

Anordnung von Wellenisolation oder Wellenerdung

Volvo MD 21 B
Anlasser
NYA 35²
Ersatzlösung für Bürsten
Rollenlager SKF NJG 2306VH
Isolierflansch aus Azetal
Hochstr. Bürste
Erdungsanschl.
Prop-Erdungs-Fläche ca 0,2m²

15.D Praxis beim Schutz der Motorenanlage

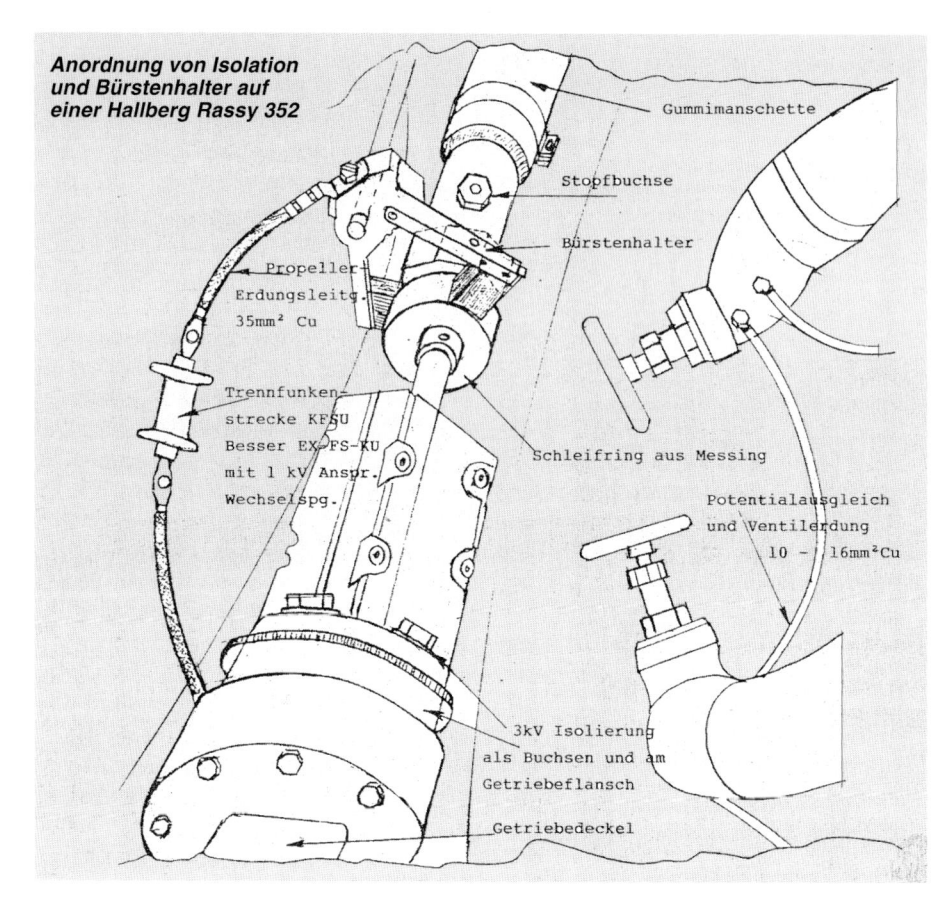

Anordnung von Isolation und Bürstenhalter auf einer Hallberg Rassy 352

- Gummimanschette
- Stopfbuchse
- Bürstenhalter
- Propeller Erdungsleitg. 35mm² Cu
- Trennfunkenstrecke KFSU Besser EX-FS-KU mit 1 kV Anspr. Wechselspg.
- Schleifring aus Messing
- Potentialausgleich und Ventilerdung 10 - 16mm² Cu
- 3kV Isolierung als Buchsen und am Getriebeflansch
- Getriebedeckel

Mit Hilfe des großen Propellers ließe sich die Gesamterde weiter verbessern, was zunächst gegenüber einer Isolierung der Welle von Vorteil wäre.
Erste Schwierigkeiten entstehen durch den nötigen Wellenabgriff, der in der Lage sein muß, den anteiligen Blitzstrom zu führen, ohne mit der Welle zu verschmelzen. Bei Hochstrommotoren werden große Ströme durch Schleifringe und Bronze-Kohlebürsten übertragen. Bei Dauerbetrieb verkraften derartige Anordnungen mit Spezialbürsten eine Stromdichte von 30 A/cm². Der Übergangswiderstand ist dabei sehr niedrig, so daß an den Bürsten nur etwa eine Spannungsdifferenz von 0,2 V entsteht. Der hierfür erforderliche Anpreßdruck liegt bei 0,4 dN /cm² (0,4 kg /cm²). Im Sonderfall einer Kurzbelastung (einige Millisekunden) kann mit einem bis zu 15 fachen Wert gerechnet werden. Auch kann der Anpreßdruck noch erhöht werden.

Die erforderliche Bürstengröße wird rechnerisch ermittelt. Als Belastung wird der Teilstrom, der sich aus dem Verhältnis Propellerfläche/Gesamterdungsfläche (0,2 /(0,75+0,2) ergibt, zugrunde gelegt.

Ausführungsbeispiel

Dieser Teilstrom beträgt in etwa 5000 A (4210 A)

$$\text{Bürstenfläche} = \frac{\text{Teilstrom}}{15\text{fach} \cdot 30\text{A}/\text{mm}^2} = \frac{5000}{15 \cdot 30} = 11{,}1\ \text{cm}^2$$

Ein Doppelhalter mit jeweils einer Norm-Bürste 1,6 x 4,5 cm² wäre ausreichend und passend zu einem Schleifring mit einem Durchmesser von 75 mm.

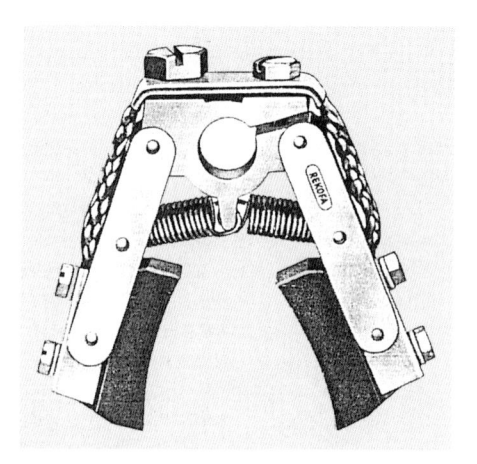

D6-Bürstenhalter

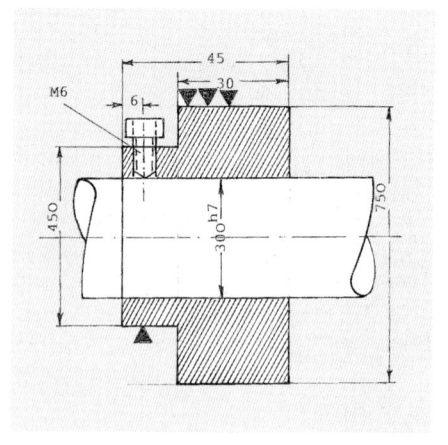

Schleifring – Messing

Nach dem Abkuppeln der Welle vom Getriebe, kann der Schleifring problemlos aufgezogen werden. Mit 3 radial angebrachten Schrauben M6 wird er befestigt. Die Bürstenbrille muß abnehmbar sein, um die Stopfbuchse nachstellen und nachlegen zu können.

Bürstenhalter, Welle, Schleifring

15.D Praxis beim Schutz der Motorenanlage

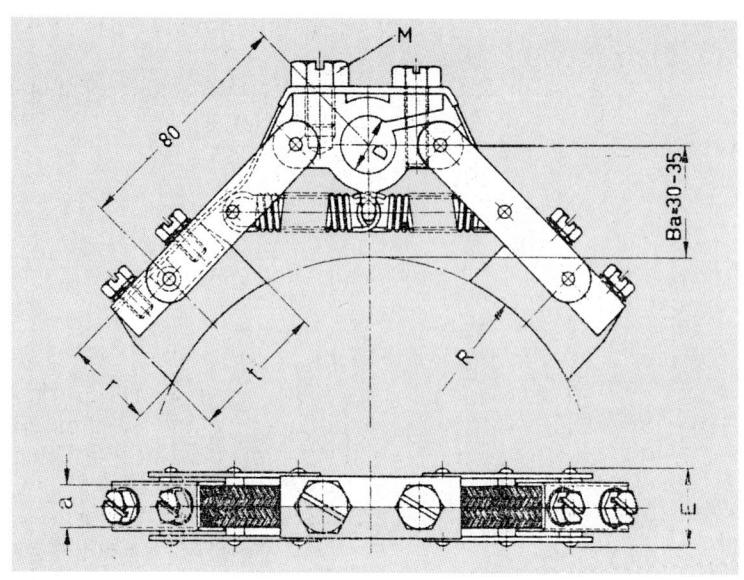

Abmessung der Bürstenbrille

Bestell-Nr. Rekofa[1])	Ident-Nr.	Bürstenmaße			Normal-Radius R	Bohrung		Halter-breite E	Anschl.-schraube M	Belastbar bis
		t	a	r		Normal-Bohrung D	mögl. Bohrung von - bis			
4516 SKC 19 (O)	1004360	45	16	27	75	19	19-20	26	M 10	200 A
4516 SKC 20	1004395					20	20			
5020 SKC 19 (O)	1004450	50	20	28		19	19-20	30	M 12	300 A
520 SKC 20	1004484					20	20			

Eine andere Möglichkeit, den unerwünschten Stromfluß über den mechanischen Teil der Motorenanlage zu vermeiden, besteht im Isolieren des Propellers von der Motorenanlage. Sinnvoll kann dies nur zwischen den Wellenkupplungsflanschen durchgeführt werden. Dabei muß das gesamte Drehmoment mit einem Sicherheitszuschlag von mindestens 20% durch die Isolierung übertragen werden. Außerdem ist die Isolation so zu bemessen, daß die Luftisolationsstrecke zwischen beiden Flanschteilen größer ist als die durch den Einschlag entstehende Potentialanhebung des Schiffes gegenüber dem Wasser.

Zum besseren Verständnis dieser Bedingungen, dienen nachfolgende Berechnungen:

Vorgabe des Blitzstromes 20 000 A
Blitzschutzerdung 0,04 Ohm $= 20\,000 \cdot 0{,}04$
Spannungsunterschied an der Isolation $= 800$ V
Diese Spannung entspricht ungefähr einer Luftüberschlagsstrecke von 1-2 mm.

Durch relativ geringen Aufwand läßt sich dieser Wert mit einer hochfesten Isolation am Abtriebsteil des Getriebes erreichen.
Sofern sich das Schiff nicht nur im Seebereich aufhält, sondern auch Binnenseen und Flüsse mit problematischen Erdübergangswiderständen (evtl. dem 100 fachen Wert) befährt, kann der Spannungsunterschied an der Isolation bedeutend größer ausfallen.

Beispiel:
  Vorgabe des Blitzstromes 20 000 A
  Blitzschutzerdung 4 Ohm (100 facher Wert) = 20 000 · 4
  Spannungsunterschied an der Isolation   = 80 000 V

Spannungen dieser Größenordnung lassen sich auf einem Schiff bei den geringen Abmessungen im Motorenraum, mit vertretbaren Mitteln nicht durch Isolierung beherrschen. Zwangsläufig müßte man sich dann für die Erdung des Propellers entscheiden. Ein Optimum liegt im Nutzen beider Möglichkeiten, wenn sich das Fahrtgebiet nicht ausschließlich auf das Seegebiet erstreckt.

Im Bild ist am Kupplungsflansch die weiße Wellenisolierung aus Azetalharz zu erkennen. Die Verbindungsbolzen M11x30, 1,25 mm Steigung sind in Azetalbuchsen eingesetzt.

Der flexible Abgriff konnte mit Kupfergeflechtband hergestellt werden, das wiederum durch Bronzefedern entlastet wird. Beim einkalkulierten Festsetzen der Rollen nach einem ungewöhnlich hohen Stromdurchgang sind sowohl im Kupferband als auch in den Federn Sollbruchstellen vorgesehen. Eine nachge-

Wellenabgriff auf der HR 352 zur Erdung des Propellers (mittels vorgespannter schwerer Rollenlager)

15.D Praxis beim Schutz der Motorenanlage

schaltete Trennfunkenstrecke mit einer Ansprechspannung von ca. 2000 V, verhindert im Normalfall galvanische Ströme und verbindet bei einem Blitzeinschlag die Propellererdung mit der Gesamterdung.

Weiterer Vorteil der Isolierung:
Der beim Segeln mitlaufende Propeller verursacht keine elektrischen Störgeräusche. Die Welle wird gegenüber dem Getriebe durch eine für 3000 V ausgelegte Isolation elektrisch getrennt. Den Schutz dieser gering bemessenen Isolation übernimmt eine Trennfunkenstrecke mit einer Ansprechspannung von ca. 1600 - 2000 V, die zwischen dem Getriebegehäuse und dem Bürstenabgriff auf der Abtriebswelle angeklemmt werden muß. Bei höheren Spannungen zündet diese und sorgt wie ein Schalter für den Stromtransport. Dadurch wird der Propeller, ohne Schaden zu erleiden, als zusätzliche Erdung mitbenutzt.
Gekapselte Luftfunkenstrecken, die Prüfströme nach DIN 48810/44 zerstörungsfrei führen können, werden unter dem Sammelbegriff Trennfunkenstrecken zusammengefaßt. U.a. dienen sie bis zum Auftreten ihrer Ansprechspannung zur elektrischen Trennung zweier Metallinstallationen. Sie stellen für den Blitzstrom beim Durchzünden (Sollüberschlagstelle) eine elektrische Verbindung her. Diese Kopplung wird nach dem Abklingen des Blitzstromes wieder aufgehoben. Man setzt allgemein Trennfunkenstrecken an Näherungsstellen zwischen der Blitz-

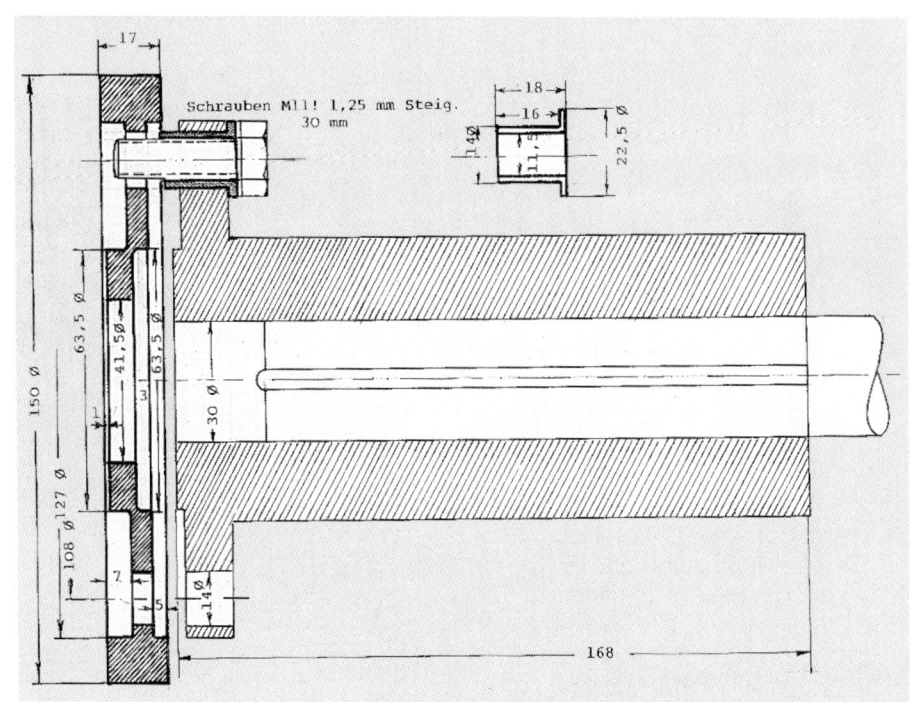

Kupplung mit Isolierflansch, z.B.für die HR 352 Volvo- Penta MD 21B

schutzanlage und anderen geerdeten Anlageteilen ein, um unkontrollierte Überschläge oder Durchschläge an diesen Stellen zu vermeiden und zur Verhinderung von galvanischen Strömen zwischen verschiedenen Anlagen.

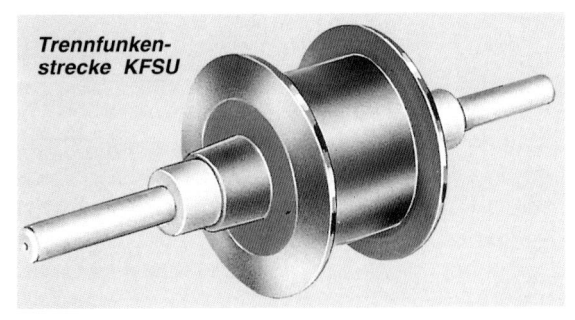

Trennfunkenstrecke KFSU

Vorteile der Wellenisolation:
a) Elektrische Knattergeräusche, durch galvanische Ströme zwischen dem Propeller und anderen Materialien im Unterwasserbereich verursacht, stören beim Segeln im Grenzwellen- und Mittelwellenbereich bei mitlaufender Welle. Sie werden durch die Isolation der Welle beseitigt.
b) Die Korrosion am Propeller und anderen mit ihm in Verbindung stehenden Teilen wird verhindert.
c) Bei einem Blitzschlag wird (über die o.g. Trennfunkenstrecke) die relativ große Oberfläche des Propellers (mit etwa 20% der Gesamterdung) zur Verkleinerung des Erdübergangswiderstandes aktiviert. Der an der Gesamterde beim Stromdurchgang entstehende gefährliche Spannungsunterschied wird weiter reduziert.

Neben den Lagern werden insbesondere die elektrischen Aggregate der Motorenanlage in Mitleidenschaft gezogen. In den häufigsten Fällen werden sie zerstört. Es sind dies der Anlasser, die Lichtmaschine mit der Regeleinrichtung und nicht zuletzt die Batterien. Aber nicht nur der direkte Blitzeinschlag schädigt die genannten Aggregate, sondern auch ein kräftiger Naheinschlag mit seinem großen Magnetfeld. Hiervon sind die elektronischen Bauteile in der Lichtmaschine wiederum betroffen. Mit Hilfe eines Überspannungsableiters des Typs VM 75 in der elektrischen Motoreninstallation ist man in der Lage, die auftretenden Überspannungen dieses Stromkreises auf maximal 350 V zu begrenzen.

Ein sicherer Schutz des elektronischen Reglers gegen Blitzströme und Überspannungen ist nur bei Betriebsspannungen über 24 (28) Volt möglich. Es wird daher empfohlen, einen Reserveregler als Ersatzteil mitzuführen und mit Hilfe der im Bild auf S. 147 u. 148 gezeigten Schaltungen eine Teilabsicherung, sowohl der Lichtmaschine als auch des Reglers bei 12-Volt-Anlagen durchzuführen. Die Anordnung S. 148 bewirkt, daß nach einem Blitzeinschlag die empfindlichen, aber nicht so leistungsfähigen Suppressordioden (ähnlich Zenerdiode) ansprechen und z. B. über die Sicherung Si 4 A den Regler vom Netz abtrennen, wobei sie selbst zerstört werden können. Dies ist jedoch für den Weiterbetrieb der Motorenanlage unerheblich. Lediglich der Ladevorgang der Lichtmaschine funktioniert dann nicht mehr,

15.D Praxis beim Schutz der Motorenanlage

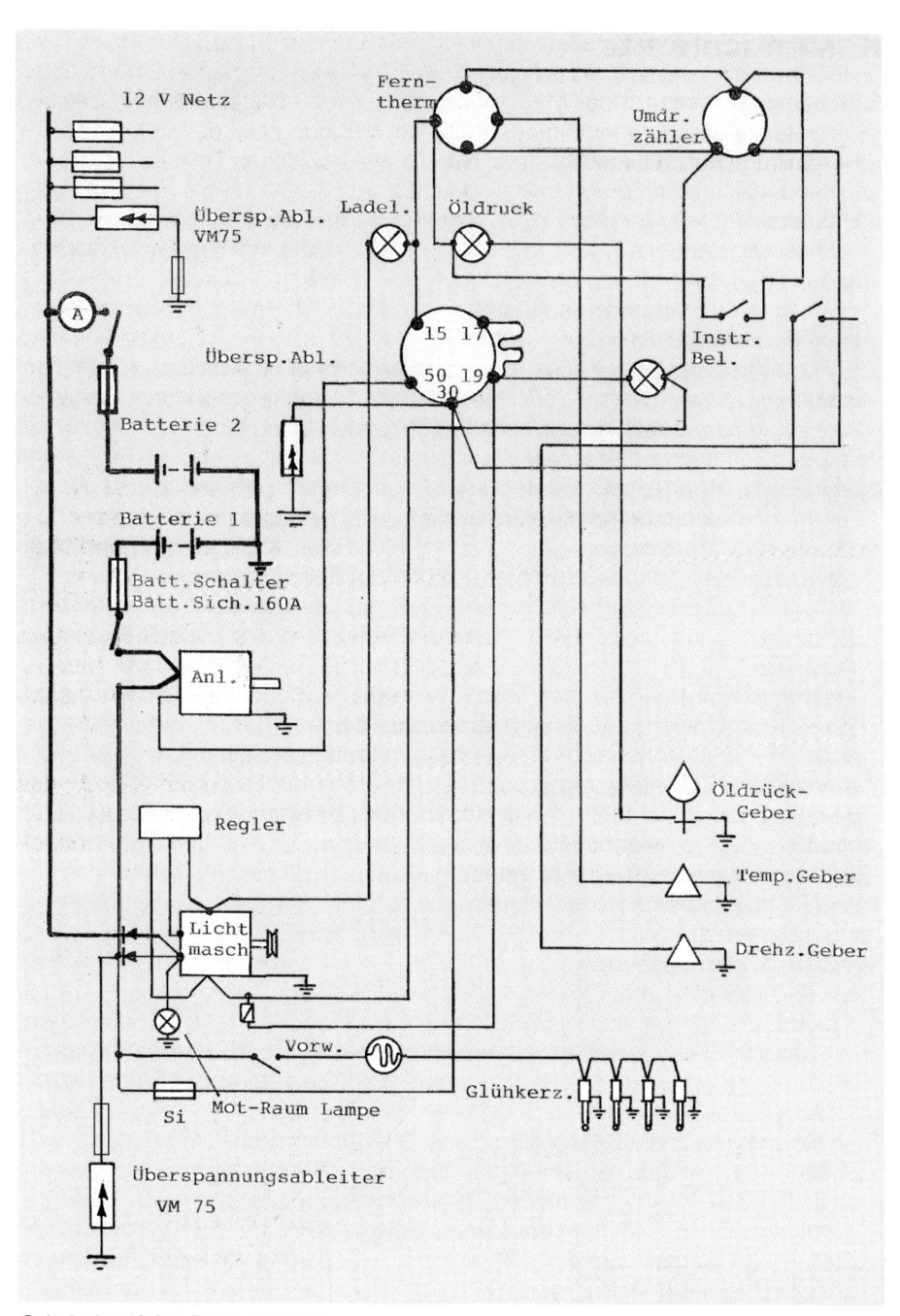

Schaltplan Volvo-Penta MD 21B

Ausführungsbeispiel

bis der Schaden mit Bordmitteln beseitigt ist **(in Erprobung)**. Der VM 75 kann bis zu einem maximalen Blitzstrom von 65 kA belastet werden, ohne dabei Schaden zu nehmen. Das ist für diesen Stromkreis völlig ausreichend. Anlasser, Relais, Vorglüheinrichtungen und der Wicklungsteil der Lichtmaschine liegen im Schutz dieses Ableiters. Nur die elektronischen Teile der Regeleinrichtung und der Lichtmaschine sind durch die relativ große Restspannung von 300 Volt des Ableiters VM 75 ungeschützt. Mit einem von der Cockpit aus sichtbaren Kontrollinstrument kann solch ein Überlastungsfall des Drehstromgenerators erkannt werden. Mit Bordmitteln ist der Schaden häufig auch bei Früherkennung nicht zu beheben. Durch sofortige Leerlaufstellung des Motors ist es möglich, zumindest die Wicklung des Generators vor Schäden zu bewahren. Auf versehentliches Abschalten der Batterieschalter oder auf das Auslösen der Batterieabsicherung wurde bereits hingewiesen. Folgende Maßnahmen sind zur Schadenverhütung gebräuchlich:

1. Der Einbau eines Kondensators mit C = 2,2 µF **entstört** zum einen die Lichtmaschine und zum anderen **halbiert** er in etwa die Fehlerspannungsspitzen. Die Spannungsrestwerte sind dennoch mit Werten über 100 V zu groß und übersteigen oft die zulässigen Sperrspannngen normaler Dioden des Reglers.

2. Einbau von spannungsfesten Dioden (350 V) in den Generator. Sie schützen ausschließlich den Generator und nicht die im Stromkreis liegenden anderen elektronischen Bauelemente. Der Einbau des VM 75 erfaßt jedoch diesen Bereich bei Überspannung und Blitzeinwirkung.

3. Einbau eines speziellen Überspannungsgerätes (ÜSG) der Fa. Bosch, das aber leider nur für 24 Volt- Anlagen (28 V) lieferbar ist. Für das Musterschiff mit 12-Volt - Anlage ist dieses Gerät nicht brauchbar. Trotzdem seien einzelne Funktionsmöglichkeiten erwähnt:

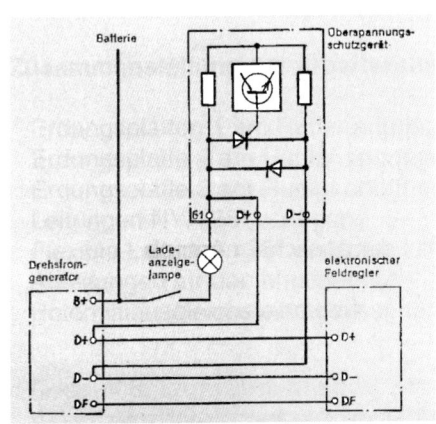

Schutzschaltung zu Pkt. 3 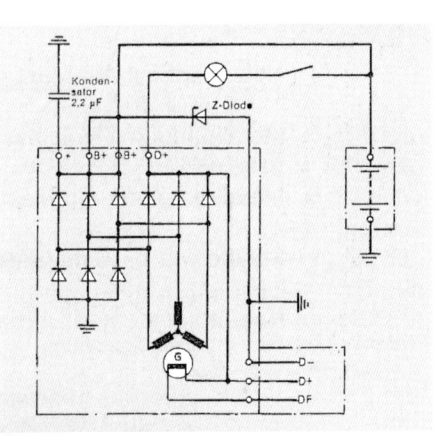   *Überspannungsschutz zu Pkt. 4*

15.D Praxis beim Schutz der Motorenanlage

a) nicht automatisch
Das ÜSG spricht bei Spannungen von mehr als 32 V nach einer sehr kurzen Zeit von 300 µs an. Das angesprochene ÜSG muß danach durch Abschalten des Motors wieder in Bereitschaft gesetzt werden.

b) <u>automatisch</u>
Das Löschen erfolgt durch ein Unterbrecherrelais. Ein Abstellen des Motors ist daher nicht erforderlich.

c) erweiterte Automatik
Spannungsspitzen werden wie unter b) automatisch gelöscht. Bei länger anhaltenden Überspannungen, gleich welcher Art, erfolgt eine Totalabschaltung. Das wäre beispielsweise der Fall, wenn der Batterieschutzschalter auslöste, oder die Batteriesicherung schmilzt.

4. Einbau von Zenerdioden

Zwischen Batterie (+) und (-) Leitung kann mit Hilfe dieser abzusichernden! Spezialdiode ein Anwachsen der Spannung über den Zenerwert verhindert werden. Die Reaktion der Zenerdioden ist sehr schnell und liegt im Bereich einiger bis 10 Pikosekunden (1000.000 ps = 1 µs). Diese schnelle Reaktionszeit reicht, um die durch einen Blitzschlag entstehenden Überspannungen zu beseitigen. Weil die Reaktion der Dioden auf einem bedeutend niedrigeren Spannungsniveau erfolgt, sind sie mit ihrem Nennstrom durch Sicherungen zu schützen. Die Blitzenergie wird durch den VM75 abgeleitet, und nur Restströme werden von den Zenerdioden aufgenommen, die sich vom Netz trennen. Die Fa. Bosch liefert diese Zenerdioden (Bestellnummer 1127328 mit entsprechendem Kabelschuh und 1127328001 mit Stecker) für die gebräuchlichsten Generatortypen. Bei größeren Generatoren (über 35 A und bis 55 A) sind 2 Dioden parallel anzuordnen. Die Zenerspannung muß unter 30 V liegen! Die Fa Bosch empfiehlt bei 12-Volt - Anlagen, den Regler HR10 anstelle des HR6 einzubauen.

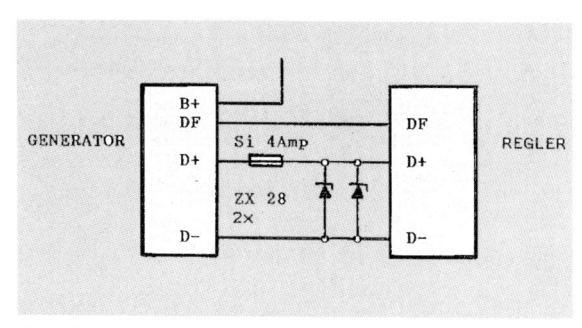

Protektionsschaltung in der Erprobung

Überspannungsableiter VM75

Ausführungsbeispiel

5. Zusatzmaßnahme
Eine weitere praktische Dämpfungsmaßnahme gegen Überspannungen durch leer laufende Lichtmaschinen besteht im Dauerbetrieb eines ohmschen Verbrauchers, beispielsweise einer Motorraumbeleuchtung (z.B. Glühlampe $\geq$15 W). Eine Transistorleuchte eignet sich nicht.

Zusammenfassung der Maßnahmen (Musterschiff)
1. Mechanischer Teil
Auf der Abtriebswelle ist ein Messingschleifring zu montieren, der mit Hilfe eines Doppel-Bürstenhalters für den erforderlichen Stromabgriff sorgt.
Falls eine Isolierung der Welle vom Motor beabsichtigt wird, kann anstatt eines Bürstenhalters mit Schleifring auch ein schweres, mechanisch belastetes (vorgespanntes) Rollenlager auf der Welle angebracht werden (s. unter "Maßnahmen für andere Wasserfahrzeuge")

2. Elektrischer Teil
Anschließen des Bürstenhalters an die Motormasse mittels einer hochflexiblen isolierten Leitung 35 mm². Bei beabsichtigter Isolierung der Welle ist es sicherer, den Bürstenhalter über eine Trennfunkenstrecke mit der Motormasse zu verbinden.
Einbau eines Überspannungsableiters VM 75 in den Batteriestromkreis des Motors.
Nur bei vollständiger "Schirmung" der gesamten Bordelektrik, u.a. mittels Metallkabelkanälen, kann auf den Einbau eines weiteren Überspannungsableiters VM 75 für den von der Verteilungsdiode angesteuerten separaten Bordnetzstromkreis verzichtet werden.
Der Einbau von 2 Batterieschutzschaltern wird an dieser Stelle nochmals hervorgehoben (s."Schiffsschutz").
Zum Schutz der Lichtmaschine sind geeignete Zenerdioden in entsprechender Schaltung einzubauen.

Bosch - Liste über 1 A Gießharzdioden zum Einbau in den elektronischen Teil

Bestellnummer 027000	Durchm. mm	Sperrsp. V	Sperrstrom µA	Merkmal z.B.Zeit	Verwendung
001	6	100	100		Erreger-Diode Drehstromgenerator Freilaufdiode
002	6	100	100	0,5 µs	elektrischer Regler
003	6	400	200	0,5 µs	Ladestromdiode Freilaufdiode
014	6	350	50	hochsperrend	batterieloser Betrieb

15.D Praxis beim Schutz der Motorenanlage

Erforderlichen Materialien

Anlageteil	Bezeichnung	Stück	Abmessung mm/m	Material	Hersteller Lieferant
Motor-Raum	Kabelsch.	7	35 mm²	Cu	Dehn & Söhne
	Kabelsch.	14	35 mm²	Cu	Dehn & Söhne
Motor-Raum	Abzweig-Klemme	1	35 mm²	Cu	Dehn & Söhne
	Abzweig-Klemme	4	6 mm²	Cu	Dehn & Söhne
Motor-Raum	Anschluß schraub.	2	M10	RG	Dehn & Söhne
Motor-Raum	Überspannungsableiter	1	VM 75		Dehn & Söhne
Motor-Raum	Trennfunkenstrecke	1	KFSU	Porzellan	Dehn & Söhne
Motor-Raum	Sicherung Unterteil	1		Porzellan	Dehn & Söhne
	Sicherung	1	16 A		"
Motor-Raum	Zener-Sperrdiode	2	112732800 0/11004450		Bosch
Motor-Raum	Bürstenhalter	1	1004450		Rekowa-Werk Hamburg
Motor-Raum	Hochstrom Bürsten	2	Bronze-Kohle		Rekowa-Werk Hamburg
	Schleifrg	1	75 ⌀	Messing	Anfertigung
	Stange f. Halter (A4)	1	18,5 ⌀	4571	Anfertigung
	Isolierflansch	1	150 mm ⌀	Azetal	Anfertigung
	Isolierbuchse	4	13,5 mm ⌀	Azetal	Anfertigung
	Hochflex. Leitung	2	35 mm²	Cu	Dehn & Söhne

Kostenrichtwerte

Die 2 Überspannungsableiter VM75 sind in Nähe der Lichtmaschine in den Motorstromkreis und in den Bordnetzstromkreis* einzubauen. Die Einbauzeit ist im Zuge der anderen

Arbeiten mit einzuplanen und beträgt	45 min
(* 1 VM 75 ist im nächsten Kapitel mit aufgeführt!)	
1 Zenerdiode mit Sicherung 4 A am Regler	
separat zugänglich montieren und verklemmen	40 min
Halter für den Bürstenring am Schott befestigen	50 min
Wellenflansch abkuppeln	20 min
Wellenflansch von der Welle nehmen	20 min
Wellenflansch aufbohren zwecks Isolation	45 min
vorbereiteten Isolierflansch einlegen	10 min
Schleifring aufsetzen	15 min
Wellenflansch auf die Welle schieben und mit dem Getriebegegenstück verbinden	35 min
Wellenflansch ausrichten	20 min
Bürstenbrille aufsetzen und befestigen	20 min
Schleifring mit Schrauben auf der Welle befestigen	10 min
Trennfunkenstrecke befestigen	25 min
Leitungsverbindungen 35^2 mit Preßkabelschuhen herstellen	20 min
Unvorhergesehenes	60 min

Gesamt= **435 min**

**Gesamtzeitaufwand etwa 7 Arbeitsstunden
ohne Arbeitsvorbereitungs- und Maschinenrüstzeit**

15.D Praxis beim Schutz der Motorenanlage

Maßnahmen für andere Wasserfahrzeuge

Der Motor auf dem Musterschiff ist elastisch auf Silentblöcken gelagert (weiche Gummifüße). Beim Motorbetrieb entstehen zwischen dem Rumpf und dem Motorenblock mit der starr angekuppelten Abtriebswelle Schwingungen. Auch tritt beim Propellerschub eine zusätzliche Biegung der Welle auf, die offenbar so gering ist, daß nach mehreren tausend Betriebsstunden keine Schäden auftraten. Diese Wellenschwingungen sind bei der Montage einer Bürstenbrille zu berücksichtigen. Auf anderen Schiffen sind die Motoren oft elastisch gelagert und die Wellenanlage ist mit einem separatem Drucklager starr am Rumpf befestigt. Die Verbindung beider Teile (dem schwingenden und dem starren, mit dem Rumpf direkt verbundenen) erfolgt über eine Gummikupplung, Kardangelenke oder Spezialkupplungen (z.B. Volvo).

Auch bei vergrößerter Isolation durch die Gummikupplung sollte eine elektrische Überbrückung zwischen Welle und Motorblock mittels einer Trennfunkenstrecke hergestellt werden.

Wie auf der Musteryacht kann der Abgriff der Welle sowohl über eine Bürstenbrücke als auch durch ein vorbelastetes Kegelrollendrucklager erfolgen. Auf Windkraftwerken bewährten sich bei Blitzschlag (als Abgriff für die Blitzableitung am Flügelrad) die vorhandenen Rollenlager wider Erwarten gut. Diese Lager sind im Gegensatz zur Getriebelagerung der Wasserfahrzeuge allein schon durch den zu beherrschenden Druck größer und hoch belastet. Dieser Kontaktdruck trägt erheblich zum besseren Stromübergang bei. Ob sich bei kleinen Schiffsanlagen solche Rollenlager zur Ableitung eines Blitzteilstromes (ohne selbst beschädigt zu werden) bewähren, muß noch abgewartet werden. Der notwendige Kontaktdruck auf das Kegelrollenlager muß über starken Federdruck oder Vorspannung des Lagers herbeigeführt werden, damit das Lager nicht als "Faulenzer" zu leicht mitläuft. Zu berücksichtigen ist außerdem der Fall eines Lagerblockierens nach einem Blitzstromdurchgang mit festgebrannten Rollen. Durch einen leichten Sitz auf der Welle, oder besser mit Hilfe einer Sollbruchstelle im Abgriff, wäre der erforderliche Notfreilauf möglich. Der Blitzstromanteil des Propellers eines mittleren Segelschiffes liegt etwa zwischen 20 und 30%. Auf Motorfahrzeugen und großen Segelyachten mit Rümpfen aus nicht leitendem Material sind die Verhältnisse völlig anders. Die Propellerflächen können sogar die 100% der Erdungsplattenfläche übersteigen.

Das Sicherheitsbedürfnis auf Motoryachten im Hinblick auf die Motorenanlage ist weitaus höher einzustufen. Der Motor ist schließlich das einzige Antriebsorgan. Ob der Antrieb aus einer 1- oder 2-Motorenanlage besteht, ist für die Konzeption einer Blitzschutzanlage unerheblich, denn ein möglicher Schaden wirkt sich durch die schlechte Trennung beider Teile der elektrischen Anlage auf die gesamte Motorenanlage aus.

Anstatt eines Blitzstromscheitelwertes von 20 kA auf Segelyachten sollte mit dem doppelten Wert (40 kA) gerechnet werden. Als Ausbreitungswiderstand der Gesamterdung werden wie bisher 0,04 Ohm zugrunde gelegt, durch eine Er-

Maßnahmen für andere Wasserfahrzeuge

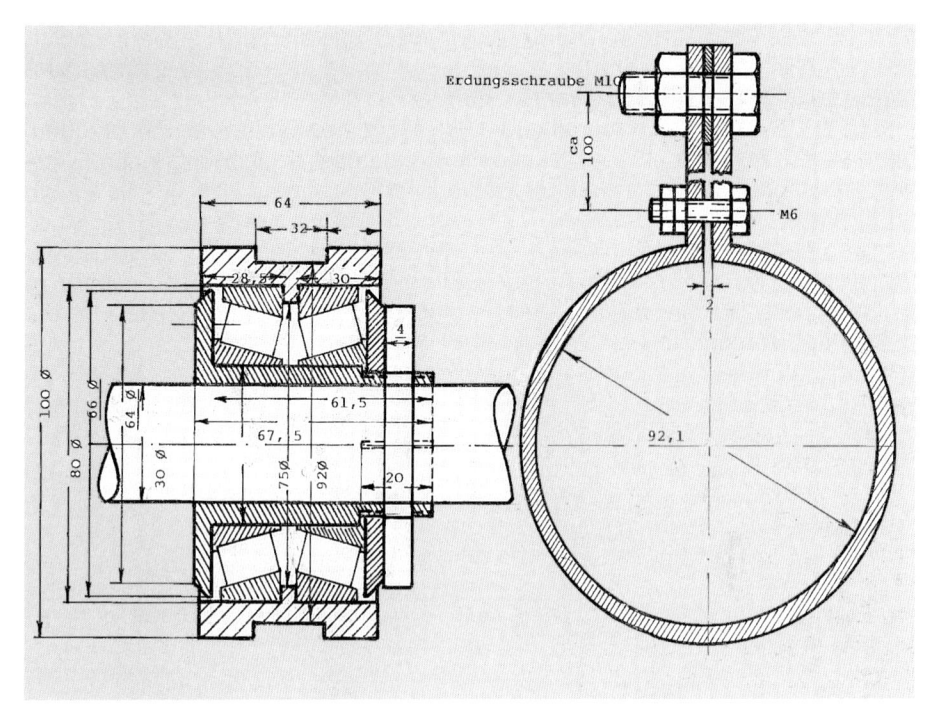

Kegelrollenlager mit Vorspannung

dungsplatte 0,75 m² zu erzielen. An der empfohlenen Isolation zwischen Propeller und Getriebe auf Motorfahrzeugen mittlerer Größe (bis 15m) entsteht ein rechnerischer Spannungsfall von:

$$40\,000 \cdot 0,04 = 1600 \text{ V}$$

Das entspricht in etwa einer Luftdurchschlagstrecke von 2 mm. Im Süßwasserfahrtgebiet müßte mit dem 100 fachen Wert gerechnet werden, so daß die Einbeziehung der Propellerflächen als zusätzliche Erde genutzt werden sollte. Der Nachteil liegt im ungünstigen Verhältnis zwischen der Haupterde und der nutzbaren Propellererde von 1/0,8 bis 1/1. Das hat zur Folge, daß fast die Hälfte des Ableitstromes bei einem Blitzeinschlag den Weg über Maschine, Getriebe und Propeller nehmen würde. Man sollte in solchen Fällen aus Sicherheitsgründen (s. Musterschiff) eine Wellenisolation mit einen Wellenabgriff, entweder mittels Bürsten oder einem vorgespannten Rollenlager unter Einbeziehung einer Trennfunkenstrecke, vornehmen.

Motor- und Segelyachten mit elektrisch leitenden Rümpfen bereiten kaum Probleme. Der mechanische Teil der Motorenanlage bedarf keines Schutzes. Falls die Aufbauten nicht aus Stahl oder Aluminium bestehen, ist der elektrische Teil der Motorenanlage wie auf dem Musterschiff zu behandeln.

15.D Praxis beim Schutz der Motorenanlage

Einen Sonderfall stellen Schiffe mit einem Saildrive oder einer Aquamatik dar. Hier kann die Wellenisolierung aus Konstruktionsgründen nicht durchgeführt werden. Dadurch fließt auch der Blitzstrom über den Saildrive ins Wasser. Die Größe des Stromes hängt von der Erdungsfläche des Schiffes ab. Es sei denn, der Schiffsrumpf besteht aus leitendem Material mit sehr niedrigen Erdungswerten. Dann könnte man den Saildriveschaft mittels zusätzlicher Beschichtung, beispielsweise mit Sika SF 221, so gut isolieren, daß der Anteil eines Blitzstromes unbedeutend würde. Auf Kunststoffyachten sieht man häufiger Einbaumotoren mit Saildriveantrieben. Die erforderliche Erdung ist nach den Kriterien unter "Erdungsanlage" in Anlehnung an den Schiffstyp auszuwählen. Als Erdungsmaterial wird Nirosta A4 (4571) empfohlen. Es verursacht am Aluminiumschaft des Saildrive die geringste Korrosion. Bei 1 poligen Motorenanlagen (Normalausführung) läßt sich eine Trennung zwischen Motormasse und

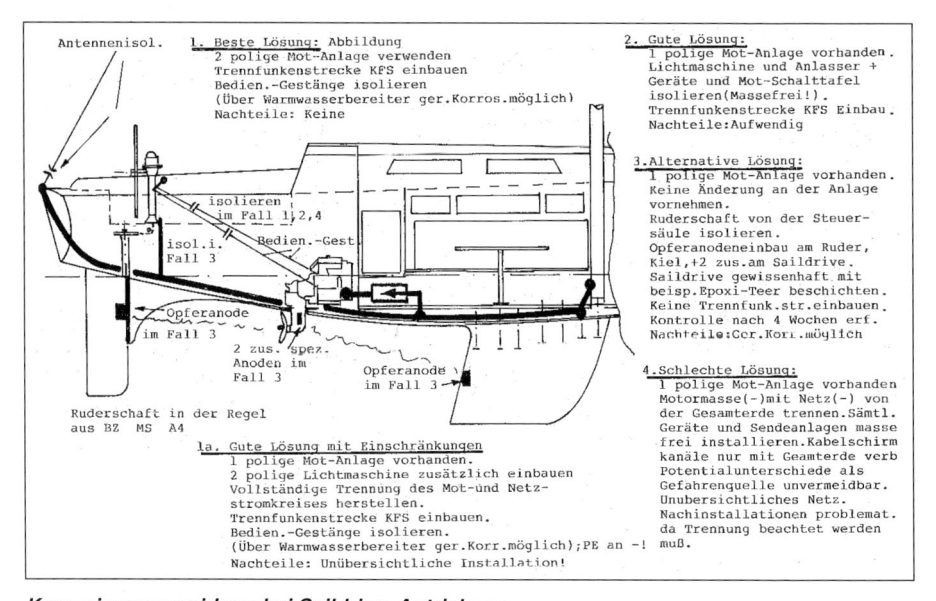

Korrosionsvermeidung bei Saildrive- Antrieben

Erdung zur Verhütung von Korrosion am Schaft kaum verwirklichen. In einem solchen Fall wird (im ersten Jahr nach einer etwa 4 wöchigen Wasserliegezeit) empfohlen, die Maßnahmen zur Korrosionsvermeidung durch Messen der Erdungswerte des Schaftes gegenüber dem Wasser (bei vollständig abgeklemmtem Motorblock) zu prüfen. (Die evtl. nicht isolierten Bedienungsgestänge sind dabei abzutrennen!) Sicherer ist es, nach dieser Zeit eine zweite Besichtigung auf ansetzenden "Lochfraß" durchzuführen, um nach Saisonende keine unliebsamen Überraschungen feststellen zu müssen.

Maßnahmen für andere Wasserfahrzeuge

Die Motorenhersteller bieten seit einigen Jahren auch 2 polige Anlagen an, die eine saubere Trennung zwischen beiden Teilen, (12 V bzw. 24 V und Motormasse) ermöglichen. Wird diese Trennung durchgeführt, so ist zu beachten, daß bei einem Blitzeinschlag über die Seilzugbedienung des Motors eine besondere Gefährdung des Rudergängers auftritt. Die Installation ist entsprechend durchzuführen (Isolation auf 3000 Volt aller vom Motor kommenden Gestänge und der elektrischen Verbindungen). Der Motorenblock ist mit der Gesamterdung über eine Trennfunkenstrecke KFS zu erden. Ein Gefahrenschild ist wegen der möglichen gefährlichen Körperströme bei Landanschlußfehlern und im Gewitterfall im Motorenraum an gut sichtbarer Stelle anzubringen.

Neue Anlagen sollten grundsätzlich in 2 poliger Ausführung installiert werden. Für den Aquamatik-Motor gilt das gleiche. Wie am Anfang des Abschnittes erwähnt, sind bei Stahl- und Aluminiumyachten die Strombelastungen beim Blitzeinschlag im Saildrive nicht vorhanden. Sie sind jedenfalls so gering, daß Lagerschäden sicherlich nicht auftreten werden. Voraussetzung ist die Auswahl der passenden Rumpfbeschichtung, damit auch die notwendigen Erdungswerte erreicht werden. Einerseits soll bei Metallrümpfen durch entspechende Beschichtung das aggressive Salzwasser vom Rumpf ferngehalten werden, andererseits benötigt man für den Blitzschutz eine ausreichende Erdung. Durch geeignete Unterwasserfarben diffundiert der Wasserdampf. Er vermischt sich mit Lösungsbestandteilen, ohne an dem zu schützenden Material Schäden zu hinterlassen. Die chemischen und physikalischen Reaktionen sind unterschiedlich. Die Entwicklung auf diesem Sektor ist in den letzten Jahren so rasant erfolgt, daß es nicht möglich ist, geignete Produkte zu benennen, die sowohl den Metallrumpf vor Korrosionen schützen, als auch gute Erdungswerte bewirken. Als praktikable Lösung ist zu empfehlen, eine Probe mit einem beschichteten Blech des Rumpfmaterials von der Größe 10x10 cm ins Seewasser zu legen und die Erdungswerte in Zeitintervallen zu messen. Eine Messung mit einem gleich großen, unbehandelten Blech ermöglicht den Vergleich. Sollten sich bereits nach einigen Tagen keine brauchbaren Erdungswerte einstellen, so muß mit einem anderen Fabrikat experimentiert werden. Wasserfahrzeuge mit Benzinmotoren sind bereits werftmäßig mit Aggregaten in explosionssicherer Ausführung versehen. Davon ist zunächst auszugehen. Schutzfunkenstrecken, Überspannungsableiter und die nachträglich für den Blitzschutz vorgesehene Installation sind diesen besonderen Verhältnissen (also in "EX-Ausführung") anzupassen.

15.E Praxis beim Schutz des Bordnetzes sowie der elektrischen Geräte

Auf einem Serienschiff mittlerer Größe gibt es heute eine Fülle elektrischer Geräte und Motoren, welche nicht nur dem Bordbetrieb einer Yacht, sondern auch der gewünschten Bequemlichkeit dienen. Hierzu gehören Dieselheizung, Kühlaggregate, Lüftermotoren, Lenzpumpen, Anker- und Schotwinden, Beleuchtung, Stereo- und Signalanlagen, Selbststeuer- und Windmeßanlagen, Logge und Echolot, Decca, GPS, Wetterkartenschreiber, Radar sowie in letzter Zeit auch PC's mit Plottern. Für den Betrieb dieser Geräte und des Bordnetzes werden über 200 m Leitungen verschiedenster Art und unterschiedlichen Querschnitten verlegt. Zusätzlich ist in vielen Schiffen ein umfangreiches 230-Volt-Netz installiert: zur Versorgung des Warmwasserspeichers, zusätzlicher Heizungen, des Ladegerätes, des Fernsehers und vereinzelt auch der Mikrowelle. Dieses Bordnetz benötigt zusätzlich 20 bis 30 m Leitungslänge. Blitzeinschläge, selbst in benachbarte Schiffe oder andere Objekte, zerstören offensichtlich als erstes diese Anlagen. Natürlich sind die angeschlossenen Verbraucher mitbetroffen. Durch bislang getroffenen Maßnahmen ist die Bahn des Blitzstromes bereits vorgezeichnet. Der Weg führt zur großzügig ausgelegten Erdung. Für das Installationsnetz gefährliche Teilströme können trotzdem auftreten. Durch die elektromagnetische Kopplung des Hauptstromes entstehen zunächst hohe Spannungen im Installationsbereich, die wiederum Ströme erzeugen. Eine Fülle von Einzelströmen unterschiedlichen Ursprungs gilt es abzuwehren.

Zunächst die 230-Volt-Installation, welche nach den Bestimmungen DIN VDE 0100 Teil 721 auszuführen ist. Ein Teilabschnitt der VDE gibt Auskunft über den elektrischen Potentialausgleich. Der Unterschied der hier geforderten Maßnahme zu den eben beschriebenen besteht nur im Querschnitt der Ausgleichsleitung. Dieser ist für das 230-Volt-Netz geringer. Für die gut ausgerüstete Yacht trifft außerdem zu, daß nach DIN VDE 0100 Teil 413.1.2 Metallteile der „Gebäudekonstruktionen", der Heizungsanlage sowie Wasser-, Gas- und sonstige metallene Rohrleitungen an einen Haupterdungsleiter und Hauptschutzleiter anzuschließen sind.

Auf Yachten und anderen vergleichbaren Wasserfahrzeugen bestehen im allgemeinen über Metallteile sowohl zum Seewasser als auch zu Elektrogeräten direkte, nicht trennbare Verbindungen. Ein gutes Beispiel hierfür ist der Warmwasserspeicher, der sowohl vom Schiffsmotor als auch über einen eingebauten 230-Volt-Heizstab mit Energie versorgt wird. Durch unübersichtliche Verbindungen zum Seewasser sind mögliche Gefahrenquellen, auch ohne Blitzeinwirkung, im besonderen Störfall für die Besatzung durch Berührung im Handbereich (Entfernungen unter 2,5 m) nicht auszuschließen.

Definierte Verbindungen des Schutzleiters zum Blitzschutz-Potentialausgleich sind auf den Schiffen herzustellen, damit speziell im Ausland bei TN-Netzen (das sind genullte Landanschlüsse ohne Verwendung von 10-30 mA Fehlerstrom-

15.E Praxis beim Schutz des Bordnetzes sowie der elektrischen Geräte

Gefahren-bereich: Hand-Fuß, Hand-Hand

aktives Teil (Potential 2)

≥ 2,5m

Erde (Potential 1)

≥ 2,5m

Potential 1   Potential 2

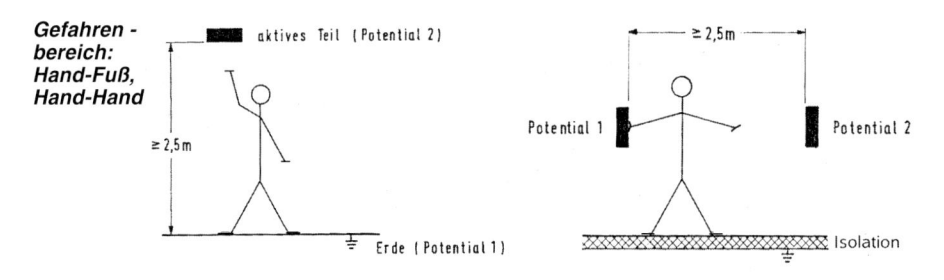

Isolation

schutzschaltern) keine elektrische Durchströmung des Menschen durch einen Fehler in der Landanlage erfolgen kann. Gefährlich wird es, wenn an Bord entweder kein oder ein durch Seewasser in Mitleidenschaft gezogener FI-Schutzschalter eine korrekte Abschaltung des Landanschlusses verhindert. Wiederholt trifft man als langjähriger Segler in den Yachthäfen auf fehlerhaft installierte "Beißende Schiffe", die bei Berührung lebensgefährliche Körperströme verursachen können. Die Eigner, darauf angesprochen, zeigen oft kein Verständnis für die vom fehlerhaft installierten 230-Volt-Netz ausgehende Gefahr. Auch über eine unvorschriftsmäßige Landanschlußleitung kann es - bei nicht VDE-gerechter Installation im Schiff - zu gefährlichen Durchströmungen führen. In Häfen stößt man nicht selten auf zu schwach ausgelegte Netze mit der Folge von Unterspannungen, die zeitweise bis auf 150 V absinken, ehe die Totalabschaltung erfolgt. Der Nulleiter wird dabei natürlich auf Werte über 50 V gegenüber dem Hafenwasser angehoben! Auf abenteuerlichen Winterlagerplätzen kann man

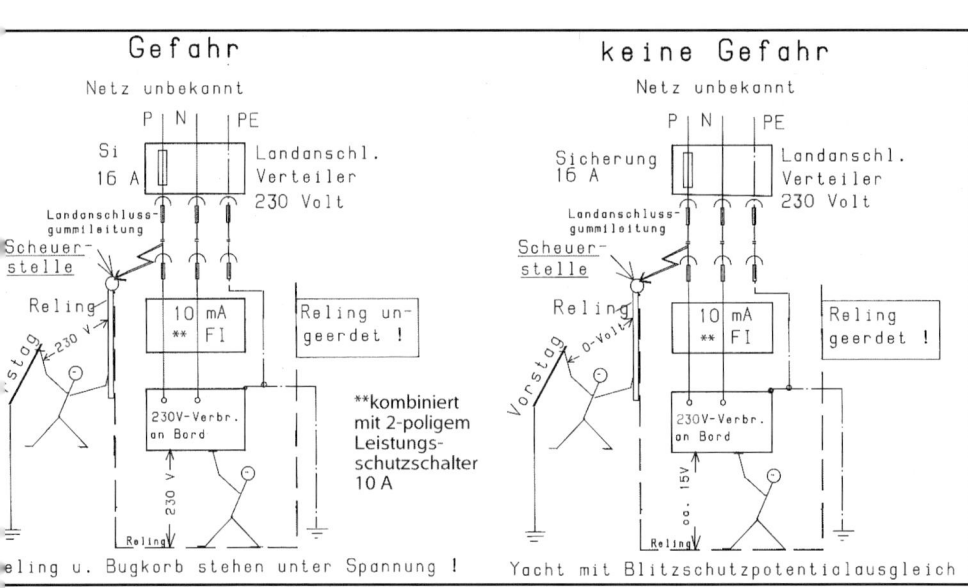

Gefahr — keine Gefahr

Gefahr — Netz unbekannt
- P | N | PE
- Si 16 A
- Landanschl. Verteiler 230 Volt
- Landanschlussgummileitung
- Scheuerstelle
- Reling ungeerdet!
- 10 mA ** FI
- 230V-Verbr. an Bord
- **kombiniert mit 2-poligem Leistungsschutzschalter 10 A
- Reling u. Bugkorb stehen unter Spannung!

keine Gefahr — Netz unbekannt
- P | N | PE
- Sicherung 16 A
- Landanschl. Verteiler 230 Volt
- Landanschlussgummileitung
- Scheuerstelle
- Reling geerdet!
- 10 mA ** FI
- 230V-Verbr. an Bord
- Yacht mit Blitzschutzpotentialausgleich

Situation eines fehlerhaften Landanschlusses: Gefahr! – Keine Gefahr!

15.E Praxis beim Schutz des Bordnetzes sowie der elektrischen Geräte

ähnliches feststellen. Wegen belegter Steckeranschlüsse werden Leitungen gezogen, die mehr als 50 m überbrücken und zum Schluß in einer noch halbvollen Kabeltrommel enden! Selbst ein totaler Aderkurzschluß führt bei "genullten" vorgelagerten Anlagen erst nach einiger Zeit zur Sicherungsauslösung, verbunden mit einem Schutzleiterpotential, das über 50 bis 100 V liegen kann.

Diese Hinweise dienen dazu, die VDE Bestimmungen in Verbindung mit den Blitzschutzmaßnahmen zu beachten und fachmännische Installationen durchführen zu lassen. Wegen der oft vorhandenen Nässe an Bord, ist die Verwendung des bewährten FI-Schutzschalters mit 10 mA Auslösung an geeigneter Stelle zur eigenen Sicherheit erforderlich!

Blitzströme verursachen, wie bereits oben erwähnt, durch elektromagnetische Kopplungen in den verlegten Leitungen erhebliche Spannungen. Je näher diese Leitungen zum Blitzstromweg liegen, um so größer ist die induzierte Spannung. Durch Schirmen mit geeigneten Metallkabelkanälen kann man diese Spannung fast vollständig beseitigen oder mit ungefährlichen Restwerten beim Einschlag leben. Die Größe des Kabelkanals und das verwendete Material sowie die Materialstärke nehmen entscheidenden Einfluß auf den Erfolg einer Schirmung. Bewährt hat sich der verzinkte, nachträglich beschichtete Stahlblechkanal und der noch bessere Kupferblechkanal. Beide sind nachträglich leicht um die Leitungsstränge zu legen und werden mit einem Metalldeckel verschlossen. Billiger wären Metallrohre, die jedoch nachträglich nur an den Leitungsenden verwendet werden können. Oder man schlitzt sie in Längsrichtung und verbindet beide Teile, Unterteil und Oberteil eines jeden Teilstückes mit 10 mm² verzinnter Kupferlitze miteinander. Diese Kupferlitzen werden auch bei Kabelverlegungsarbeiten verwendet und sind über den Elektro-Fachhandel zu beziehen. Wo sich die Möglichkeit einer Verbindung dieser Teilabschnitte mit dem Blitzschutz-Potentialausgleich oder der Erdung ergibt, sollte sie genutzt werden. Eine Vermaschung ist dabei anzustreben, jedoch nicht kreuz und quer im Schiff auf Kosten der Übersicht. Die Verbindungsstellen müssen später bei durchzuführender Revision der Anlage wiederzufinden sein. Bei Neuanlagen sollte man eine Potentialausgleichsschiene schaffen, auf der die einzelnen Stränge aufgelegt (geklemmt) werden können.

Die Schutzwirkung in den Metallkanälen und Rohren wird durch Wirbelströme erzeugt, die in den geschlossenen Kanälen die gewünschte (Ab)Schirmung verursachen. Stahlblechkanäle besitzen dank ihres magnetischen Verhaltens bereits eine eigene Schirmung, ohne daß ein Störstrom den Kanal durchfießen muß. Wird bei sehr großen Strömen im Stahlblechkanal die "Eisensättigung" erreicht, wäre ein Kupferkanal wirkungsvoller. Im Bereich der Hauptableitungen ist daher der Kupferkanal vorzuziehen, aber auch mit höheren Kosten verbunden. Aluminiumkanäle können ebenfalls verwendet werden. Auf Schiffen mit Aluminiumrümpfen sind sie sicherlich zu empfehlen, ansonsten gibt es vielleicht Korrosionsprobleme an den Kontakten. Unter dem auf Deck stehenden Mast besteht zur Erreichung einer guten Schirmung der größte Handlungsbedarf, weil hier der größte Strom fließen kann und viele Leitungen in der Nähe parallel zur

15.E Praxis beim Schutz des Bordnetzes sowie der elektrischen Geräte

Stromrichtung liegen. An dieser besonderen Stelle bietet sich der Einbau eines Metallrohres an, das zugleich die Blitzstromableitung ersetzt. Ein Rohr von 30 bis 35 mm Innendurchmesser und einer Wandstärke von 1,5 mm wird in den häufigsten Fällen den Anforderungen gerecht. Dabei ist der elektrische Nutzquerschnitt ≥ 150 mm². Die wenigen cm der an den Endpunkten zwangsläufig freiliegenden Leitungen bedürfen keiner Metallummantelung. Die in diesen kurzen Abschnitten eingefangenen Spannungen sind gering und richten keinen Schaden im Leitungsnetz an. Zur weiteren Erhöhung der Sicherheit wird auf die Verwendung abgeschirmter Leitungen, die jedoch bei den hohen elektromagnetischen Feldern die Kabelkanäle nicht ersetzen können, hingewiesen.

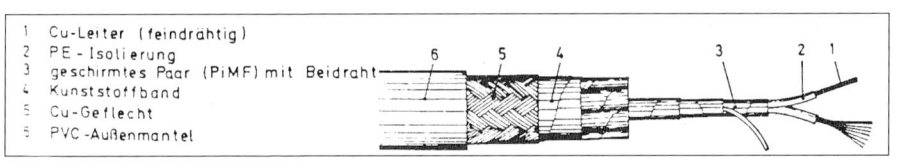

1 Cu-Leiter (feindrähtig)
2 PE-Isolierung
3 geschirmtes Paar (PiMF) mit Beidraht
4 Kunststoffband
5 Cu-Geflecht
6 PVC-Außenmantel

Aufbau einer doppelt geschirmten Leitung

Außerhalb der Kabelkanäle nicht zu schirmende Leitungen werden durch Verdrillung der Adern resistenter gegen elektromagnetische Kopplungen. Die Navigationsecke mit den dort installierten wertvollen Geräten ist ein besonders wichtiger Platz, den es durch Schirmung zu schützen gilt. Es bietet sich an, diese Geräte in einem mit Stahl- oder Kupferblech ausgeschlagenen Geräteschrank unterzubringen.

Auch aus dem weit verzweigten Landanschlußnetz können Blitzströme in das Bordnetz gelangen. An dem Landanschlußpunkt sollte ein passender Überspannungsableiter vorgesehen werden. Besonders für Dauerlieger mit einem ständigen Netzanschluß ist dieser besonders zu empfehlen. Impulsspannungen im Leitungsnetz von einigen 1000 V führen auch in den Bordgeräten zu Schäden.

Folgende selektierte Maßnahmen müssen angewendet werden, um das Leitungsnetz in der 12-Volt- sowie in der 230-Volt-Ebene gegen Blitzstromauswirkungen zu schützen:

1. **Kabelkanäle** sind im gesamten Schiff aus Metall zu verlegen. Sie verhindern das Auftreten zu großer Spannungen zwischen den Adern und der Erdung der Verteilungsanlage.
2. **Überspannungsableiter** verhindern dennoch auftretende Überspannungen. Sie sind auch bei Schirmungen als redundanter zentraler Schutz in der Verteilungsanlage zur Verhinderung von Geräteschäden von großem Nutzen.

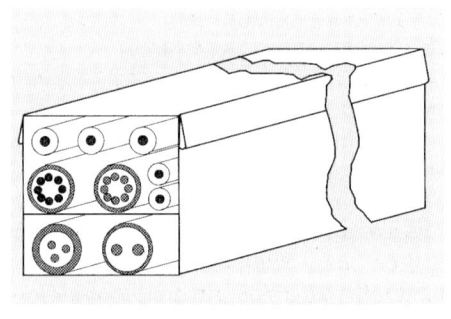

Kabelkanäle

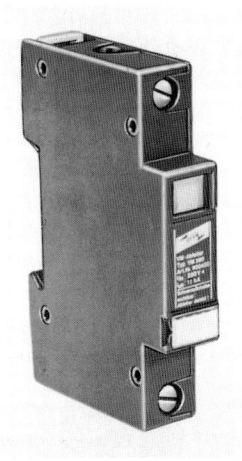

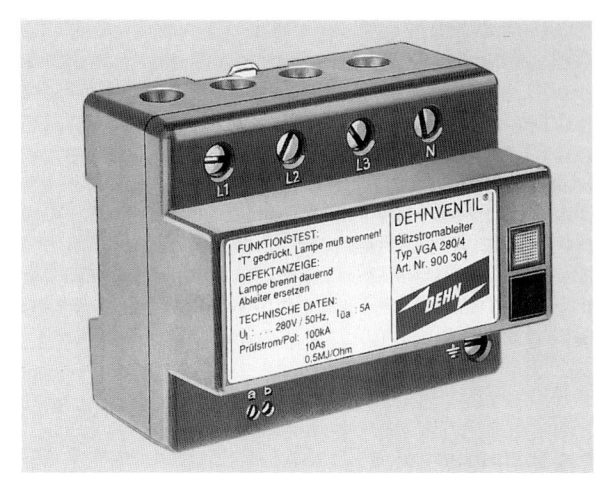

15.E Praxis beim Schutz des Bordnetzes sowie der elektrischen Geräte

Überspannungsableiter VM75   Dehnventil

Blitzstromableiter VGA 280 werden unmittelbar nach dem Landanschluß im Schiff montiert und verhindern das Eindringen unzulässiger Überspannungen aus dem Landnetz: alternativer Einbau an Bord in Stromflußrichtung nach dem Fi-Schutzschalter. Sie beherrschen bei einem Blitzschlag an Bord oder in ein Nachbarschiff die auftretenden Überspannungen, sofern diese nicht bereits über die Schirmung abgefangen wurden.

Ausführungsbeispiel

Unter Berücksichtigung der bereits oben durchgeführten Maßnahmen ist eine Sicherheit von 60% auch für den Schutz der elektrischen Installation und Geräte ausreichend.

Folgende Werte gelten als Bezugsgrößen:
(Werte vom Motorenschutz übernommen)

Blitzstromsteilheit	100	kA/µs	Vgl.Pers.-schutz	150 kA/µs
Blitzspitzenstrom	20	kA	Vgl.Pers.-schutz	150 kA
Stirnzeit	1	µs	Vgl.Pers.-schutz	1 µs
Stromschwanz	100	A	Vgl.Pers.-schutz	200 A
Ladung	50	As	Vgl.Pers.-schutz	300 As
Stoßfaktor Erdung	1		Vgl.Pers.-schutz	1

Die Schutzmaßnahmen beziehen sich auf folgende elektrischen Anlagenteile:

a) 230-Volt-Wechselstromnetz 50Hz   mit fest installierten Verbrauchern
b) 12-Volt-Gleichstromnetz   mit fest installierten Verbrauchern

Ausführungsbeispiel

Zu a) 230-Volt-Netz

Durch einen fest installierten Warmwasserspeicher mit 30 Litern Inhalt, der sowohl durch einen eingebauten elektrischen Heizkörper von 1000 W als auch durch den Motorkühlkreislauf (oder von der Bordheizung) mit Heizenergie versorgt wird, ist auf der Musteryacht eine Trennung der 12-Volt-Anlage vom 230-Volt-Netz nicht möglich. Eine weitere elektrisch leitende Verbindung zur Blitzschutzerde, als gemeinsame Erdung des Schiffes, besteht über den (−) Pol der Batterie, der mit der Masse des Motors Verbindung hat. Der Antriebspropeller, der an den Wellenflanschen isoliert ist, wird über eine Trennfunkenstrecke mit zur Erdung herangezogen.

FI-Schutzschalter 16 A mit 10 mA Auslösung kombiniert, mit aufsteckbarem Überspannungsschutz-Adapter

In den "vermaschten Potentialausgleich" s. Schutz der Bordcrew", der sich über das gesamte Schiff erstreckt, ist auch das 230-Volt-Netz einzubinden. Die technischen Grundlagen hierfür beziehen sich auf die DIN VDE 0100 und DIN VDE 0185. Ein effektiver Blitzschutz erfordert eine gute Erdung, in unserem Fall 0,04 Ohm. Bei der Installation der 230-Volt-Bordanlage wird diese Erdung mit dem Schutzleiter (PE) der Fehlerstrom - Schutzschaltung verbunden. Durch die Zusammenlegung beider Erden wird auch ein Schutz bei fehlerhaftem Landanschluß erreicht. Der Übergabepunkt des Landanschlusses ist an Bord die "Bordsteckerdose". Sie ist spritzwassergeschützt im "Schwalbennest" oder im vorderen Teil des Cockpitaufbaus zu installieren. Eine CEE 16 A Wandsteck(er)dose ist in 3 poliger Ausführung (Farbe blau) nach DIN 49462 mit einer wasserdichten Verschlußkappe einzubauen. Die Zuleitung innerhalb des Schiffes zum 10-mA-Fehlerstromschalter wird mittels schwerer Gummischlauchleitung z.B. HO7 RN F3 G1,5 ausgeführt, um auch mechanische Schäden durch Unachtsamkeit und Scheuerstellen auszuschließen. Für die weitere Verteilung wird die gleiche Leitung verwendet. Der Leitungsquerschnitt ist bei der Größe der Installation des Musterschiffes mit 1,5 mm² ausreichend bemessen. Die Gehäuse fest installierter elektrischer 230-Volt-Geräte werden mit dem Schutzleiter (PE) verbunden, damit auch bei Reparaturarbeiten aller Art an Bord, keine Berührungsspannungen entstehen können. Die eigene Bordanlage muß den Berührungsschutz (über den Bord-FI-Schutzschalter) und den Kurzschlußschutz (über die Absicherung des Bordnetzes mit maximal 10 A) garantieren. Auf der Musteryacht ist zur Verhinderung vom Landnetz ausgehender Überspannungen durch Blitzeinwirkung ein Blitzstromableiter z.B. VGA 280 zum Schutz des FI-Schutzschalters eingebaut. Er ist, in Richtung vom Landanschluß zum Schiff gesehen, an Bord vor dem FI-Schalter zu montieren. Der Ableiter VGA 280 mit einem Ableitstoßstrom von 100 kA ist hierfür ausreichend. Diese Installation ist insbe-

15.E Praxis beim Schutz des Bordnetzes sowie der elektrischen Geräte

sondere für den Dauerlieger mit festem Landanschluß vorgesehen, während im Regelfall der auf dem Abgang des FI-Schutzschalters zu montierende Adapter VA-FI 350 oder alternativ 2 Überspannungsableiter z.b. VM 280 ausreichen.

Zu b) 12-Volt-Verteilungsnetz
Während das Netz für den Motorbetrieb von einer Batterie 110 Ah versorgt wird, speisen 2 parallel geschaltete Batterien mit je 110 Ah in das 12-Volt-Verbrauchernetz ein. Beide Netze können zusammengeschaltet werden. Auch ist es möglich, mit Hilfe einer Schalterkombination nur auf eine gewünschte Batterie zu schalten. Sollte durch einen Störungsfall die Starterbatterie plötzlich ausfallen, können die Netzbatterien sofort die Starterbatterie ersetzen, ohne das irgendwelche Klemmarbeiten notwendig sind. Die Sicherheit, insbesondere in heiklen Situationen, wird dadurch erheblich erhöht. Die Absicherung der Batterien können auf dem Musterschiff folgendermaßen gewählt werden:

Starterbatterie Batterieschutzschalter
oder Schmelzstreifensicherung 160 A (träge)
Bordnetzbatterie Batterieschutzschalter
oder Schmelzstreifensicherung 100 A (träge)

Zum Schutz gegen magnetische Einkopplungen werden die Leitungen beider genannten 12-Volt-Netze in die vorbereiteten Stahlblech- oder Kupferkanäle gelegt, ebenso wie die bereits geschirmten Fernmelde- und Koaxleitungen. Die 230-Volt-Leitungen müssen ebenfalls, allerdings getrennt, in die Kanäle gelegt werden

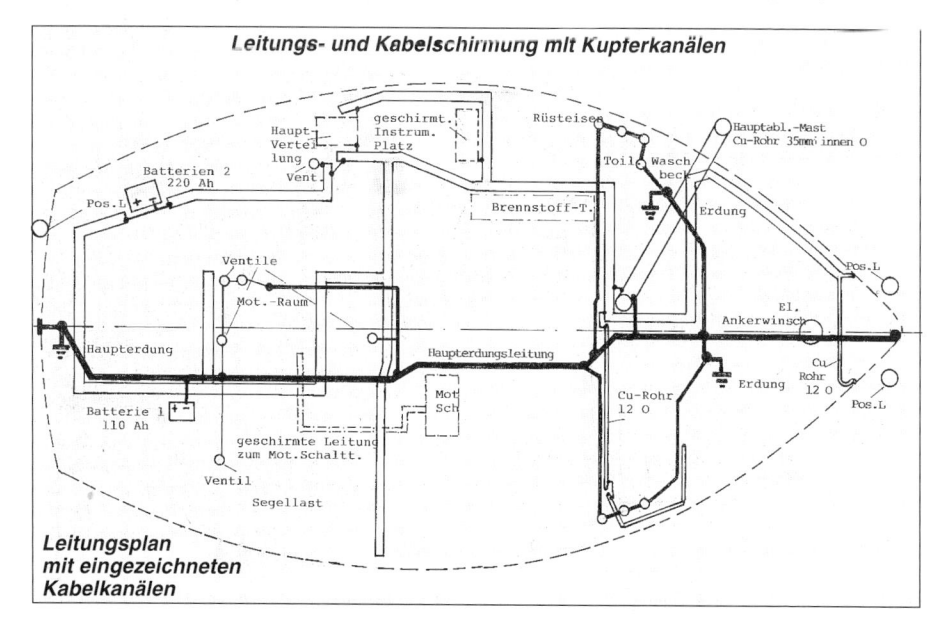

Leitungsplan mit eingezeichneten Kabelkanälen

Ausführungsbeispiel

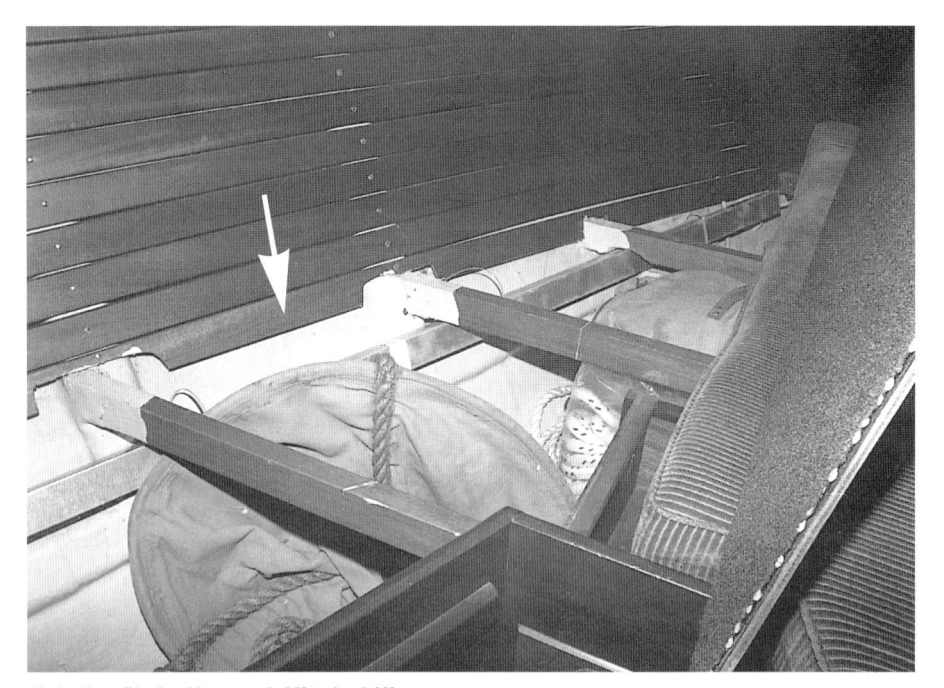

Kabelkanäle im Vor- und Mittelschiff

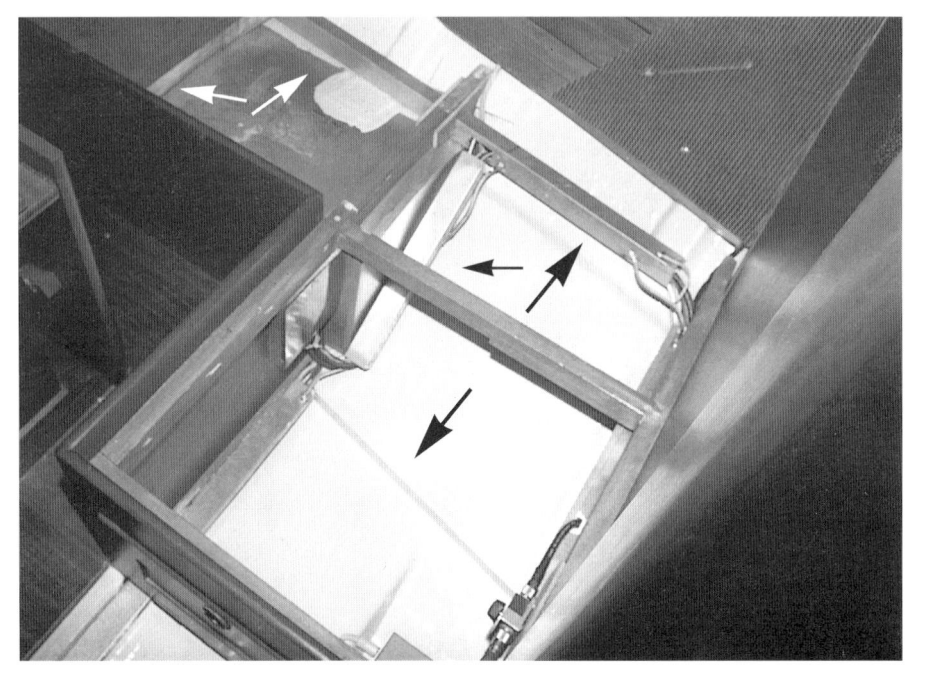

15.E Praxis beim Schutz des Bordnetzes sowie der elektrischen Geräte

Es können Kupferkanäle mit einer Materialstärke von 0,5 - 1 mm oder verzinkte Stahlblechkanäle mit 0,5 mm verwendet werden. Die Größe der Kabelkanäle ist mit den Abmessungen 40 x 40 mm ausreichend bemessen. Spätere Nachverlegungen bereiten bei abgenommenem Deckel keine Probleme.

Ein angenommener Blitzstrom von 20 kA durchfließt einen Teil des Kabelkanals, in dem folgende Spannungen je m entstehen können:

$$U = \frac{1}{56} \cdot \frac{\text{Länge} \cdot \text{Strom}}{\text{Querschnitt}} = \frac{1}{56} \cdot \frac{1 \cdot 20\,000}{160}$$

(Materialstärke = 1mm)

$\underline{U = 2,23 \text{ V/m}}$ (bei Verwendung v. Stahlblech 0,5 mm = 60 V/m)

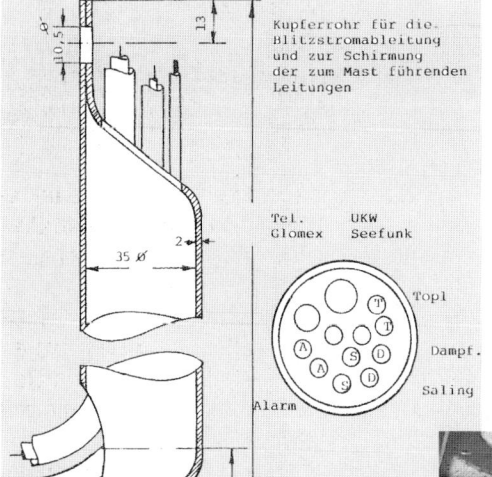

Beide Werte sind unbedenklich, weil es sich nur um kurze Distanzen von einigen Metern im Schiff handelt, die vom Strom durchflossen werden könnten.

Besondere Aufmerksamkeit ist dem Mastbereich zu widmen, weil dort mit maximalen Stromwerten zu rechnen ist. In diesem Leitungsabschnitt kann man vorteilhaft die übliche Kupferableitung NYA 35² durch ein Kupferrohr ersetzen, in dem die vom und zum Mast füh-

oben:
Rohr für die Ableitung unter dem Mast

rechts:
Foto des Rohrs mit eingezogenen Mastleitungen in der Naßzelle einer HR 352

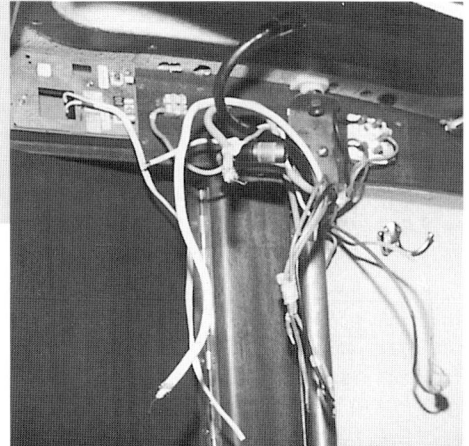

Ausführungsbeispiel

Vorschlag für
die Schrank
abmessungen:

Breite = 45 cm
Höhe = 50 cm
Tiefe = 20 cm

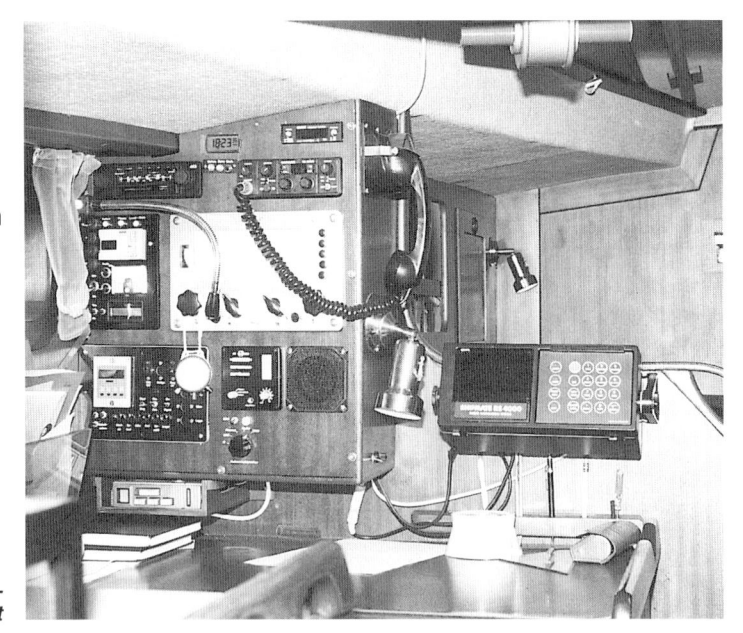

*Schrank-
layout*

renden Koaxkabel, einschließlich der Versorgungsleitungen für die Positionslampen und Windmeßanlage, Platz finden. Die Anschlußpunkte des Kupferrohrs lassen sich leicht herrichten und mit dem Durchführungsbolzen vom Mastschuh verbinden.

Die Verbindung vom Mastfuß zur Haupterdungsleitung erfolgt mit Hilfe eines 35 mm Cu-Rohres (Wandung 1,5 mm). Der Klemmpunkt aller Leitungen liegt an dem Holzquerträger in einem nachträglich aufzusetzenden Schutzkasten. Das Anklemmen der vielen Leitungen wird hierdurch erleichtert. Das Rohr wird mit einem Holzwinkelprofil überdeckt und paßt sich der Maststütze an.

Durch die Schirmung erzielt man in den Leitungsabschnitten einen sehr guten Schutz.

Die Anschlußleitungen für die 12-Volt-Einspeisung der Navigationsgeräte sind in den wenigsten Fällen wirkungsvoll geschirmt noch durch Überspannungsschutzelemente ausreichend gesichert. Diese Geräte können vorteilhaft in einen geeigneten Schrank eingebaut werden. Platz dafür ist in der Navigationsecke vorhanden. Die Schutzwirkung wird durch eine innerhalb des Schranks anzubringende Blechverkleidung erzielt. (s."Elektromagnetische Kopplungen")

Das 12-Volt-Netz wird gegen direkte Teil-Blitzströme mit Hilfe eines Überspannungsableiters VM 75 (an zentraler Stelle in der Stromverteilung) geschützt. Diese Verteilung befindet sich in unmittelbarer Nähe des beschriebenen Schranks. Mit einem Ableitstrom von 10 kA und einer Restspannung, die unter 300 V liegt, ist er in der Lage, neben dem direkten Teilblitzstrom auch andere Restüberspannungen sicher zu begrenzen.

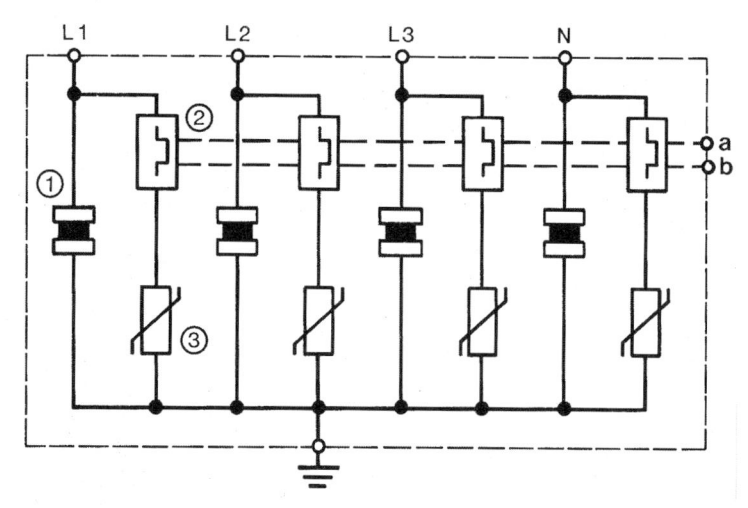

15.E Praxis beim Schutz des Bordnetzes sowie der elektrischen Geräte

Schaltung eines Blitzstromableiters VGA 280, hier 4 polig gezeichnet

Zusammenfassung der Maßnahmen (Musterschiff)

1. 230-Volt-Netz

Der nachträgliche Einbau eines Blitzstromableiters VGA 280 (Dehnventil) vor dem Bord-Fehlerstromschalter sichert die Installation und die Geräte vor Schäden, die ursächlich mit einem Blitzeinschlag auf der Landseite zusammenhängen. Der Landanschluß ist der Träger möglicher Überspannungen. Der nachträgliche Einbau eines dem Fehlerstromschalter nachgeschalteten Überspannungsableiters oder gleichwertigen Adapters VA-FI 350 verhindert Überspannungen im 230-Volt-Bordnetz bei einem Direkteinschlag ins Schiff oder in unmittelbarer Nähe. Die Leistung dieses Ableiters beträgt nur 1/10 des genannten VGA 280. Sie ist für den Schutz ausreichend, wenn sämtliche Leitungen des 230-Volt-Netzes geschirmt in Kabelkanälen verlegt wurden.

2. 12-Volt-Netz

Der nachträgliche Einbau von Kabelkanälen aus verzinktem Stahlblech oder aus Kupferblech verhindert eine elektromagnetische Beeinflussung bei einem Direkt- oder Naheinschlag. Die Kanäle sind im gesamten Schiff zu verlegen und mit der Blitzschutzerde (Gesamterde) zu verbinden. Sämtliche Leitungen, auch die der 230-Volt- und der Fernmeldeseite werden, falls auch eine innere Schirmung der Leitungen gegeneinander gewünscht wird, durch Metallbleche voneinander getrennt. Sonst kann die Trennung durch Isolierstreifen erfolgen. Sie werden mit in die Kanäle gelegt.

3. 12-Volt-Geräte und Motoren

Ausgehend von einem zentral angeordneten allgemeinen Netzschutz (mit Hilfe eines Ableiters VM 75) wird verhindert, daß bei einem Direkteinschlag trotz der Schirmung wertvolle Geräte durch Restüberspannungen beschädigt werden.

Erforderliche Materialien

Anlageteil	Beeichnung	Stück	Abmessungen mm/m	Material Lieferant	Hersteller
Vorschiff	Kabelkanal	1**	40 x 40 x 2,0m	Cu 1mm$^\Delta$	Dahl/Kleinhuis
	Kabelkanal	1**	40 x 40 x 0,5m	Cu 1mm	Dahl/Kleinhuis
	Kabelkanal	1**	40 x 40 x 1,0m	Cu 1mm	Dahl/Kleinhuis
	Kabelkanal*	1**	40 x 40 x 0,7m	Cu 1mm	Dahl/Kleinhuis
		insg.	4,2m		
	Rohr	1	30$\emptyset$ x 1,7m	Cu 1,5mm	Handwerk
Mittelschiff	Kabelkanal	1**	40 x 40 x 2,0m	Cu 1mm	Dahl/Kleinhuis
	Kabelkanal	1**	40 x 40 x 0,5m	Cu 1mm	Dahl/Kleinhuis
	Kabelkanal	1**	40 x 40 x 1,2m	Cu 1mm	Dahl/Kleinhuis
	Kabelkanal	1**	40 x 40 x 1,5m	Cu 1mm	Dahl/Kleinhuis
	Kabelkanal	2**	40 x 40 x 0,8m	Cu 1mm	Dahl/Kleinhuis
	Kabelkanal	2**	40 x 40 x 1,0m	Cu 1mm	Dahl/Kleinhuis
	Kabelkanal	3**	40 x 40 x 0,5m	Cu 1mm	Dahl/Kleinhuis
		insg.	10,3m		
	Rohr	1	20$\emptyset$ x 1,5m	Cu 1,5	Handwerk
	Ventilabl.	1	Dehnventil	VGA 280	Dehn & Söhne
	Kombi-Gerät	#	alternativ	VA-FI 350	Dehn & Söhne
	Übersp.Abl.		alternativ	VM 280	Dehn & Söhne
	Übersp.Abl.	1	f.12-Volt	VM 75	Dehn & Söhne
Motor-Raum	Kabelkanal*	1**	40 x 40 x 1,0m	Cu 1mm	Dahl/Kleinhuis
	Kabelkanal*	1**	40 x 40 x 0,7m	Cu 1mm	Dahl/Kleinhuis
		insg.	1,7m		
Segellast	Kabelkanal*	3**	40 x 40 x 0,5m	Cu 1mm	Dahl/Kleinhuis
	Kabelkanal*	1**	40 x 40 x 1,0m	Cu 1mm	Dahl/Kleinhuis
		insg.	2,5m		
Durchgang	Kabelkanal	3	40 x 40 x 0,5m	Cu 1mm	Dahl/Kleinhuis
	Kabelkanal*	1**	40 x 40 x 0,4m	Cu 1mm	Dahl/Kleinhuis
		insg.	1,9m		
Achterschiff	Kabelkanal*	1**	40 x 40 x 0,8m	Cu 1mm	Dahl/Kleinhuis
	*	1**	40 x 40 x 0,9m	Cu 1mm	Dahl/Kleinhuis
		insg.	1,7m		
	Litze	10m	10mm^2	verz.Cu	Handwerk

\# läuft aus
*alternativ geschlitztes Cu-Rohr
**alternativ verzinkte Stahlblechkanäle. Aluminium mit Einschränkung aus Korrusionsgründen
$^\Delta$die Wandstärke für Kupfer-Kabelkanäle: 0,5 ÷ 1 mm
$^\Delta$die Wandstärke für Stahl-Kabelkanäle: 0,5 mm

15.E Praxis beim Schutz des Bordnetzes sowie der elektrischen Geräte

Kostenrichtwerte

1. 230-Volt-Netz
Der Einbau eines Steckmoduls bei vorhandenem FI-Schutzschalter erfordert die geringste Zeit.

Demontage des Fi-Schutzschalters, Lösen der Verklemmung	30 min
Montage des Aufsatzes einschließlich Verklemmung	10 min
Herstellen des ursprünglichen Zustandes	20 min
Alternativer Einbau des Blitzstromableiters VGA 280	+(45)min
Zwischensumme =	**105 min**

2. 12-Volt-Netz
Verlegung von insgesamt 27 Stck Kabelkanälen in Einzelteilen

Lösen der Leitungsbefestigungen pro Meter = 5 min	22 m =	110 min
Herrichten d.Kabelkanalauflagen pro Meter =10 min	22 m =	220 min
Kanal auf Länge schneiden pro Stück = 3 min	22 Stck =	66 min
Pro Kanal 2 Befestig.-Schrauben pro Stück = 5 min	54 Stck =	270 min
Leitungen einlegen, Litze anschl.pro Stück = 10 min	27 Stck =	270 min
Rohr 35 mm ⌀ aus Cu nach Zeichnung anfertigen		45 min
Rohr wie vor an der Schottwand befestigen		30 min
Leitungsenden einziehen		10 min
vergrößerte Abdeckung für Cu-Rohr aus Holz anpassen und einbauen		60 min
Rohr 20 mm ⌀ aus Cu einbauen		35 min
Einbau eines Überspannungsableiters VM 75		35 min
Zwischensumme =		**1116 min**
Unvorhergesehenes ca 10% =		**130 min**
Gesamtsumme =		**1351 min**

Gesamtzeitaufwand etwa 22 Arbeitsstunden ohne Arbeitsvorbereitungszeit und Maschinenrüstzeit

Maßnahmen für andere Wasserfahrzeuge

Zusätzliche Maßnahmen:
Wenige Yachten ähnlicher Bauart und Größe verwenden von 12 Volt abweichende Bordspannungen. Vereinzelt trifft man auf 24-Volt-Anlagen. Hauptsächlich auf Motoryachten ist es oftmals sinnvoll, diese Spannung zu wählen. Bei gleicher zu übertragender Leistung wird bei Verdoppelung der Spannung der Strom auf die Hälfte reduziert. Dadurch stellt sich ein um 50% geringerer Spannungsfall ein. Es ist daher möglich, bei gleichem Querschnitt unter gleicher Güte der Versorgung die 4 fache Leistung zu übertragen. Die Schwierigkeiten liegen für den Schiffsbetrieb in der richtigen Auswahl der Schalter und der Relais, weil bereits bei 24 V und geringem Kontaktabstand gezündete Lichtbögen stehen bleiben und im Vergleich zu 12-Volt-Anlagen (bei Außerachtlassung dieser Eigenart) Kabel- und Kontaktbrände wahrscheinlicher sind. Das Angebot von Blitzschutzgeräten für 24 Volt-Netze ist größer als das für solche mit 12-Volt. Auf großen Yachten mit weitaus größerem Energiebedarf werden die Versorgungsnetze sogar mit 110 V Gleichspannung oder 230/400 V Drehstrom betrieben. Dort muß besonders auf den Potentialausgleich geachtet werden, allein schon wegen des hohen Spannungsniveaus.

Blitzschutzanlagen lassen sich auf großen Yachten - bei gleichem Effekt - sehr viel leichter konzipieren als auf kleineren. Der größere Platz dafür verbilligt auch die Montagearbeiten. Beispielsweise kann auf solchen Wasserfahrzeugen eine jederzeit kontrollierbare Potentialausgleichschiene montiert werden. Die einzelnen Teilerdungen und Potentialausgleichsleitungen sind dort an den markanten Stellen aufgelegt. Auch die Überspannungsableiter erhalten für die einzelnen Bereiche einen speziellen Platz, der jederzeit eine Besichtigung erlaubt.

Die Schutzmaßnahmen gegen gefährliche Körperströme sind dann nach DIN VDE 0100 leicht zu überprüfen.

Auf sehr großen Yachten wird oft am Landanschlußpunkt ein General-FI-Schutzschalter den folgenden in den Stromkreisen vorgeschaltet, damit bei Störungen nur eines Netzteiles des Wasserfahrzeuges, kein Totalausfall entsteht. Im Anhang werden einige Beispiele aufgeführt. Diese Yachten erfüllen die VDE-Vorschriften und wurden werftseitig mit einer redundanten Blitzschutzanlage versehen. Andere Yachten mit Schiffsrümpfen aus elektrisch leitenden Werkstoffen, wie Stahl und Aluminium oder vereinzelt auch Bronze, besitzen bereits eine gute Schirmung durch den Metallrumpf. Die elektrischen Anlagen bei derar-

Befestigungsbeispiel der Blitzstromableiter VM

15.E Praxis beim Schutz des Bordnetzes sowie der elektrischen Geräte

tigen Yachten werden kaum durch den Blitzstrom mit seinem ihn umgebenen elektromagnetischen Feld beeinflußt. Besteht das Deck der Yacht ebenfalls aus leitendem Material, so kann nur ein Blitzstrom durch noch vorhandene "Löcher" auf seinem Weg über im Mast liegende Leitungen sowie über Antennenzuleitungen Schäden in der Installation verursachen. Nur bei Aufbauten aus Holz oder Kunststoff sind trotz des Metallrumpfes Schäden der Installation zu befürchten, weil sich in Mastnähe oder an anderen Fangeinrichtungen große elektromagnetische Felder aufbauen, die dort die Installation beschädigen können. Metallkabelkanäle und ein Überspannungsschutz für das 230- und 12-Volt-Netz sind dann nötig, wenn sich größere Teile der Installationen außerhalb des geschirmten Rumpfes befinden. Die Herabsetzung gegenseitiger Beeinflussung verschiedener Bordnetzstromkreise durch eigene Störfelder (EMV= Elektro-magnetische Verträglichkeit) kann in den Kabelkanälen (durch Abschottung der störenden Leitungen mittels Stahlblecheinlagen) erreicht werden. Eine einfache Maßnahme, die eine verabsäumte Leitungsschirmung leicht ersetzen kann. Damit keine Korrosion an den Anschlußpunkten der Leitungsnetze (zwecks Erdung am Rumpf) entsteht, sollten Anschlußlaschen am Stahlrumpf aus Nirosta verwendet werden. Am Aluminiumrumpf benutzt man Al-Cu-Kabelschuhe oder Al-Cu-Bleche (dazwischen zu legende Bleche). Der Schutzleiter "PE" ist ebenfalls auf diese Weise dauerhaft und elektrisch leitend mit dem Metallrumpf oder der Erdsammelleitung zu verbinden. Klemmstellen müssen mit säurefreier Vaseline vor Korrosion geschützt werden.

Probleme entstehen auch bei Landanschlüssen durch Korrosion am Schiffsrumpf. Der mitgeführte Schutzleiter des 230-Volt-Netzes "PE" überbrückt verschiedene Potentiale, die standortbedingt sind. Zu schwache, dem Hafennetz vorgelagerte Netze bzw. durch lastabhängige Sternpunktanhebungen, Bodenbeschaffenheiten (unterschiedliche PH-Werte), auch Gleichstromeinflüsse an manchen Hafenpiers, verursachen über den angeklemmten "PE" Ausgleichströme, die sogar die Funktion des Fehlerstromschalters beeinträchtigen können. Nach DIN VDE 0100 ist diese Gleichstrombeeinflussung zu vermeiden, denn bereits ein Gleichstromanteil von nur 50 mA erhöht den Auslösestrom eines 30-mA-Schalters auf 40 mA, der eines 100 mA Gleichstromanteils den Auslösestrom auf 70 mA!. Das bedeutet, daß ein solcher Schutzschalter seine Funktion nicht mehr erfüllen kann, wenn der Gleichstrom den Ringkern des Schalters mitdurchflutet. Was ist zu tun ?

1. Trenntrafo

Zunächst bietet sich die totale Trennung von Bord- und Landnetz mittels eines Trenntrafos an, bei dem nach DIN VDE 0550 Teil 3 folgende Grenzdaten einzuhalten sind:

- **Leistung maximal 4 kVA**
- **Ausgangsstrom maximal 16 A**
- **5 kV Isolation bei Schutzklasse II**

Maßnahmen für andere Wasserfahrzeuge

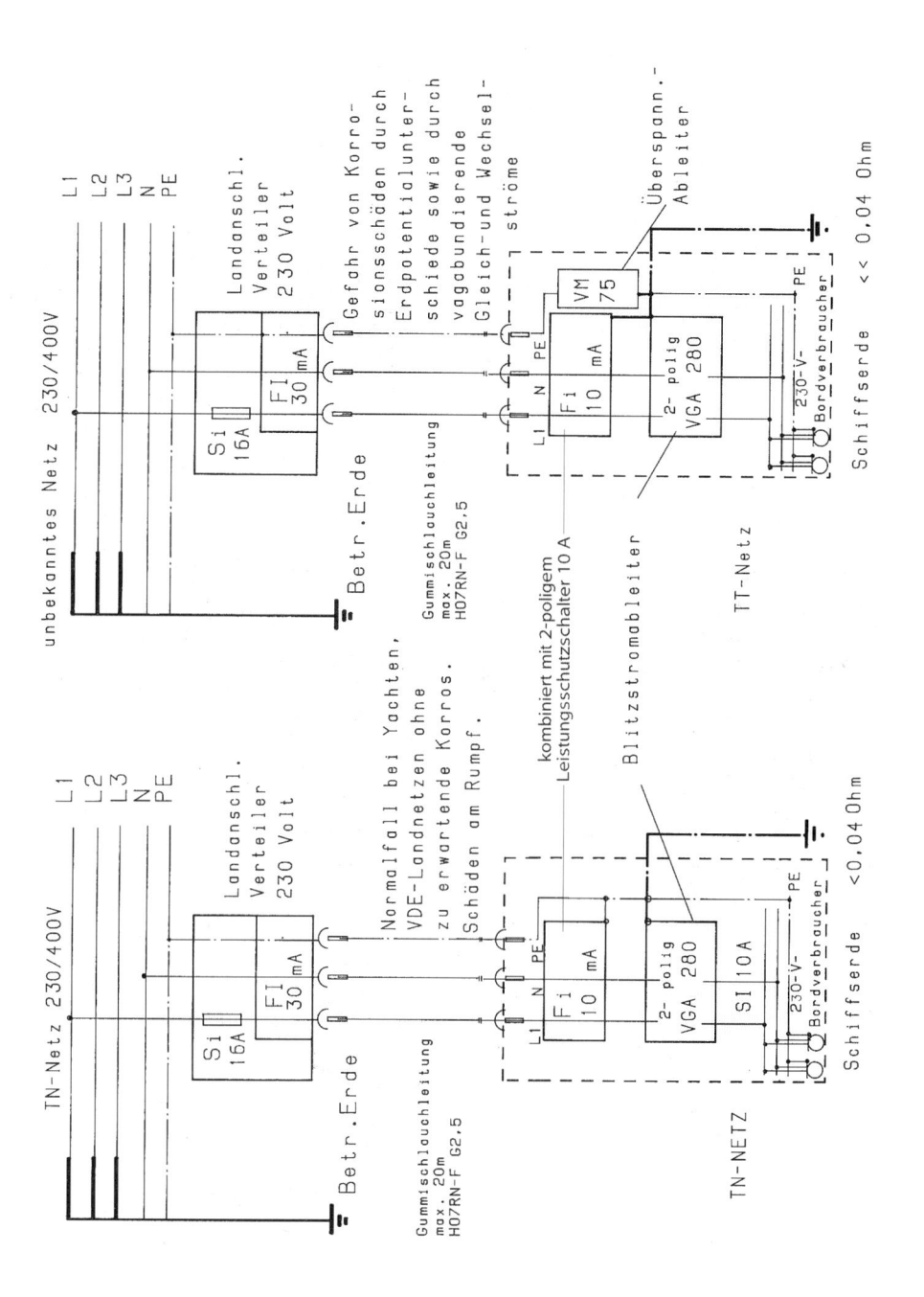

Landanschluß zur Verhinderung akuter Korrosion am Rumpf nach DIN VDE 0100

15.E Praxis beim Schutz des Bordnetzes sowie der elektrischen Geräte

Nachteil: Es darf nur 1 Verbraucher angeschlossen werden.
Der Trafo ist zu schwer und zu groß für kleine und mittlere Boote.
Der Trafo ist zu teuer.
Unbemerkte Beschädigung der Isolation durch Blitzeinwirkung und Feuchtigkeit beeinflussen die Sicherheit.

2. TT-Bordnetz

Der auf dem Metallschiff bereits vorhandene totale Potentialausgleich (einschließlich der elektrischen Verbraucher) führt - bei hervorragender Anlagenerdung als Blitzschutzerde mit Werten unter 0,05 Ohm - auch beim Kurz- oder Erdschluß im oder am Schiff zu keiner nennenswerten indirekten Berührungsspannung. Der zusätzlich eingebaute FI-Schutzschalter schützt gegen Gefahren einer direkten und indirekten Berührung durch Abschaltung, unabhängig von der Konzeption des Landnetzes. Durch das getrennte TT-Bordnetz mit Schutzleiter, Potentialausgleich und Erdung werden den Schutz beeinträchtigende Gleichspannungen vom Landnetz sowie die Korrosionen am Rumpf, Elektogeräten und Speichern vermieden.

Nachteil: Im aufgelegten Zustand des Schiffes (Winterlager bzw. Slip) ist ein separater Anschluß der Werft über einen externen FI-Schutzschalter zu verwenden, weil die nötige Schiffsanlagenerdung, nämlich das Meerwasser, fehlt.

Auch bietet das TT- Netz an Bord bei größeren Kunststoff- und Holzschiffen im Zusammenwirken mit der Blitzschutzanlage sehr große Vorteile. Es sollte nur dann zur Korrosionsverhütung an den Metallteilen und elektrischen 230-Volt-Boilern/Speichern (z.B. bei Dauerliegern mit festen Landanschlüssen) eingesetzt werden, wenn:
1. **Der totale Potentialausgleich im Schiff durchgeführt wurde.**
2. **Die Gesamterdung (Blitzschutzerde) des Rumpfes bei 0,04 Ohm – im Seewasser gemessen – liegt.**
3. **Ein Fi-Schutzschalter mit 10mA Auslösestrom eingebaut wird.**
4. **Ein 2-poliger Leistungs- oder Kombischalter 10 A eingebaut wird.**
5. **Sichergestellt ist, daß im "Winterlager oder im aufgelegten Zustand" die speziell für den Wasserliegeplatz an Bord benutzte CEE Steck(er)dose nicht benutzt wird. Ein Hinweis an diesem Übergabepunkt zum Landanschlußkontakt ist anzubringen.**

Eine neue DIN VDE 0100 Teil 709 nach JEC 64 (CO) 207 ist in Vorbereitung und ersetzt ggf. die Passagen zu „1. Trenntrafo u. 2. TT-Netz".

Kunststoff- und Holzschiffe verursachen den größten Aufwand zur Verhinderung von Schäden im elektrischen Bordnetz. Den Vorteil der Rumpfisolation kann man nicht zur Verhinderung gefährlicher Spannungen nutzen. Denn die Isolation schützt nicht vor elektromagnetischer Kopplung zwischen dem Blitzstrom und dem Bordnetz. Nach den Schadensmeldungen über einen Direkteinschlag in Yachten wird nicht nur der Ausfall der gesamten Elektrik beklagt, sondern auch vom Leitungsbrand gesprochen, so daß die Yacht für längere Zeit nicht mehr fahrtüchtig ist.

Maßnahmen für andere Wasserfahrzeuge

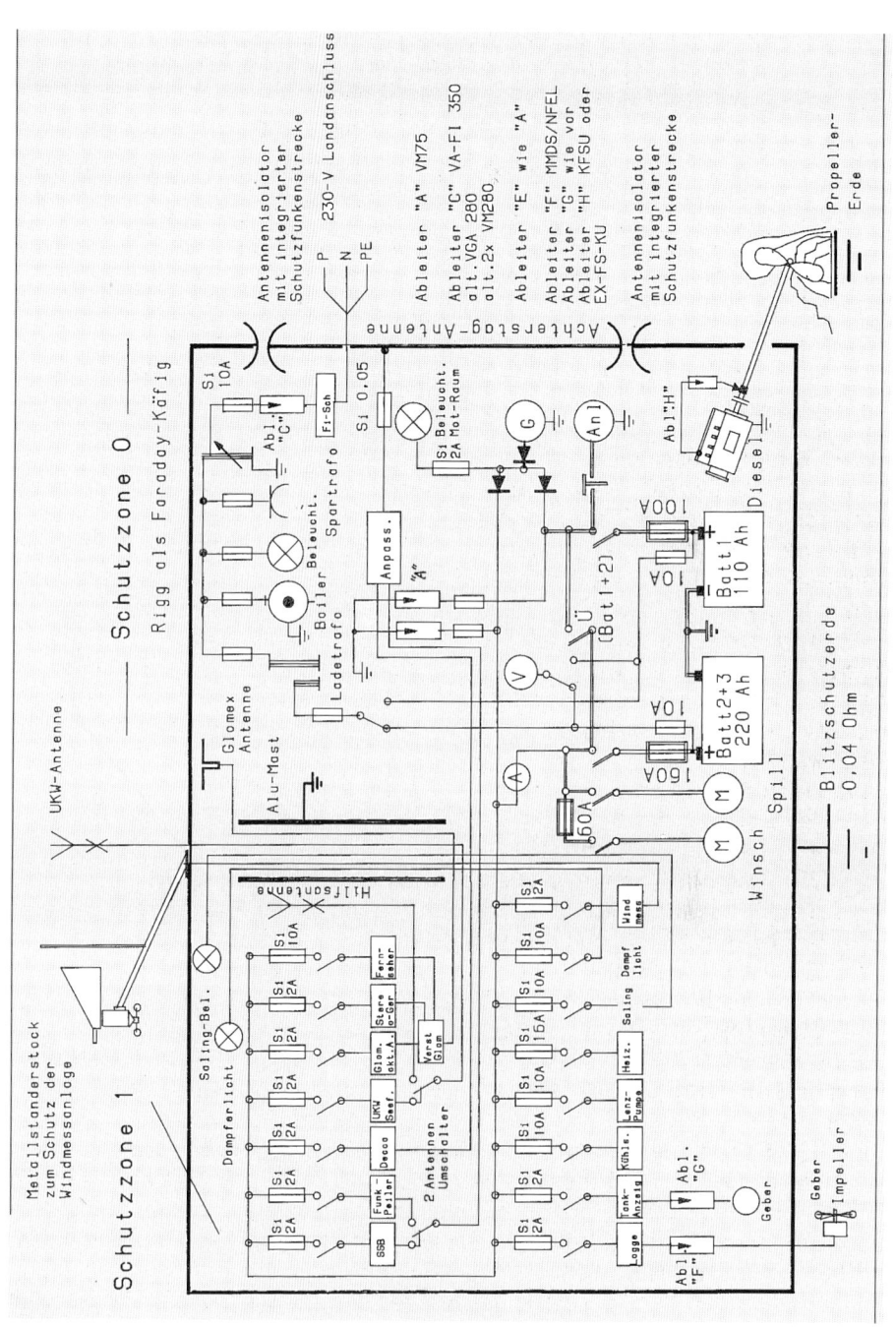

Netzschaltbild über bisher getroffene Blitzschutzmaßnahmen

15. F Praxis beim Schutz der Funk- und Fernmeldeanlagen

Ein "Verschippern" in der Navigation nicht so geübter Wassersportler gehört heute der Vergangenheit an. Um so wichtiger ist der Schutz empfindlicher Geräte wie Decca, Loran, GPS, Peilempfänger, Logge, Echolot, Radar, sowie UKW Telefon und anderer Bordgeräte gegen Blitzschäden. Preiswerte Geräte besitzen oft keine ausreichende Schirmung gegen starke elektromagnetische Wechselfelder beim Naheinschlag. Auch bei Fernentladungen, dem "LEMP", können Geräteschäden verursachende Spannungen auftreten. Wenn eine Vertragswerkstatt in der Nähe ist, kann der Schaden bei ausreichender Lagerhaltung zumeist schnell behoben werden. Anders sieht es aus, wenn der Schaden auf See entsteht und man auf die Navigationsgeräte angewiesen ist. Dann ist guter Rat teuer. Ein Beispiel (Sommer 91 im dänischen Hafen Juelsminde) mag die Situation verdeutlichen:

Ein Gewitter zog auf und verursachte bei einem Oldtimer einen Mastbruch. Auf den im Hafen liegenden Sportbooten bemerkte man augenscheinlich nichts. Erst am nächsten Tag, bei Aufbruchstimmung stellte man auf den Booten den Ausfall elektronischer Geräte, wie Windmeßanlagen, Echolote und Decca- Navigationsgeräte, fest. Der etablierte Decca Kundendienst war mit den Reparaturarbeiten wohl überfordert, so daß viele Skipper aus Zeitgründen auf die Benutzung ihrer unentbehrlich gewordenen Decca-Geräte verzichten mußten. Ganz zu schweigen von den erforderlichen Reparaturen an den anderen Geräten.

Metallschiffe und Yachten mit Blitzschutzeinrichtungen beeinträchtigten durch Schleifenbildung im Rigg Funk- und Funkpeilbetrieb erheblich. Deshalb wurden bruchsichere Riggisolatoren entwickelt, die sowohl die Riggbelastungen aufnahmen als auch durch eine integrierte Schutzfunkenstrecke die Schaffung eines Faraday-Käfigs ermöglichten. Somit wurde der Funkpeilbetrieb auf den obengenannten Schiffen und Yachten effektiver und störungsfrei.

Riggisolation

15.F Praxis beim Schutz der Funk- und Fernmeldeanlage

Die Technik hält an Bord weiterhin Einzug mit Neuerungen, wie Wetterkartenschreibern, Radargeräten und Kleincomputern mit angeschlossenen Plottern, so daß u.a. eine lückenlose Wiedergabe des Schiffsweges als Logbuchersatz zu Papier gebracht werden kann. Durch die Häufung von ungeschirmten elektronischen Bordgeräten, kann eine gegenseitige elektromagnetische Beeinflussung entstehen. Man bezeichnet dieses Phänomen als "EMV" (Elektromagnetische Verträglichkeit). Sie schadet den Geräten zwar nicht, wird aber als sehr lästig empfunden. Lichtmaschinen, Kompressorkühlschränke, Leuchtstoff-Lampen, um nur einige Verbraucher zu nennen, verursachen oft in den Versorgungsleitungen Wechselspannungen, die in den Geräteeingängen nicht gesiebt werden. Windmessanlagen können, mit Wechselspannung betrieben, trotz geringer Ströme von wenigen Milliampere – über nicht abgeschirmte Leitungen – EMV-Störungen hervorrufen. Weil ein Teil dieser Beeinflussungen auf elektromagnetische Kopplungen wie beim Blitzschlag zurückzuführen ist, kann durch die Blitzschutzmaßnahme "Schirmung" weitgehend Abhilfe geschaffen werden. Die außerhalb des Faraday-Käfigs zwangsläufig montierten Antennen sind dem Blitzschlag ausgesetzt und demzufolge die Geräte gefährdet. Das Beispiel in Juelsminde zeigt dies. Gegen den direkten Blitzschlag ist die auf dem Masttopp montierte UKW-Antenne nicht bemessen. In der Regel bleibt nach einem solchen Einschlag nichts übrig, was verwendbar wäre. Eine Schutzmöglichkeit hierfür gibt es nicht. Man kann nur durch eine Abschottung mit Hilfe geeigneter Grobschutzgeräte den Blitzstrom umleiten. In der Praxis montiert man vor dem Stabantennenanschluß den ersten Überspannungsgrobschutz (ÜGK). Nach einem Einschlag ist damit noch nicht die Funktion des UKW-Gerätes wiederhergestellt (Antennenverlust). Aber weiterer Schaden auf dem Weg zum UKW-Gerät wird vermieden.

Mit einer unter Deck an einem möglichst hohen Punkt zu montierenden Zweitantenne (vorteilhaft als Wendelantenne) könnte dann mittels Antennenumschalter ein auf geringere Reichweiten begrenzter Funkbetrieb aufgenommen werden. Diese Umschaltmöglichkeit ist sicherlich keine Fehlinvestion. Bereits vor einem herannahenden Gewitter kann der Funkbetrieb auf die unter Deck montierte Antenne aus Sicherheitsgründen umgeschaltet werden. Der Schalter ist so konstruiert, daß die nicht benutzte Antenne an diesem Punkt auf "Erde" geschaltet wird. Weiterer Vorteil: Auch bei gelegtem Mast oder bei einem Mastverlust bleiben die Funkverbindungen bestehen.

Antennenumschalter mit Erdungskontakt

15.F Praxis beim Schutz der Funk- und Fernmeldeanlage

Dies trifft gleichermaßen auf die seit einigen Jahren gefertigten kompakten Mehrzweckantennen zu, die als Stabantenne konzipiert, auf dem Masttopp montiert werden. Beim Ausfall dieser Antenne durch Blitzschlag oder durch intensive elektromagnetische Kopplung (bei einem Naheinschlag) ist dann der gesamte Funk-Empfangs- und Decca-Navigationsbetrieb nicht mehr möglich. Man wird darüber nachdenken müssen, wie eine bezahlbare Ersatzlösung zu finden ist. Die Kompaktantennen arbeiten mit einer ausgefeilten Elektronik. Leider sind sie für die meisten Skipper zu teuer, um eine als Ersatz mitzuführen. Zu bedenken ist auch, daß auf See im Masttopp nicht repariert oder ausgewechselt werden kann. Mit kleinen Empfangseinbußen und Konzessionen an die UKW-Reichweite, ließe sich aus der Sicht des Blitzschutzes, für diese wertvolle Antenne ein geschützterer Platz auf der Saling finden. Durch Isolation des Riggs an dieser Stelle, könnten weitere Verbesserungen erzielt werden. Der Verfasser benutzt seit 10 Jahren eine auf der Saling montierte Fernseh-Aktivantenne mit Rundfunkempfangsteil. Die Empfangsverhältnisse sind gut.

Eine weitere Antenne, das Achterstag, hat eine Doppelfunktion zu übernehmen. Als Teil des Schutzkäfigs muß sie im Ernstfall auch den vollen Blitzstrom ableiten können. Bereits beim "Schutz der Bordcrew" wurde auf die besondere Funktion des Stags zum Schutz des Rudergängers hingewiesen. Aus diesem Grund muß das Achterstag durch hochwertige Isolatoren mit eingebauter Schutzfunkenstrecke isoliert werden. Dadurch wird der Antenneneingang am Abgriff bereits durch diesen Grobschutz abgesichert, ohne daß der Ableitvorgang des Blitzstromes gestört wird. Mittels eines Überspannungsfeinschutzes, z.B. Blitzductoren oder Gasentladungsableiter + Feinsicherung, gelangen dann nur noch geringe Restspannungen ungefährlicher Art an den Antenneneingang des Gerätes, weil im Überlastungsfall eine Feinsicherung die Antenne vom Gerät trennt. Ein zusätzlicher Schutz! Der Zeitverlust durch Auswechslung der Sicherung ist auf einer Yacht mit relativ geringer Geschwindigkeit für die Standortermittlung bedeutungslos. Im folgenden Abschnitt wird auf Schutzmaßnahmen eingegangen, die den unterschiedlichen Geräten gewidmet sind:

1. Grobschutz im Antennenbereich
2. Feinschutz im Antennenbereich
3. Erweiterter Einsatz geschirmter Leitungen
4. Schirmung von Geräten und Datenübertragungswegen
5. Erweiterter netzseitiger Schutz, falls die unter "15.E" getroffenen Maßnahmen nicht ausreichen
(Anschluß besonders wertvoller und wichtiger Geräte)

Ausführungsbeispiel

Für die Funk-und Fernmeldeanlagen genügt wegen der Summe bereits getroffenen Schutzmaßnahmen eine Sicherheit von 50%.

Bezugsgrößen sind:

Blitzstromsteilheit	80 kA/µs	Vgl.Pers.-schutz	150 kA/µs
Blitzspitzenstrom	10 kA	Vgl.Pers.-schutz	150 kA
Stirnzeit	1 µs	Vgl.Pers.-schutz	1 µs
Stromschwanz	100 A	Vgl.Pers.-schutz	200 A
Ladung	10 As	Vgl.Pers.-schutz	300 As
Stoßfaktor Erdung	1	Vgl.Pers.-schutz	1

Elektronische Geräte auf der Yacht sollen sowohl gegen Überspannungen aus dem Bordnetz nach einem Direkteinschlag als auch gegen elektromagnetische Einkopplung bei einem Naheinschlag geschützt werden. Dazu gehören:

1. UKW-Seefunk mit Toppantenne und separater Hilfsantenne unter Deck
2. Funkpeiler Typ Ramert mit Grenzwellenteil (Wetterbericht)
3. Decca-Navigator Typ Shipmate 4000
4. Rundfunkgerät Typ Autoradio für die allgemeine Wetterlage
5. Logge mit elektronischem Geber
6. Echolot mit innenliegendem Geber
7. Windmeßanlage für Windrichtung und Windgeschwindigkeit
8. Selbststeueranlage mit Abgriff am Kompaß und Windmeßanlage
9. Gegensprechanlage,insbesondere für Nebel-und Achtungssignale
10. PC-Sharp 1600 mit 4-Farben-Plotter zum Aufzeichnen des Schiffsweges (Astronavigation, Peilungen, Datenspeicher)
11. Fernseh-Empfänger, u.a. für die allgemeine Wetterlage
12. Tankanzeigen, stellvertretend für andere installierte Anzeigen über Bilgenwasserhöhe, Kühlwasser usw.

Der Basisschutz auf der Energieseite dieser Geräte wurde im vorangegangenen Kapitel ausgewählt. Ein Überspannungsableiter VM 75 übernahm diesen Schutz. Darüber hinaus sorgen in Metallkabelkanälen verlegte Leitungen, vereinzelt mit zusätzlicher Leiterschirmung, für die Sicherheit gegen Überspannungen aus dem Bordnetz. Besonders wichtige Geräte werden zusätzlich unmittelbar vor ihrem Netzeingang mit einem Minimodul geschützt. Dieser zusätzliche Schutz wird in der Beschreibung der zu treffenden Maßnahmen mit angesprochen.

15.F Praxis beim Schutz der Funk- und Fernmeldeanlage

Zu 1. UKW - Seefunk mit Toppantenne und separater Hilfsantenne

a) Antennen
Die am Masttopp montierte UKW-Antenne ist ungeschützt und kann auch nicht geschützt werden. Bei einem Einschlag in den Masttopp schmilzt sie. Ein erheblicher Schutz könnte durch die Montage auf der Saling erreicht werden, verbunden mit einem Reichweiteverlust von etwa 17 auf 12 sm bei Schiff- zu Schiff- Gesprächen und gleichen Antennenhöhen (Kürzung der Antennenhöhe von ursprünglich 16m auf 8m). Das errechnet sich aus der Formel für die Reichweite:

Reichweite in sm :

$$\text{Reichweite} = \frac{25}{12} \cdot (\sqrt{H1} + \sqrt{H2})$$

$$\text{Reichweite} = 2{,}0833 \cdot (\sqrt{8} + \sqrt{8})$$

$$\text{Reichweite} = 11{,}78 \text{ sm}$$

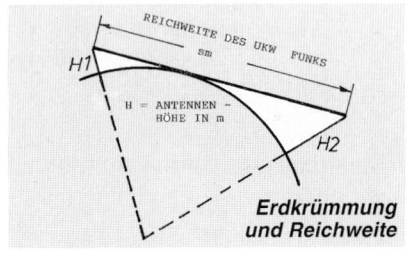

Erdkrümmung und Reichweite

Der Reichweiteverlust mit Küstenfunkstellen ist unerheblich. Er läge bei etwa 2 sm. Die Alternative, den Funkbetrieb mit einer unter Deck installierten Hilfsantenne wieder aufzunehmen zu können, wurde genutzt. Auf der Musteryacht ist der Antennenumschalter Hochantenne - Tiefantenne unter dem Ecksitz im Salon (in Mastnähe) untergebracht, was sich bewährte.

b) Koaxkabelverbindungen
Am Masttopp wurde ein Grobschutz direkt am Antennenanschluß und ein weiterer Grobschutz am Steckanschluß unter Deck montiert. Der Grobschutz wird unter der Bezeichnung ÜGK/U geführt.

Durch diese redundante Maßnahme wollte man sicher gehen, daß der mögliche Blitzstrom spätestens an der Schnittstelle Mast-Schiff zur Erde abgeleitet wird. Die hier dargestellte elektrische Abhängigkeit der Teilströme zum Hauptblitzstrom kann auch auf andere Schiffstypen mit anderen Masten bezogen werden. (s. folgendes Bild).

Es stellt sich die Frage ob bei einem Blitzschlag in den Aluminiummast der Teilstrom (im Schirm der Antennenzuleitung) den Schirm des Koaxkabels mit einem Materialquerschnitt von 2,5 mm² durch Erwärmung beschädigen kann?

Von 2 Stromabschnitten des Blitzstromes wird ausgegangen. Der erste betrifft die Anstiegsphase innerhalb der ersten µs, wobei sich die Steilheit für diesen Abschnitt auf 1 µs bezieht. Die Erwärmungsphase ist aus Sicherheitsgründen auf 10 µs verlängert. In diesen Teil der Berechnung gehen nur die induktiven Widerstände ein. Der zweite Teil befaßt sich mit dem Spitzenstrom und dem anschließend abklingenden Gleichstromanteil. Die ohmschen Widerstände bestimmen die Stromverzweigung.

Ausführungsbeispiel

Folgende Werte liegen der Berechnung zugrunde:

Blitzstromsteilheit = 80 kA/µs
1. Zeitabschnitt = 10 µs
2. Zeitabschnitt = 2 ms

Maximaler Strom = 80 kA (in diesem Abchnitt wird nur von 10 kA ausgegangen). Wegen des exponierten Antennenpunktes (Loch im Faraday-Käfig!) werden 80 kA gewählt.

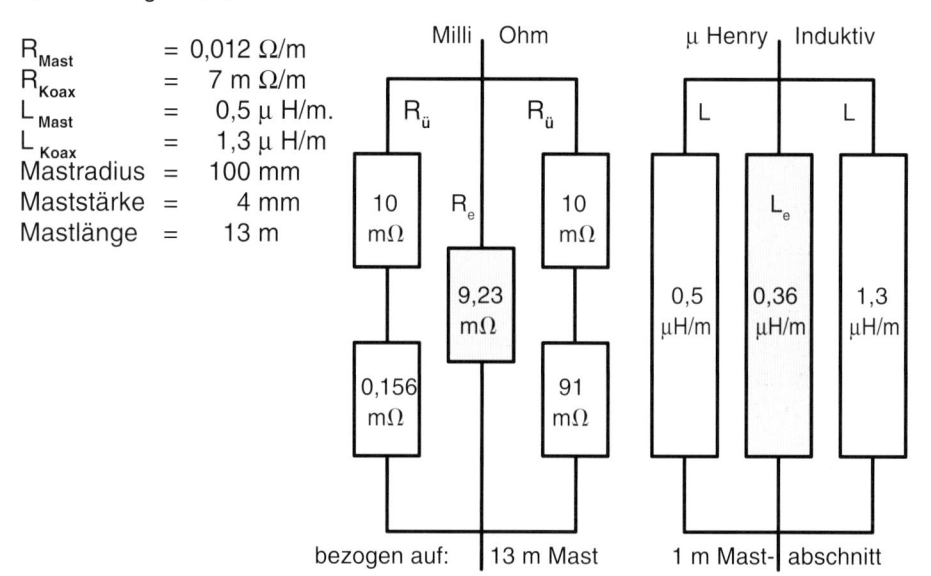

R_{Mast} = 0,012 Ω/m
R_{Koax} = 7 mΩ/m
L_{Mast} = 0,5 µH/m.
L_{Koax} = 1,3 µH/m
Mastradius = 100 mm
Maststärke = 4 mm
Mastlänge = 13 m

Berechnung der Ersatzinduktivität:

$$L_e = \frac{1,3 \cdot 0,5}{1,3 + 0,5} = 0,36 \text{ µH/m} \quad (\text{bei 13m} = 4,68 \text{ µH})$$

Berechnung des Ohmschen Ersatzwiderstandes:
(unter Berücksichtigung eines Übergangswiderstandes sowohl am Mast als auch am Koaxkabel mit jeweils 0,01 Ohm)

$$R_e = \frac{(91 + 10) \cdot (0,156 + 10)}{(91 + 10 + 0,156 + 10)} = 9,23 \text{ mΩ} \quad (13\text{-m-Mast})$$

15.F Praxis beim Schutz der Funk- und Fernmeldeanlage

1. Berechnungsteil: Zeit des steilen Stromanstieges

Auf einen Meter des Mastes bezogen, entsteht ein Spannungsfall

$$U_L = L_e \cdot \frac{dI}{dt} = 28{,}8 \text{ kV/m}$$

Stromfluß im Koaxmantel

$$I_{Koax} = \frac{28{,}8}{1{,}3} = 22 \text{ kA}$$

Daraus ist der Stromquadratimpuls zu ermitteln mit:

$$\frac{W}{R} = \left(\frac{I}{2}\right)^2 \cdot t \quad \text{(I in kA, t in µs ergibt } \frac{W}{R} = \text{MJ/Ohm)}$$

$$\frac{W}{R} = 11^2 \cdot 10 \cdot 10^{-6} \qquad \frac{W}{R} = 0{,}0012 \text{ MJ/Ohm}$$

Die Temperaturerhöhung errechnet sich bei diesen Werten (s.S. 44) mit 1° C. Trotz der 10fachen Zeitannahme von 10 µs ist dieser Wert bedeutungslos.

2. Berechnungsteil: (Gesamtzeit des Stromeinflusses)

Der Maximalstrom 80 kA verursacht auf 1 m Mastabschnitt bezogen, einen Spannungsfall.

$$U_L = I_{max} \cdot R_e = \frac{(80 \cdot 9{,}2 \cdot 10^{-3})}{13} \qquad U_L = 56{,}8 \text{ V/m}$$

Der Stromfluß im Koaxkabel $= \frac{56{,}8 \cdot 13}{101 \cdot 10^{-3}} = 7311 \text{ A}$

Hieraus muß zunächst der Stromquadratimpuls, als spezifische Energie ermittelt werden.

$$\frac{W}{R} = \left(\frac{7{,}311}{2}\right)^2 \cdot 2 \cdot 10^{-3} \qquad \frac{W}{R} = 0{,}0267 \text{ MJ/Ohm} \quad (\text{KA}^2 \cdot \text{s})$$

Das ergibt, wie vor errechnet, eine Temperaturerhöhung von 22°C. Diesem Rechnungsergebnis liegt eine großzügig gewählte Zeit von 2 ms zugrunde. Das Kabel liegt somit geschützt im Aluminiummast. Auch das zur Windmeßanlage führende Kabel mit einem kleineren Schirm von 1,5 mm² erfährt unter den gleichen Vorgaben nur eine Temperaturerhöhung von ca. 24°C.

Zu 2. Funkpeiler Typ Ramert mit Grenzwellenteil

a) Antenne
Wie bereits beim Seefunk erwähnt, fällt der Achterstag-Antenne eine besondere Schutzaufgabe zu. Sie soll möglichst viel Energie aus dem Strahlungsgebiet des Senders an den Empfänger weiterleiten. Je mehr Energie dem Eingangskreis

Ausführungsbeispiel

vom Sender zugeleitet wird, desto geringer beeinflussen beispielsweise hausgemachte Störungen den Empfang.

Die Empfangsspannung in der Antenne ist mit den üblichen Spannungsmessern nicht genau zu selektieren, auch ist der Eingangswiderstand zu hochohmig, so daß beim Messen eine erhebliche Verfälschung eintreten kann. Je höher diese Spannung, desto größer ist der Nutzen im Gerät bei guter Anpassung. Im Grenzwellenbereich liegen die Wellenlängen um 100 m. Der Resonanzbereich einer solchen Drahthochantenne liegt bei einem Wert, der sich durch den Quotient Wellenlänge/empirischem Wert K ergibt. Im Fall des Achterstags ist K = 4,1. Wir können die zu erzielende Antennenresonanz mit 24 m Seillänge nicht auf "unserem" Schiff nutzen. Das gesamte Achterstag in voller Länge gilt es daher für diesen Wellenlängenbereich zu nutzen. Vereinzelt sieht man verkürzte Antennen, die keinen Sinn machen, weil Energie verschenkt wird. Der Hinweis auf eine Abstrahlung zum geerdeten Mast ist zwar zutreffend, dank der Spreizung der Antenne zum Mast jedoch unerheblich.

Durch atmosphärische Aufladungen wird oft ein Blitzschlag angekündigt. In der gut isolierten Achterstagantenne entstehen dadurch hohe Spannungen, die vor einem möglichen Einschlag ins Schiff - über die Funkenstrecke des Isolators - gelöscht werden. Das erfolgt mit einem erheblichen Knall. Bei der Positionierung des unteren Isolators ist das mit zu beachten. Auf dem Musterschiff ist der Isolator direkt über dem Achterpütting montiert. Die bei statischen Aufladungen sich ausbildende Spannung wird auf ca. 1500 V begrenzt. Ein Grobschutz im Achterstag! Der nächste Engpaß, der sich dem Blitzteilstrom auf seinem Weg zum Empfänger entgegenstellt, ist ein unter Deck zu montierendes Überspannungs-Schutzgerät als Feinschutz, das keine große Leistung erbringen muß. Es trennt im aktivierten Fall das zum Gerät führende Koaxkabel mit Hilfe einer Feinsicherung vom Achterstag. Hierdurch wird verhindert, daß Reste von Teilströmen über das im Schiff liegende Koaxkabel in den Grenzwellenempfänger gelangen. Im allgemeinen ist dieser Schutz ausreichend. Wem das noch nicht genügt, kann den Empfänger auf der Antennenseite mittels eines weiteren Feinschutzes sichern. Wegen möglicher Dämpfung sind die Schutzgerätedaten zu erfragen.

b) Geräteschutz gegen elektromagnetische Kopplungen.
Der in der Musteryacht eingebaute Funkpeiler ist in einem kräftigen Spritzgußgehäuse untergebracht. Er ist ausreichend geschirmt. Vielen anderen Geräten fehlt dieser Gehäuseschutz. Eine Unterbringung im geschirmten Schrank am Navigationstisch war daher nicht zu begründen. Um Einkopplungen durch den Ferrit-Stab mit der Empfangsspule erheblich zu reduzieren, können 2 verzinkte Stahlrohre, 0,5 mm Wandstärke über den herausragenden Teil geschoben werden. Die Schirmung erfolgt u.a. durch die Ausbildung energieverzehrender Wirbelströme im Rohr.

15.F Praxis beim Schutz der Funk- und Fernmeldeanlage

3. Decca-Navigator Typ Shipmate 4000

a) Antenne
Der Decca-Empfänger wird über das Achterstag mittels einer Antennenweiche mit Hochfrequenzenergie versorgt. Häufig sieht man im Achterstag hierfür vorgesehene Anpassungskästchen (siehe Bild Seite 85). Im Gegensatz zu diesen im Achterstag häufig eingebauten aber dort dem Blitzschlag ausgesetzten Anpassungen, wird die oben beschriebene Schutzeinrichtung unter Deck genutzt. Das Anpassungsteil ist dort geschützt. Direkt vor dem Decca-Gerät könnte man ebenfalls einen zusätzlichen Feinschutz installieren. Die Antennenzuleitungen werden trotz ihres eigenen Schirmes wo es sich anbietet, in die vorbereiteten Kabelkanäle oder Rohre gelegt.

b) Geräteschutz gegen elektromagnetische Einkopplungen
Dieses auch bei der Berufsschiffahrt zugelassene Gerät, zeichnet sich wie der Ramert durch ein starkwandiges Spritzgußgehäuse aus. Es bedarf keinerlei besonderer Schirmung. Bei Verwendung anderen Fabrikate müßte der Hersteller angesprochen werden. Im Zweifelsfall sollte ein Einbau in einen geschirmten Schrank (wie auf dem Musterschiff) vorgenommen werden. Weitere Maßnahmen sind nicht zu treffen. Das Tochtergerät ist ebenfalls im Inneren gut geschirmt. Es kann an jedem, vom Eigner gewünschten Platz im Cockpit montiert werden. Auf die geschirmte Verlegung der Zuleitung ist zu achten, denn diese ist allgemein nicht gegen starke magnetische Felder ausreichend geschirmt. Das ist nachträglich mit Hilfe eines dünnwandigen Stahl- oder Kupferrohres oder durch 2 lagige Wicklung mit Kupferflachband zu erreichen.

4. Rundfunkgerät Typ Autoradio für die allgemeine Wetterlage

a) Antenne
Sowohl für das Fernsehgerät als auch für den UKW-Empfang ist auf der Saling eine Aktivantenne der Firma GLOMEX installiert. Diese Antenne zeichnet sich durch Richtungsunempfindlichkeit und durch den bereits in der Antenne installierten Vorverstärker aus. Eine weitere Einheit ist unter Deck montiert und dient ebenfalls der Verstärkung. Beide Geräte sind für die eigentlichen Navigationsentscheidungen nicht erforderlich. Unter Deck ist ein Überspannungsgerät ÜGKF vorgeschaltet und schützt die angeschlossenen Geräte vor eingekoppelten Überspannungen. Die Glomex-Antenne liegt innerhalb des Faraday-Käfigs und ist gegen direkten Blitzschlag geschützt. Das abgehende, im Mast verlegte Koaxkabel ist ebenfalls geschützt. Eine zusätzliche Schirmung ist nicht erforderlich.

b) Geräteschutz gegen elektromagnetische Einkopplungen.
Aus Sicherheitsgründen wird das Autoradio in dem vorbereiteten Schrank fest installiert. Weitere Maßnahmen sind nicht erforderlich.

Ausführungsbeispiel

5. Logge mit elektronischem Geber

a) Netzeinspeisung
Das Bordnetz ist bereits mit einem Überspannungsschutz VM 75 zusätzlich geschützt. Die kurze flexible Anschlußleitung ist als geschirmte Leitung ausgelegt und liegt zum großen Teil im Stahlblechkanal. Es sind keine weiteren Maßnahmen zu treffen.

b) Geberteil
Impeller mit elektronischem Abgriff (mittels "Initiator", ein gegen Feuchtigkeit und Wasserdruck gekapselter Schwingungskreis, der durch die Annäherung von Metallteilchen seine Schwingung unterbricht). Durch die Umdrehung des Impellers wird die Unterbrechung und somit die Signalwirkung erreicht. Er ist bei einem Entladungsstrom von 150 kA einem Spannungsunterschied von 2000 V bis 200 000 V im Fahrtenbereich "Süßwassers" ausgesetzt. Die Annahmen eines solch großen Stromes, traf für das Konzept "Schutz der Bordcrew" zu. Die maximale Strombelastung eines Blitzeinschlages wird hier mit 10 000 A zugrunde gelegt. Daraus läßt sich ein Spannungsunterschied am Impeller unter ungünstigen Bedingungen gegenüber dem Bordnetz von maximal

$$\frac{200000 \cdot 10}{150} = 13\,000 \text{ V} \text{ errechnen}$$

Vom Hersteller sind 10 000 V als Spannungsgrenze angegeben. Somit muß nur im Süßwasserbereich unter diesen getroffenen Annahmen mit einer Beschädigung gerechnet werden, während im Salzwasser mit einer Spannungsdifferenz von nur 133 V keine Probleme bestehen. Andererseits können auch über die Signaladern (sowohl am Geber als auch am Empfänger durch eingekoppelte Spannungen) Beschädigungen entstehen. Wirkungsvoll ist der Einbau eines Minimoduls MM-DS/-NFEL als 2 poliges Schutzgerät. Mit einem Innenwiderstand von 1,5 Ohm und einer Signalübertragungsfrequenz von 1 MHz verfälscht dieses Gerät nicht die Messung. Andere Geräte zu schützen, gelingt in gleicher Weise. Mit dem Hersteller der Geräte oder mit dem Fabrikant der Schutzeinrichtungen sollte die Schutzmaßnahme, insbesondere für wertvolles Gerät, durchgesprochen werden.

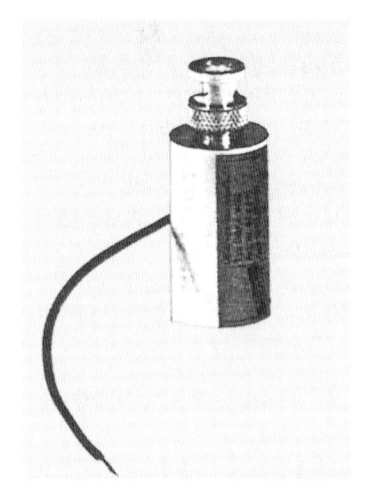

ÜGKF/BNC

15.F Praxis beim Schutz der Funk- und Fernmeldeanlage

6. Echolot mit innenliegendem Geber

a) Geber und Leitung
Echolote der neuen Generation erzeugen am Schwinger eine hohe Impulsleistung, so daß es keinen Grund gibt, die Schwinger außen am Rumpf zu befestigen. Bei der Außenmontage besteht die gleiche Gefahr wie bei der Logge, daß der Geber durch Differerenzspannungen Schaden erleidet. Außerdem kann der Schwinger die Differenzspannung über den dort befestigten Koaxmantel und das Gerät ins Bordnetz "verschleppen". Um dies zu verhindern, muß der Schwingerschaft vorher in den Potentialausgleich der Installation eingebunden werden. Vor dem Geräteeingang ist in gleicher Weise zu verfahren (Verbindung des Mantels mit dem Potentialausgleich bzw. -Pol Bordnetz). Die Innenmontage ist bedeutend sicherer und problemlos. Der Schwinger wird mittels eines Schallträgers, beispielsweise Rhizinus, in senkrechter Lage am Innenrumpf befestigt. Spannungsdifferenzen wirken sich nicht mehr aus.

b) Gehäuse
Zum Schutz gegen elektromagnetische Kopplungen ist das Plastikgehäuse nicht vorbereitet. Man muß nachsehen, ob eine Schirmung des elektronischen Teils vorhanden ist oder eine in sich leitende Metallbeschichtung (Silberspray aus der Dose) aufzubringen ist . Mit Hilfe dünnen Kupferblechs kannn eine bedeutend bessere Schirmung erreicht werden . Die Schirmung ist an die Erdung über das zum Gerät führende Koaxkabel anzuschließen. Als Blechstärke wären 0,1 mm für Weißblech oder 0,2 mm für Cu-Blech ausreichend. Eine zusätzliche Abschottung des Geräte-Netzeinganges wird z.B. mit Hilfe des ÜSG MM DS/ NFEL erreicht.

7. Windmeßanlage für Windrichtung und Windgeschwindigkeit

a) Netzeinspeisung
Das Bordnetz wurde mit einem Überspannungsableiter VM75 gegen mögliche Überspannungen geschützt. Die Leitungen sind durch die Verlegung in Metallkanäle gut gegen elektromagnetische Einkopplungen geschirmt. Mit gefährlichen Überspannungen aus dem Bordnetz ist nicht zu rechnen. Eine in diesem Gerät angeschlossene Zenerdiode schützt zusätzlich.

b) Windmeßgeber
Dem direkten Blitzeinschlag ist der am Topp des Mastes montierte Geber ausgesetzt. Eine 8mm $\emptyset$ -40cm lange Auffangstange am Arm verhindert den direkten Einschlag in den Geber. Auch am Topp des Mastes entstehen beim Einschlag elektromagnetische Kopplungen zum Geberteil, der leider aus Kunststoff ist. Er kann prophylaktisch mit einem leitenden, aufzuspritzenden Metallschirm etwas besser geschützt werden. Geschützt werden hierdurch bei einem Naheinschlag die elektronischen Teile. Bei einem Direkteinschlag reicht diese Minischirmung nicht aus.

Ausführungsbeispiel

c) Meßleitung und Empfänger
Das im Mast liegende Teilstück der Meßleitung, als geschirmte Leitung verlegt, ist im Fall eines Blitzeinschlages geschützt. Die Berechnung weist eine unbedenkliche Temperaturerhöhung von 24°C auf.
Vom Mastfuß zum Gerät ist die Meßleitung durch die eingebrachten Kabelkanäle geschützt. Mit Hilfe eines Minimoduls MM-DS/.NFEL, entsprechend der Aderzahl ausgelegt, können auch die restlichen Überspannungen unschädlich gemacht werden. Die auf der Yacht eingebaute Windmeßanlage ist sowohl im Anzeigenteil als auch im Grundgerät mit einzelnen Modulen gut geschirmt. Eine Beschädigung durch Blitzeinwirkung wird nicht erwartet.

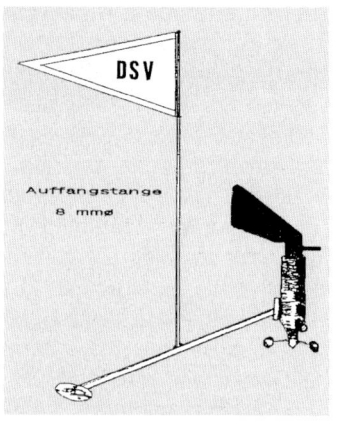

Anordnung der Windmeßanlage

8. Selbststeueranlage mit Abgriff am Kompaß und Windmeßanlage
Die Selbststeueranlage ist ebenso wie die Windmeßanlage durch das Metallgehäuse gut geschirmt. Versorgungs- und Steuerleitungen liegen in Metallkanälen oder in Rohren, so daß keine Störungen zu erwarten sind.

9. Gegensprechanlage, insbesondere für Nebelsignale
Das Gehäuse ist durch Stahlblech gut geschirmt. Die Anlage ist an der Stb-Seite unter der Ducht im Cockpit angebracht. Auch hier verhindern geschirmte, in Kanälen verlegte Leitungen elektromagnetische Beeinflussungen. Beide Lautsprecherzuleitungen (zum Mast und zum Bug) sind geschirmt. Weitere Maßnahmen sind nicht zu treffen.

10. PC- Sharp 1600 mit 4-Farben -Plotter zum Aufzeichnen des Schiffsweges (Astronavigation, Peilungen, Datenspeicher).
Auf dem "Musterschiff" ist ein Kleinrechner mit integriertem 4-Farbdrucker als transportable Einheit vorhanden. Sowohl mit dem Bordnetz 12 V als auch mit 230 V kann der Rechner verbunden werden. Eine aufladbare Batterie sorgt für Mobilität. Der Rechner ist auf der Ablage im Durchgang zum Achterschiff aufgestellt. Bei Gewitter reicht die den Rechner umgebende Metallschirmung sicherlich nicht aus. Aus Sicherheitsgründen sollte er dann im geschirmten Fach (Durchgang zum Achterschiff) gelagert werden. In diesem Fach sollten auch andere wertvolle elektronische Geräte aufbewahrt werden, auch Disketten und Cassetten. Weitere Maßnahmen sind nicht zu treffen.

11. Fernseh-Empfänger, u.a. für die allgemeine Wetterlage
Das transportable Fernsehgerät wird über eine auf der Saling montierte Glomexantenne und Antennenverstärker mit der notwendigen Empfangshochfrequenz versorgt. Zusätzliche Blitzschutzmaßnahmen s. unter "Rundfunkgerät" sind nicht erforderlich. Ein abgeschirmte Schrank ist im Gewitterfall der richtige, geschützte Aufbewahrungsort, will man das Risiko einer Beschädigung vermeiden.

15.F Praxis beim Schutz der Funk- und Fernmeldeanlage

12. Tankanzeigen, stellvertretend für andere Anzeigen (über Bilgenwasserhöhe, Kühlwasser usw.)

Das für die Wassertankanzeige benutzte Gerät ist das gleiche wie für den Brennstoff und kann mit Hilfe eines zwischengeschalteten Moduls(MM-DS/ NFEL) sowohl das Anzeigegerät als auch den Geber schützen. Andere Geber und Anzeigen verschiedenster Art können nach den bereits getroffenen Maßnahmen in gleicher Weise geschützt werden. Es sind die Überspannungsfeinschutz-Minimodule des Typs MM DS. Sie werden den elektrischen Meßdaten der zu schützenden Geräte angepaßt. Eine Unterteilung nach induktiver oder ohmscher Anpassung ermöglicht dies. Ob jedes kleine Anzeigegerät zusätzlich geschützt werden soll, hängt zum einen von den Sicherheitswünschen und zum anderen von den Kosten ab. Eine leicht einzusetzende Gerätereserve ist oftmals sinnvoller.

Ohne konsequente Schirmungsmaßnahmen läßt sich kein ausreichender Schutz, sowohl gegen Direkteinschläge als auch gegen elektromagnetische Kopplung erreichen. Das liegt auf einem solchen Schiff an den engen Raumverhältnissen. Der Aufstellungsort der Geräte liegt von der nächsten Hauptableitung nur ca. 3 m entfernt. Trifft man keine Vorkehrungen, muß mit Ausfällen gerechnet werden. Die Beinah-Einschläge treten viel häufiger als angenommen auf. Sowohl im Netzeingang als auch im Antennenteil sind passende Überspannungs-Schutzgeräte einzusetzen. Viele Navigationsgeräte besitzen aus Einbaugründen eine verkürzte Antenne, häufig am Heckkorb zu sehen. Bei einem Naheinschlag wird sie ebenfalls kräftig durchflutet und in Mitleidenschaft gezogen. Ein überzustülpender geerdeter Metallzylinder kann die Einkopplung elektromagnetischer Felder verhindern. Die geschilderte Schirmung von Leitungen und Anlageteilen sowie die gute Erdung der gesamten Anlage, verbunden mit dem Potentialausgleich, sind die Voraussetzung für den verhältnismäßig geringen Aufwand an Überspannungs-Schutzgeräten für die Elektronik. Falls bei einem Schaden durch Gewitter die Versicherung die Kosten reguliert, wäre damit der finanzielle Verlust ausgeglichen. So manche Urlaubsreise kann durch solche Versäumnisse stark eingeschränkt werden, oder sie findet gar nicht erst statt.

ungeschützte Antenne für den Decca- oder Sat-Empfang außerhalb des Rigg-Schutzbereiches. Sie wird auch bei einem Naheinschlag durch elektromagnetische Kopplungen zerstört

Erforderliches Material

Anlageteil	Bezeichnung	Stück	Abmessung mm/m	Material	Hersteller Lieferant
UKW-Seefunk	Grobschutz	2	ÜGK/U		Dehn & Söhne
	Antennen-umschalter	1	Ausführung schwer		Conrad
Funk-Peil.	Isolatoren mit eingeb. Schutz-funkenstrecke	2	30/6A	A4+	Elfers
SSB-Empf.		(+7)	30/6A	Teflon	Ritterhude
	ÜSG	1	Gasableiter		Dehn & Söhne
	alt. Sicherung	1	5x20 /0,05 A	F Glas	Dehn & Söhne
	+ Si-Halter	1	dazu pass		Dehn & Söhne
	Kasten	1	100 x 100	Silumin	Handel
	Antennen-umschalter	1	Ausführung leicht		Conrad
	ÜSG*	1	MM-DS/NFEL		Dehn & Söhne
Decca	ÜSG*	1	ÜGK/B		Dehn & Söhne
	ÜSG*	1	MM-DS/NFEL		Dehn & Söhne
Radiogerät	ÜSG*	1	ÜGK/B		Dehn & Söhne
	ÜSG*	1	MM-DS/NFEL		Dehn & Söhne
Logge	ÜSG*	1	MM-DS/NFEL		Dehn & Söhne
	ÜSG*	1	MM-DS/NFE		Dehn & Söhne
Echolot	ÜSG*	1	MM-DS/NFEL		Dehn & Söhne
Windmess-gerät	ÜSG*	1	MM-DS/NFE		Dehn & Söhne
Selbstst.-Anlage	ÜSG*	0	**VM 75		Dehn & Söhne
Gegenspr.-Anlage	ÜSG*	0	**VM 75		Dehn & Söhne
PC Sharp			Schirmung		
Fernseher	ÜSG*	0	**VM 75		Dehn & Söhne
Tankanzeige	ÜSG*	1	MM-DS/NFEL		Dehn & Söhne

* nur dann, wenn Gerät nicht durch VM 75 geschützt wurde oder der Aufstellungsort exponiert ist
** gemeinsamer Ableiter unter 15.E berücksichtigt

Kostenrichtwerte

1. UKW-Seefunk

Einbau eines Grobschutzes zwischen Antennenhalter und oberer Koaxverschraubung	30 min
Einbau eines Grobschutzes am Verbindungsstück unter dem Mastschuh	25 min
Einbau eines Antennenumschalters in Mastnähe:	
Absetzen und Einlöten der 3 Verschraubungen je 20 min	60 min
Montage des Schalters in der Backskiste	25 min
Anschluß der 2. Antenne (Wendel)	40 min
Verlegung von 1,5 m Koaxleitung	30 min
Zwischensumme =	**210 min**

2. Funkpeiler und SSB-Empfänger

Einbau der 2 Antennenisolatoren mit eingebauter Schutzfunkenstrecke (kein Aufwand)	-- min
Änderung des Achterstags, 1 Terminal vorpressen durch den Segelmacher	-- min
Ableiter und Sicherungskombination im Siluminkasten im Achterschiff montieren und anschließen	60 min
Antennenzuleitung und Abgang im Achterschiff verlegen	35 min
Antennenumschalter vor dem Gerät im Schaltschrank montieren und anschließen	75 min
Antennenzuleitung im Schrank verlegen und anschließen	40 min
Zwischensumme =	**210 min**

3. Decca-Empfänger

1 Ableiter vor dem Antenneneingang montieren	35 min
1 Ableiter vor dem Netzeingang montieren	(25 min)
Zwischensumme =	**60 min**

4. Radiogerät-Stereo

1 Ableiter für das Netzteil montieren	(35 min)
Zwischensumme =	**35 min**

5. Logge

1 Ableiter für den Geber-Borddurchlaß montieren	40 min
7 m geschirmte Geberleitung verlegen	85 min
Zwischensumme =	**125 min**

6. Echolot

Geber liegt innenbords	
1 Ableiter für das Netzteil montieren	(25 min)
ggf. Gehäuse demontieren, mit leitendem Material beschichten und montieren	45 min
Zwischensumme =	**70 min**

7. Windmeßanlage

1 Ableiter für die Signalleitung vom Mast montieren	40 min
14 m geschirmte Leitung 7x1 im Mast verlegen	30 min
11 m wie vor im Schiff verlegen	45 min
4 Kupplungen einlöten je 15 min	60 min
Zwischensumme =	**175 min**

8. Selbststeueranlage

12 m geschirmte Leitung 12 x 1 verlegen	35 min
4 Stecker mit der Leitung verlöten je 20 min	80 min
Zwischensumme =	**115 min**

9. Gegensprechanlage

18 m Koax-und geschirmte Leitungen in die Kanäle legen	65 min
Zwischensumme =	**65 min**

10. PC-Rechner (keine Montage)

11. Fernseher (keine Montage)

evtl. Muster für geschirmtes Fach	30 min
Bleche nach Muster schneiden, abkanten	45 min
Bleche zusammenfügen, verschrauben	80 min
Zusammenbau mit Potentialausgleich	50 min
Zwischensumme =	**(205 min)**

12. Tankanzeige

1 Ableiter in die Geberleitung einbauen	35 min
Zwischensumme =	**35 min**
Gesamtsumme =	**1305 min**

Gesamtaufwand etwa 22 Arbeitsstunden ohne Arbeitsvorbereitungszeit und Maschinenrüstzeit

Maßnahmen für andere Wasserfahrzeuge

Die auf dem Musterschiff vorgeschlagenen Schutzmaßnahmen sind bei Einhaltung des Grundkonzeptes auf allen Kunststoff- und Holzschiffen anzuwenden. Auf Fahrzeugen in Ganzmetallausführung beschränken sich die Maßnahmen im wesentlichen auf die Antennen. Sie sind dem Begriff "Löcher im Faraday-Käfig" zuzuordnen. Nur über diesem Weg können auf Metallyachten Überspannungen und Blitzströme die Funk- und Fernmeldeeinrichtungen schädigen oder zerstören. An die Auswechslung der vielfach eingebauten, einfachen Isolatoren im Achterstag gegen solche mit Schutzfunkenstrecke, ist zu erinnern. Die Beseitigung der aus dem Bordnetz kommenden Störungen werden unter dem Begriff "EMV", elektromagnetische Veträglichkeit, zusammengefaßt. Durch die Blitzschutz-Schirmmaßnahmen werden sie vermindert, manchmal sogar beseitigt, wenn es

Die Mehrbereichsantenne ist auf der Saling besser geschützt. Wanten können isoliert werden

durch weitere Abschottung gelingt, die störungsbehaftete Leitung in den Metallkabelkanälen zu schirmen. Dazu müssen Bleche zwischen die Leitungen als durchgehende Trennwand gelegt werden. Mit Hilfe der Empfangsgeräte kann die Wirkung dieser Maßnahme beobachtet werden. Durch den Einbau niederohmiger Drosseln in die entsprechende Versorgungsleitung werden Störquellen ebenfalls gedämpft oder beseitigt.

Maßnahmen für andere Wasserfahrzeuge

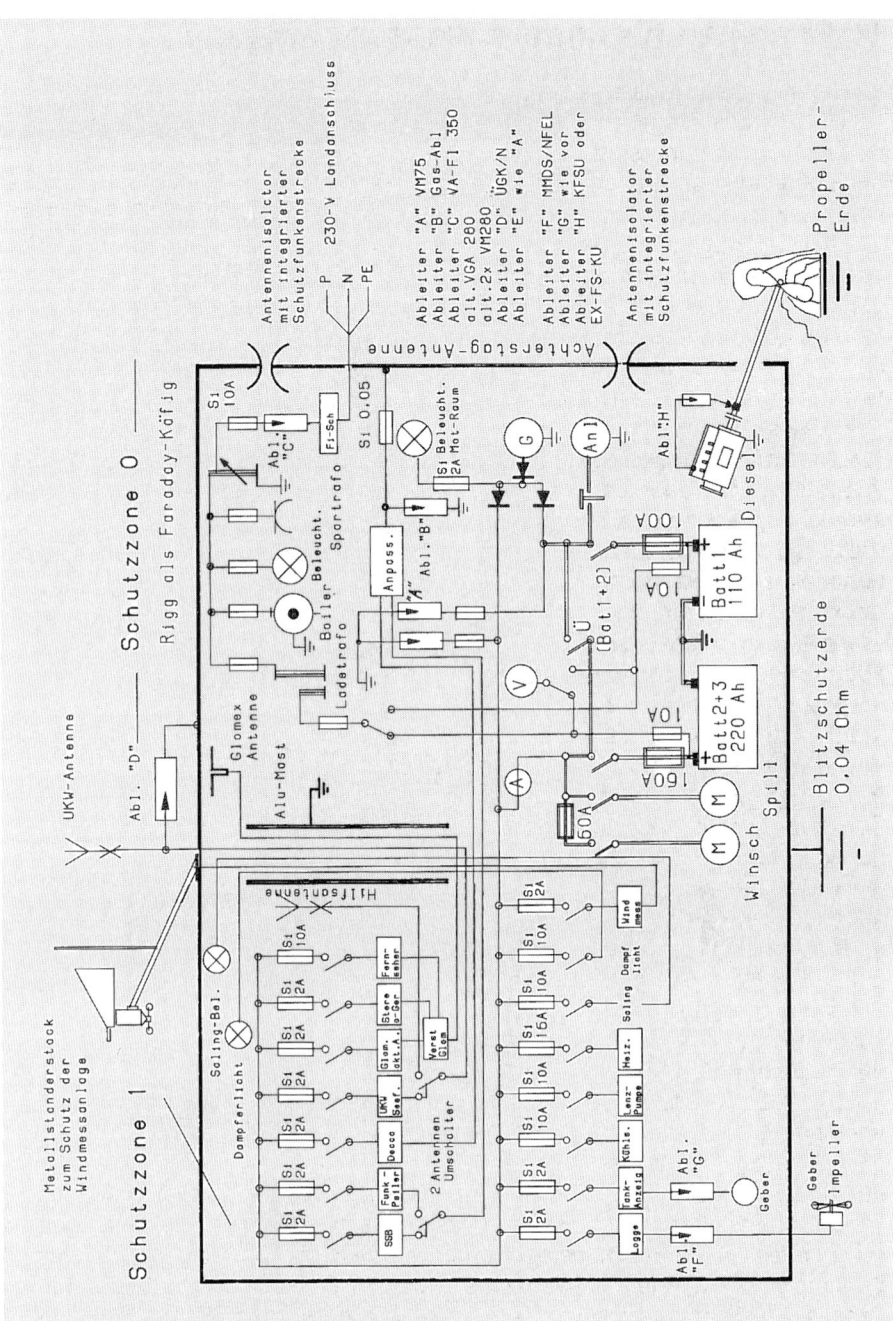

Übersichtsschaltplan Überspannungsableiter

16. Messen des Erdübergangswiderstandes

Anordnung der Messung: Mit Hilfe im Handel erhältlicher Erdungsmeßgeräte lassen sich auf Yachten keine verläßlichen Gesamterdungswerte messen. Das ist auf den geringen Ausbreitungswiderstand des Meerwassers und auf die großen Erdungsflächen (sowohl am Rumpf als auch am Kiel) zurückzuführen. Die zu messenden Erdungswerte sind mit einigen hundertstel Ohm zu klein. Mit sicheren Meßergebnissen kann im Bereich um 0,1 Ohm gerechnet werden, wenn die verwendete Hilfserde ausreicht. Ihre Oberfläche darf nicht zu klein sein. Das Verhältnis der Hilfserderfläche zur Erdungsfläche darf ein Zwanzigstel nicht unterschreiten.

Verläßlichere Werte bekommt man durch Einzelmessungen an den abzuklemmenden Teilerden der Yacht. Um die Gesamterdungswerte zu erhalten, werden die reziproken Einzelerdungswerte addiert. Gemessen wird mit Wechselstrom, um keine Verfälschungen durch galvanische oder andere Gleichstromanteile zu erhalten.

Einfluß des Meßortes auf die Ergebnisse

Das Meßergebnis bezieht sich auf den Meßort und ist auf andere Gewässer mit Hilfe einer Vergleichsmessung zu übertragen. Man benutzt eine einseitig isolierte kleine Erdplatte mit den Abmessungen 10 x 10 cm. Das Meßergebnis bezieht sich dann auf diese kleine Platte, die in der Form auch dem Flächenerder entspricht. Eine Seite ist mit wasserundurchlässiger Klebefolie abzudecken. Das Ergebnis kann zum Vergleich auf Ohm · m² umgerechnet werden. Eine von 2 benötigten Meßerdungsplatten sollte mit dem gleichen Farbaufbau wie die am Rumpf befestigte, die andere nur mit einer fettfreien unbehandelten Oberfläche versehen sein. Eine Vergleichsmessung mit wechselnden Sondenab-

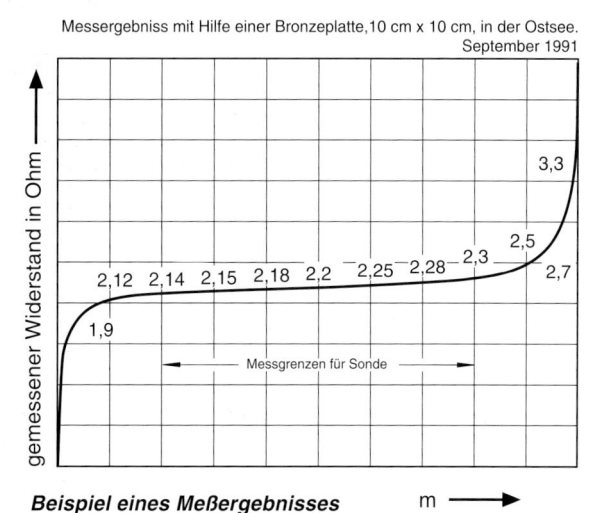

Messergebniss mit Hilfe einer Bronzeplatte, 10 cm x 10 cm, in der Ostsee. September 1991

Beispiel eines Meßergebnisses

ständen nach folgendem Bild unter Benutzung der farbfreien Meßerdungsplatte schafft Klarheit über den zu erwartenden Übergangswiderstand. Mit wechselnden Sondenabständen kann man eine Graphik erstellen, die bei beengten Platzverhältnissen im Hafen die zulässigen Entfernungen der Sonde zum Hilfserder und Schiff besser erkennen läßt. Nach dem Beispiel bei einem Hilfserdeabstand von 20 m darf die Meßsonde zwischen 4 bis 16 m ausgelegt werden. In die direkte Messung am Schiffserder gehen noch die Widerstände der Zuleitung zum Erder und gegebenenfalls auch die des Hilfserders ein. Zum Berechnen dienen folgende Werte:

Eine 10 m Meßleitung wird zugrunde gelegt.

0,75 mm² Cu-Litze	0,238 Ohm	6 mm² Cu-Litze	0,029 Ohm
1,0 mm² Cu-Litze	0,178 Ohm	10 mm² Cu-Litze	0,018 Ohm
1,5 mm² Cu-Litze	0,119 Ohm	16 mm² Cu-Litze	0,011 Ohm
2,5 mm² Cu-Litze	0,071 Ohm	25 mm² Cu-Litze	0,007 Ohm
4,0 mm² Cu-Litze	0,045 Ohm	35 mm² Cu-Litze	0,005 Ohm

Beispiel einer Erdungsmeßbrücke

Das sich nach einigen Wochen stabilisierende Meßergebnis ist darauf zurückzuführen, daß die Feuchtigkeit durch die Farbe diffundiert und dadurch die Messung beeinflußt. Erst nach einer Liegezeit im Wasser von ca. 4 Wochen kann man mit den tatsächlichen Ergebnissen rechnen. Die Messung ist nach allpoligem Abtrennen vom Wechselstrom-Landanschluß durchzuführen. Auch ein Landanschluß eines in der Nähe liegenden Schiffes kann die Messung erheblich beeinflussen.

16. Messen des Erdübergangswiderstand

Stoßerdungswiderstand:

Er läßt sich mit einfachen Meßmethoden nicht feststellen. Es existieren zwar reichliche Erfahrungswerte. Sie werden als Beiwerte (Faktoren) angegeben. Bei Fundamenterdern (vergleichbar mit dem Kiel oder den in dieser Form angebrachten Flächenerdern) rechnet man mit einem Beiwert 1. Er ist mit dem gemessenen Widerstandswert zu multiplizieren, um den tatsächlich wirkenden Erdübergangswiderstand zu erhalten. Die gesamten Berechnungen in den einzelnen Abschnitten basieren auf dem Faktor 1.

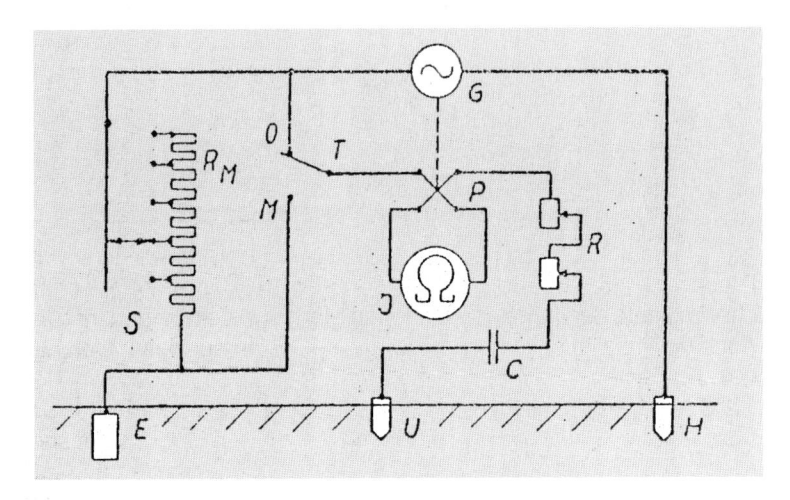

Schaltung (Meßbrücke)

Meßkosten:

Der Zeitaufwand einer solchen Messung an einer im Wasser liegenden Yacht ist - ohne Anfahrtzeit - innerhalb einer Stunde zu erledigen, wenn eine Hilfskraft zur Verfügung steht und alles gut vorbereitet ist. Die Auswertung des Ergebnisses mit einer nachfolgenden Kontrollmessung erfordert eine weitere Arbeitsstunde.

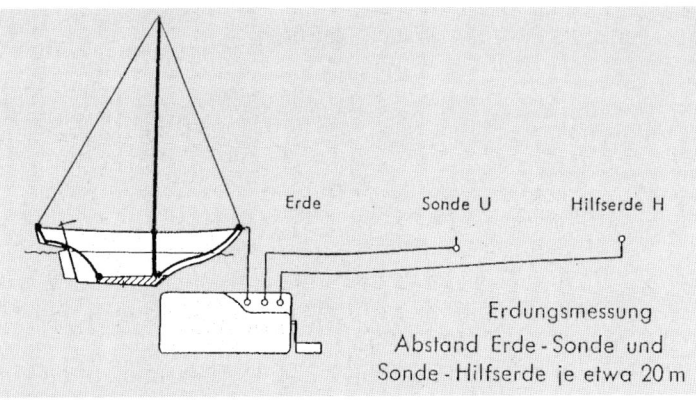

Bei sehr kleinen Erdungswiderständen können nur die Einzelwiderstände gemessen werden, um daraus den Gesamtwiderstand zu errechnen.

Erdungsmessung
Abstand Erde - Sonde und Sonde - Hilfserde je etwa 20 m

Messung des Gesamterdungswiderstandes der Yacht

17. Revision der Blitzschutzanlage

Naturgemäß werden die elektrischen Einrichtungen auf Wasserfahrzeugen durch den feuchten und rauhen Betrieb sehr strapaziert. Die Blitzschutzanlage mit ihren Einzelteilen ist sicherlich auch davon betroffen, zumal ein Teil der Leitungen in die Bilge gelegt werden mußte, um kürzere, direkte Stromwege zu erhalten. Wiederholungsüberprüfungen sollten sicherstellen, daß die Anlage noch nach Jahren funktionsfähig ist, Klemmstellen nicht korrodiert sind und andere Anschlußpunkte, besonders an beweglichen Teilen, durch Ermüdungserscheinungen keine Substanzverluste zeigen. Durch Besichtigung der gefährdeten Stellen kann man feststellen, ob Veränderungen eingetreten sind. Schäden an Überspannungsableitern und anderen kompakten Schutzeinrichtungen lassen sich nicht so leicht festzustellen. Sie sind auch selten. Der Fachmann sollte einen Blick auf diese besonderen Schutzeinrichtungen werfen. Sichtkontrollen sind jährlich im Winterlager durchzuführen. Nach einer Zeitspanne von 5 Jahren ist anzuraten, eine gewissenhafte Durchsicht der Gesamtanlage durchzuführen. Nach intensiver Durchsicht wird ein Sachverständiger oder Branchenkundiger dabei auch so manche, im Laufe der Jahre entstandenen Mängel in der übrigen Installation feststellen. Auch die Installation in der Motorenanlage sollte bei dieser Gelegenheit mit durchgesehen werden. Früher oder später führen sich abzeichnende kleine Mängel zu großen Schäden, verbunden mit erheblichem Kostenaufwand und Ärger. Es ist unverständlich, daß von vielen Seglern dem neuen Riggkomfort und den Segeln ein höherer Stellenwert eingeräumt wird, als den bedeutend teueren technischen Bordanlagen! Die intakte Blitzschutzanlage, nach den Regeln der heutigen Technik ausgeführt, durchzieht den gesamten elektrotechnischen Bereich des Schiffes und übernimmt häufig bei Störungen des Bordnetzes weitere Schutzfunktionen. Sie intakt zu halten, lohnt sich wegen der eigenen Sicherheit an Bord. Gewerblich genutzte Yachten unterliegen in jedem Fall den VDE-Vorschriften, wozu auch der Blitzschutz gehört. Sie werden im allgemeinen werftmäßig betreut. Eventuelle Beschädigungen werden während der Winterlagerung Jahr für Jahr entdeckt und beseitigt. Was ist an der Blitzschutzanlage zu überprüfen?

1. Der äußere Blitzschutz

Dazu zählen die Auffangeinrichtungen, wie der Mast und seine Verstagung, als Teil des Faraday-Käfigs. Die Erdungsanlage als Austrittspunkt des Blitzstromes zählt ebenfalls dazu, sowie die elektrische Verbindung beider Teile durch die Ableitungen.

Das Rigg, ein natürlicher Teil der Blitzschutzanlage, ist allein schon aus Festigkeitsgründen jedes Jahr einer gewissenhaften Prüfung durch die Werft oder den Eigner zu unterziehen. Die Isolatoren im Achterstag sind wartungsfrei. Sie sind nur zu säubern, und zwar nur wegen des störungsfreien Empfanges. Auf die Funkenstrecke wirft man dabei auch einen Blick.

Die Erdungsanlage ist im aufgelegten Zustand zu besichtigen und auf äußere Korrosionsschäden zu untersuchen. Erinnert wird an die Korrosionsprobleme

17. Revision der Blitzschutzanlage

der Aquamatik-Antriebe. Sie sind zwar nicht Bestandteil der Blitzschutzanlage, aber sie sind es wert, daß man sich um sie kümmert.

Nach einer Zeit von 5 Jahren wird empfohlen, die Anschlußpunkte der Erder zu lösen, zu säubern und - mit säurefreier Vaseline konserviert - wieder zusammenzuschrauben. Auch die einzelnen Verbindungsschrauben der Plattenerden (auf der Rassy am Ruder und an anderen Einzelerdern) sollten in ähnlicher Weise überprüft werden. Am Ruderquadrant sowie am Motor muß die flexible Anschlußleitung überprüft werden. Auf der Musteryacht fließt über diesen Punkt der Hauptableitstrom!

Die Ableitungen der Auffangeinrichtungen verlaufen sämtlich innenbords. Die Verbindungsstellen liegen an den Püttings und sollten auf Sitz und Korrosion hin untersucht werden. Auch hierfür wird ein Prüfungsintervall von 5 Jahren vorgeschlagen. Ein empfindlicher Punkt ist das Mastauflager (Mastschuh) an Deck und die mit diesem Fußpunkt verbundene Ableitung. Sie ist besonders bei Aluminiummasten korrosionsgefährdet. Durch Lösen der Verbindungsstelle und nach erneuter Konservierung bleibt sie niederohmig. In der Bilge im Mastbereich laufen auf der Musteryacht die Ableitungen zusammen. Diese Klemmverbindungen sind wie oben zu behandeln und mit Vaseline gegen Korrosion zu schützen. In der Vorpiek sind die Schraubverbindungen ebenfalls zu kontrollieren. Sie sind ständig der Nässe ausgesetzt.

2. Der innere Blitzschutz

Potentialausgleichsleitungen wurden in großer Zahl verlegt. Wegen der Korrosionsgefahr ist auch die Bilge hier der erste Besichtigungsbereich. Es empfiehlt sich, nach einem Leitungsplan alle 5 Jahre die Verbindungsstellen auf Schäden zu prüfen. Hierzu gehören auch die eingebauten Kabelkanäle und die Anklemmungen der Leitungsschirme (Metallummantelungen der Leitungen) an die Ausgleichsleitungen. Trennfunkenstrecken werden auf erkennbare Beschädigungen und auf die Trennfunktion mit Hilfe eines einfachen Meßgerätes untersucht. Ist der Wert nach einseitiger Abklemmung extrem hochohmig (kein Durchgang), so ist die Trennwirkung in Ordnung. Blitzstromableiter und Überspannungsableiter sind am jeweiligen Einsatzpunkt für den vollen oder den Teilblitzstrom ausgelegt. Eine Überbeanspruchung zeigt sich häufig nicht äußerlich. Bei Schutzgeräten für energietechnische Netze erfolgt eine optische Defektanzeige direkt am Schutzgerät. Auf großen Yachten sollte man Geräte mit Fernanzeige (Signallampe an der Schiffsüberwachungstafel) vorsehen. Wird durch einen Blitzstrom ein Fernmelde-Schutzgerät (informationstechnischer Anlageteil) überlastet und dadurch beschädigt, so verursacht es einen Kurzschluß und schützt dennoch den fernmeldetechnischen Teil. In diesem Fall verläuft die Fehlerbehebung zunächst durch Abtrennen und anschließendes Ersetzen des Schutzgerätes. Andererseits sind Markenfabrikate so robust, daß eine ständige Wartung, wie z.B. an den Kontaktstellen, nicht erforderlich ist. Jeder Fachmann kann mittels des Datenblattes und einer vor Ort vorgenommenen Messung eine Aussage über den Zustand machen. Nur nach einem kräftigen Blitzeinschlag sollte an eine Funktionsprüfung durch den Hersteller gedacht werden.

18. Installationsbeispiele auf ausgewählten Yachten

1. Motoryacht 13-m-Typ Bützfleth

Die Wünsche des Eigners bezogen sich in erster Linie auf den Schutz der Bordcrew im Steuerstand und in den unter Deck liegenden Räumen. In diesem eng gesteckten Rahmen sollte auch die Motorenanlage einen Grobschutz erhalten. Eventuelle Schäden an der Funkanlage und der elektrischen Installation wurden in Kauf genommen. Die Blitzschutzanlage war so zu konzipieren, daß keine Auffangdrähte über Deck gezogen werden durften. Die natürlichen Bauteile dieser eleganten Motoryacht sollten die Ausgangspunkte zum Entwurf einer Blitzschutzanlage sein. Um ein großes Maß an Sicherheit zu erreichen, wurde ein Winkel von 30° für den zu berücksichtigenden Schutzbereichkegel zugrundegelegt, gemessen von der Senkrechten. Die Methode, Schutzbereiche mit Hilfe der Blitzschutzkugel zu bestimmen, war damals in den siebziger Jahren nur aus Veröffentlichungen bekannt, aber nicht üblich. Mit einem Schutzwinkel von 30° kam man den heutzutage mit der Blitzkugel ermittelten Werten sehr nahe. Teilweise wurde damit noch die Sicherheit vergrößert. Folgende Maßnahmen mußten ergriffen werden, um die vom Eigner gestellten Wünsche zu erfüllen:

Der auf dem Steuerstand montierte kleine Signalmast aus Holz konnte mit Hilfe einer massiven Kupferleitung (16 mm²) zur natürlichen Auffangeinrichtung umfunktioniert werden. Sein Schirmbereich war wegen der geringen Länge von 2,2 m nicht ausreichend, so daß über 5 Auffangbänder aus verchromten Kupfer, angepaßt an die Form des Steuerstandes, die "Schirmwirkung" in diesem Schiffsbereich ergänzt wurde. Auf dem Kajütsdach vor dem Mast konnte, wiederum dem Schiff angepaßt, in vergleichbarer Weise verfahren werden. Der Decksraum unter dem Vorschiff erforderte ein anderes Vorgehen, das sich später auf anderen Schiffen mit großen Decksflächen bewährte. Die Maßnahme war außerdem handwerklich einfach durchzuführen. In die später abschließend zu vergießenden Fugen des Teak-Stabdecks sollten Kupferdrähte mit einem Querschnitt von 10 mm² gelegt werden. Sie waren so miteinander verbunden, daß sowohl ein geringer induktiven Widerstand erreicht wurde als auch von parallel fließenden Strömen bei einem Einschlag durch Kraftwirkungen der Leiter kein Decksschaden entstehen konnte. Die "Schirmwirkung" des darunter liegenden Schlafraumes war dadurch nahezu perfekt und mit geringstem Aufwand herzustellen. Ein Blitzschlag ins Deck konnte lediglich zu einer örtlich begrenzten Beschädigung des Decks führen (Fußpunkt des Blitzes). Im achteren Schiffsbereich verfuhr man in ähnlicher Weise. Die gesamte Holzreling dient ebenfalls als Auffangeinrichtung bei diesem relativ flachen und breiten Schiff. Man unterlegt sie mit

18. Installationsbeispiele auf ausgewählten Yachten

Metallflachband und erreichte neben der wirkungsvollen Auffangeinrichtung, noch weitere Festigkeit der Reling. Nur Eingeweihte konnten das erkennen! Für die Verbindung sämtlicher Ableitungen wurden isolierte Kupferleitungen NYA und NYFA, mit einem Mindestquerschnitt von 35 mm² verwendet. Mittschiffs unter dem Schiffsboden war eine große Erdplatte von 1 m² in den Schiffsboden bündig eingelassen worden. Diese Erdung benötigte man für den leistungsstarken Grenzwellensender. Auch diente sie als Blitzschutzerde. Im Unterwasserbereich sollten die Außenborddurchlässe in den Potentialausgleich und zur weiteren Verbesserung der Erdung einbezogen werden. Bei den beabsichtigten Fahrten in Gebiete mit ungünstigen Erdungswerten, wollte man vor rückwärtigen Überschlägen vom Wasser ins Schiff und in den Schiffs-Unterwasserbereich sicher sein. Der Ruderquadrant und der -Pol der 24-Volt-Batterien waren miteinander verbunden und an die Erdung angeschlossen. Das Motorenfundament wurde zusätzlich mit der Erdung direkt verbunden. Die Antriebsmotoren erzeugten eine Leistung von 500 PS. Die Umsteuerung der beiden Propeller geschah mittels elektromagnetischer Kupplungen. Die Motorenanlage samt Wellenbock sowie die Installation wurden mit in den Potentialausgleich einbezogen. Der Grenzwellenfunk, im Duplexverfahren betrieben, erforderte damals 2 Funkantennen. Es waren Webster-Peitschenantennen: Eine für den Empfang und eine für den Sendebetrieb. Beide Antennen waren zu legen. Das sollte auch bei Gewitter passieren, damit in den geschaffenen Faraday-Käfig zur Funkanlage keine Blitzströme fließen konnten. Weil, wie die Praxis des Schiffsbetriebs zeigt, nach einiger Zeit niemand mehr an das Legen der Antennen im Gewitterfall denkt, mußte mit geringem Aufwand ein Grobschutz im Antennenkreis installiert werden. Eine Trennfunkenstrecke mit einer Ansprechspannung von 2 kV und eine andere mit einer Ansprechspannung von 4 kV (der Sendespannung angepaßt) wurden vorgesehen.

Das 24-Volt-Netz erhielt keinen Schutz, zumal es damals geeignete Überspannungsschutzeinrichtungen, die sowohl der 24-Volt Anlage Schutz boten als auch den Blitzstrom ableiten konnten, noch nicht gab. Für höhere Spannungen waren sie lieferbar.

Man benutzte den Gasentladungsableiter, der an der richtigen Stelle eingesetzt, gegen Überspannungen schützte. Es würde zu weit führen, alle Details zu beschreiben. An Hand der beiden Zeichnungen können die getroffenen Maßnahmen – unter Berücksichtigung der Vorgaben des Eigners – auch auf andere ähnlich gebauten Yachten übertragen werden.

1. Motoryacht 13-m-Typ Bützfleth

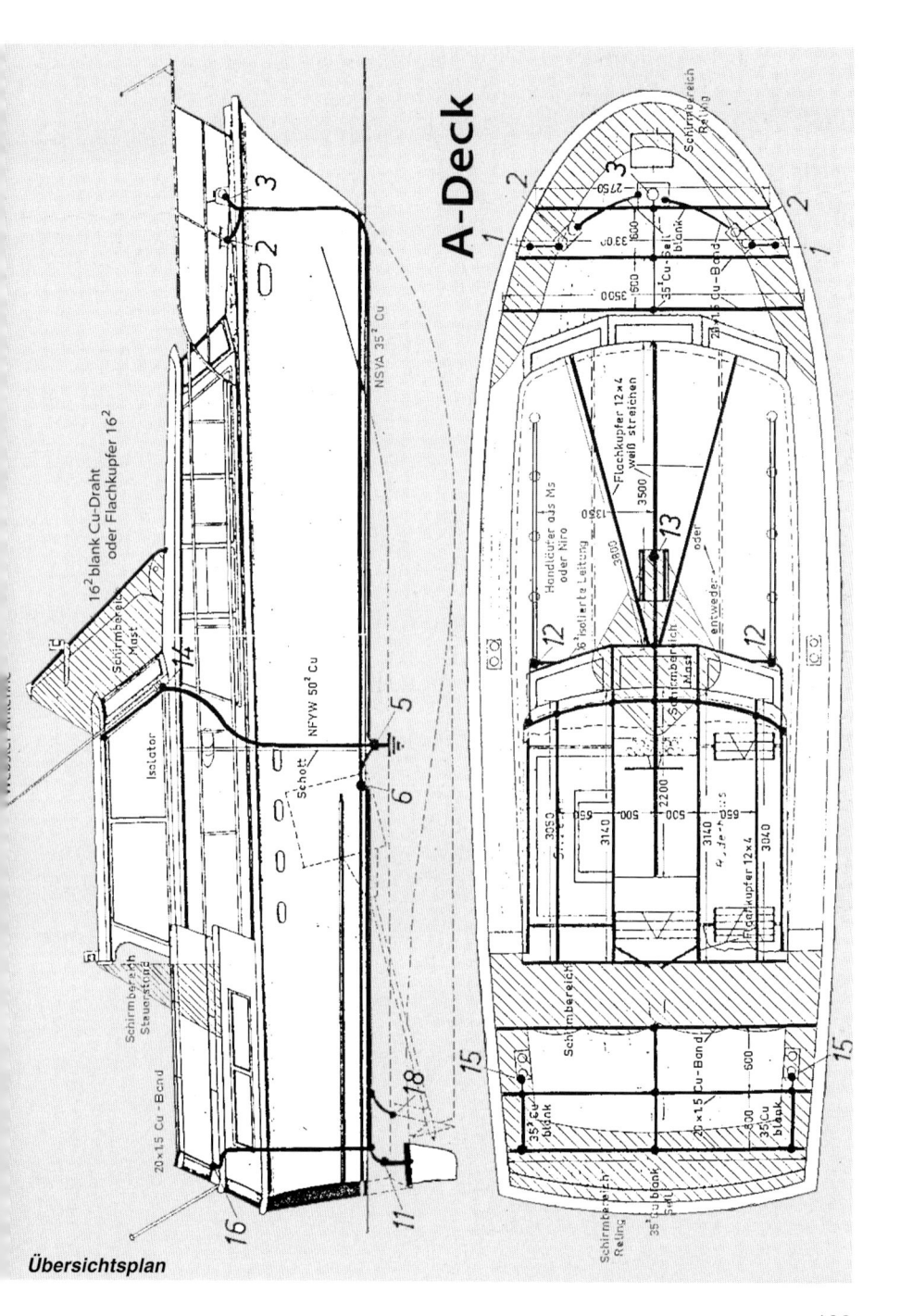

Übersichtsplan

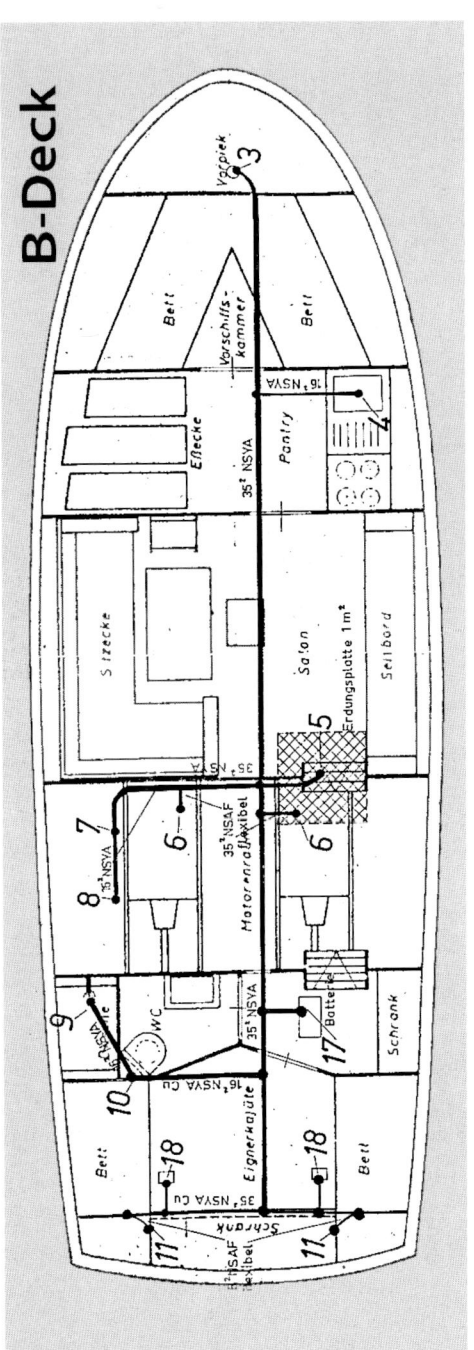

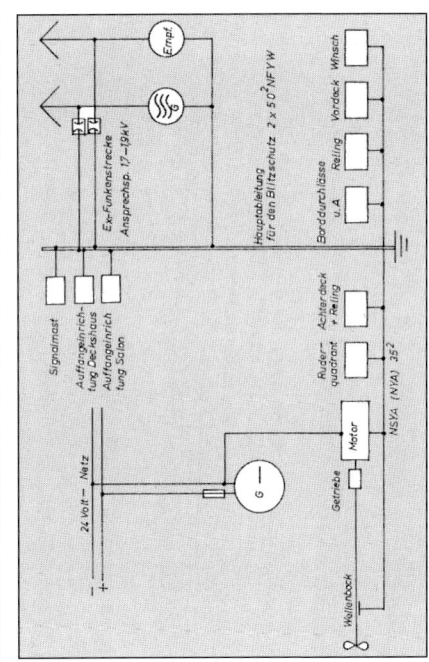

18. Installationsbeispiele auf ausgewählten Yachten

Prinzipschaltbild

2. 26-m-Motoryacht aus Mahagoni, Werft Burmester

Für diese große Yacht war ein wirtschaftlich vertretbarer Blitzschutz zur Sicherung des Schiffsrumpfes, der Aufbauten, der Installation, der Maschinenanlage und der Bordgeräte zu entwerfen. Ferner sollte ein Schutz der Bordcrew für alle unter Deck liegenden Räume geschaffen werden. Mit der Yacht wollte man die Mittelmeergebiete befahren, wo man besonders schlechte Erfahrungen mit den häufig auftretenden Gewittern gesammelt hatte. Als Auffangeinrichtungen mußten, soweit möglich, Teile des Schiffes genutzt werden. Auffangdrähte, oder künstliche Antennen, zum Auffangstab umfunktioniert, waren unerwünscht.

Schiffsbeschreibung: Eine sowohl im Rumpf als auch im Deck, aus Holz gefertigte Motoryacht mit 3 Dieselmotoren, die mittels Gummikupplungen auf die 3 Abtriebe über starr gelagerte elektrisch gesteuerte Getriebe arbeiten. An die Wendegetriebe sind in Gummi gelagerte Wellen geflanscht. Beide Ruderblätter aus nichtrostendem Stahl sind mit einer Pinne mechanisch miteinander verbunden. Die Gelenkstellen wurden elektrisch ebenfalls verbunden. Bis auf das Deckshaus, das aus seewasserbeständigem Aluminium (Hydronalium) besteht, sind die anderen Aufbauten aus Holz gefertigt. Auf dem Deckshaus steht ein Doppelmast. Er ist als Signalträger und für die Radar-Antenne vorgesehen. Die gesamte Bordinstallation ist als Drehstromnetz mit einer Spannung 220/380V ausgelegt. Als Schutzart war die Schutzmaßnahme „Nullung" nach VDE 0100 vorgesehen. Die Erdung dieses Netzes übernimmt eine am Schiffsboden angebrachte Platte von 2 m². Sie dient gleichermaßen als Blitzschutzerde. Eine separate größere Erdplatte mit 4 m² wurde für den Funkbetrieb (wegen der sehr großen Leistung) eingebaut. Beide Erden sind durch eine Trennfunkenstrecke niedriger Ansprechspannung elektrisch miteinander verbunden. Die Funkanlage besteht aus einem Grenzwellenteil, einem Kurzwellenteil und dem UKW-Teil. Das Gleichspannungsnetz der Maschinenanlage mit einer Betriebsspannung von 24 V ist getrennt an Bord verlegt. Über die gemeinsame Erdung besteht eine gute elektrische Verbindung.

Äußerer Blitzschutz: Das Deckshaus und der relativ kleine Signalmast (beide aus Aluminium) sowie die an Deck montierten Davids, verschiedene große Poller und andere großflächigen Teile, wie Metalluken und Winschen, mußten als natürliche Elemente der erforderlichen Auffangeinrichtung benutzt werden. Große Decksflächen ohne nennenswerten Metallunterbau konnten durch Einfügen massiver Kupferdrähte so hergerichtet werden, daß die gewünschte Schutzwirkung der unteren Räume erreicht werden konnte. Die Schutzkegel, gestaltet durch exponierte Teile der Decksaufbauten und anderer genannter Metallteile, erhielten einen von der senkrechten Linie gemessenen Winkel von 30°. Blitzstrom-Ausgleichsleitungen mit einem Mindestquerschnitt von 35 mm² Cu verbinden sämtliche Auffangeinrichtungen miteinander. Sie wurden derart vermascht, daß keine parallel laufenden Ableitströme Beschädigungen infolge impulsartiger Kraftwirkungen hervorrufen können. Auf dem Signalmast montierte Sende- und Empfangsantennen mußten, mit einem Grobschutz versehen,

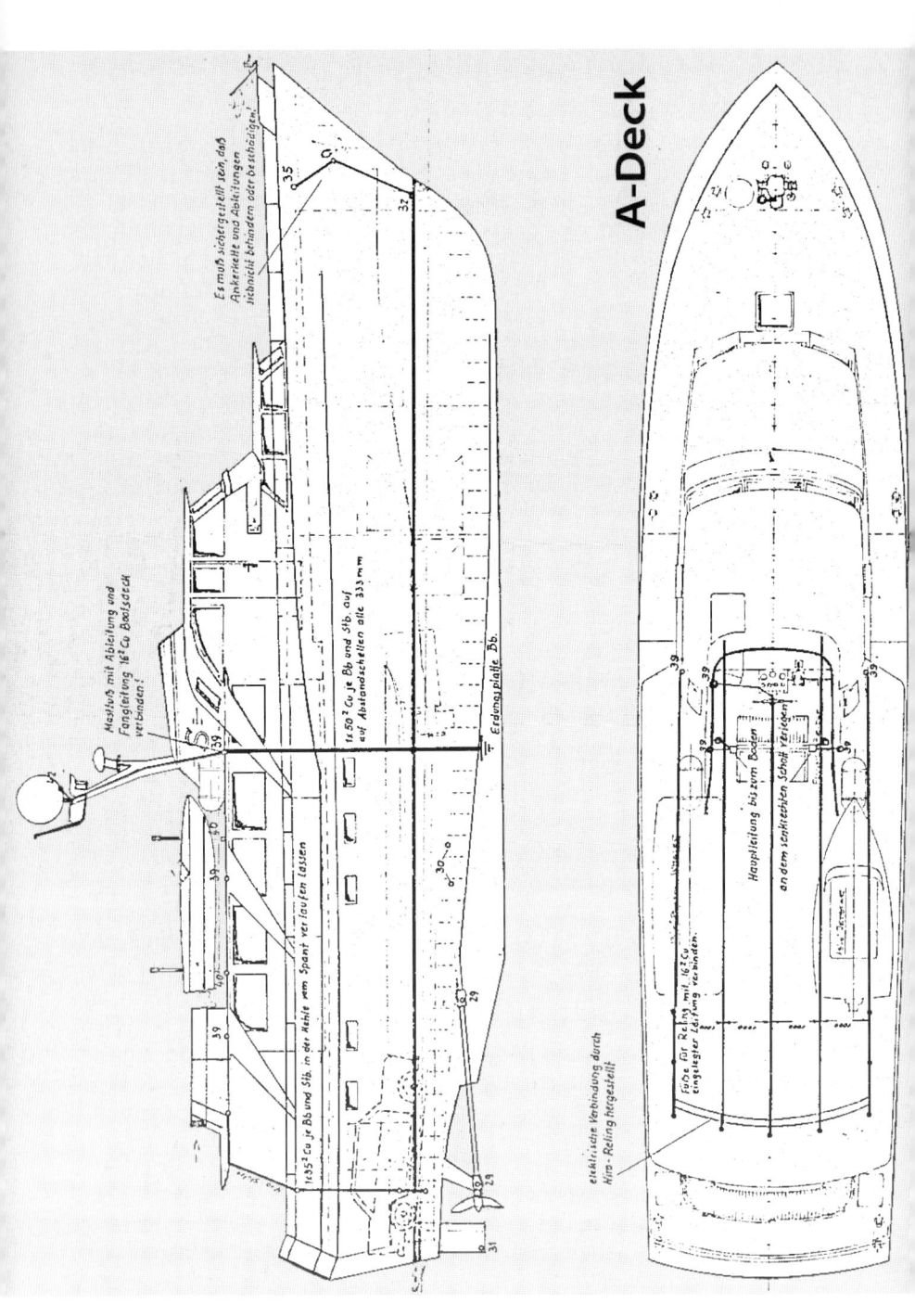

18. Installationsbeispiele auf ausgewählten Yachten

2. 26-m-Motoryacht aus Mahagoni, Werft Burmester

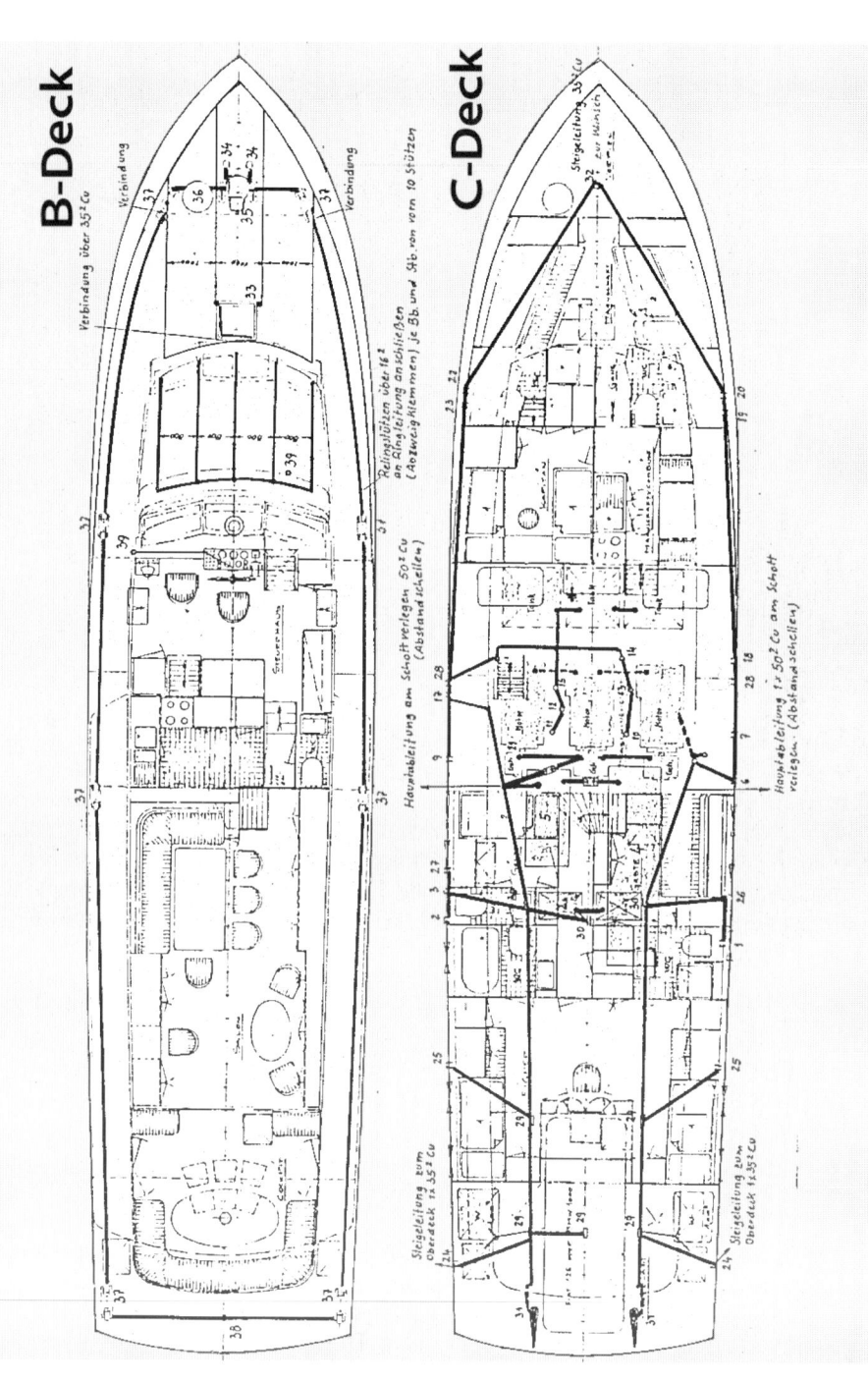

18. Installationsbeispiele auf ausgewählten Yachten

der Sendespannung angepaßt werden. Ein unmittelbar anschließender Erdungsschalter im Alu-Deckshaus sollte im Gewitter zusätzliche Sicherheit geben.

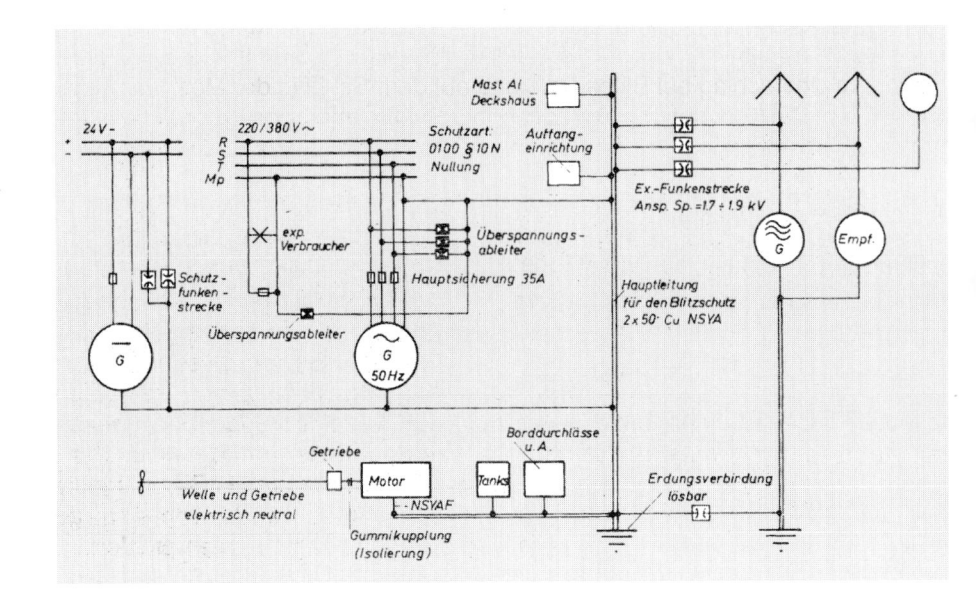

Innerer Blitzschutz: Die ursprüngliche Konzeption der Werft, eine Trennung der verschiedenen Spannungsebenen in dem großen Holzschiff vorzunehmen, mußte wegen notwendiger Verschachtelungen der Aggregate aus Sicherheitsgründen verworfen werden. Den zu treffenden Blitzschutzmaßnahmen kam diese Änderung entgegen. So wurde der −Pol des 24-Volt-Netzes (gleichzeitig auch Motorenmasse) mit dem separat geführten Schutzleiter des genullten Netzes zusammengeschaltet. Am Landanschlußpunkt an Bord waren ohnehin beide Leiter miteinander verbunden. Überspannungsableiter im 220/380-Volt-Netz schützen diesen Teil gegen Überspannungen. Wegen möglicher Korrosion war man um den Landanschluß besorgt, der an einigen Anlegestellen länger in Betrieb bleiben sollte. Im Maschinenraum wurde ein vermaschter Potentialausgleich mittels 50 mm² Cu durchgeführt. Aus Korrosionsgründen mußten einige Trennungen im Unterwasserbereich mit Hilfe von Trennfunkenstrecken hergestellt werden. Daran angeschlossen wurden unter anderem die großen Brennstofftanks, die Frischwasserbehälter und der Fäkalientank. Auch die aus Hydronalium gefertigten Abgaskanäle konnten als Überwasserteile direkt mit in den Ausgleich einbezogen werden.

Als Präventivmaßnahme gegen galvanische Korrosionsströme (auch die aus dem Landanschluß), isolierte man die Propellerwellen mit Gummikupplungen. Dank der guten Erdungsanlage und der ausreichenden Isolation durch die Gummikupplungen mit langen Überschlagsstrecken entschloß man sich, die Wellenanlage nicht mit in die Erdung über Trennfunkenstrecken einzubinden.

2. 26-m-Motoryacht aus Mahagoni, Werft Burmester

Auf einen sonst notwendigen mechanischen Wellenabgriff konnte daher verzichtet werden. Lediglich ein Hinweisschild deutet auf die möglichen Gefahren bei Arbeiten an den Getrieben hin.
Die Getriebesteuerung erfolgte massefrei über die 24-Volt-Motoreninstallation, und zwar in 2 poliger Ausführung. Weder im Süßwasser noch im Salzwasser ist mit einem Überschlag bei Blitzeinwirkung auf dem Schiff in der Motorenanlage zu rechnen. Die Konzeption kann auf andere Schiffe übertragen werden. Einzelheiten für ähnliche Schiffe sind aus den folgenden Zeichnungen zu ersehen.

Was würde man heute anders konzipieren?

Heutzutage könnte man diese Motorenanlage mit Hilfe von Überspannungsableitern VM 75 auf einfachere Weise schützen. Die großen Erdungsplatten mit einer Gesamtfläche von mehr als 6 m² sind nach den heutigen Erkenntnissen redundant. Schaden kann eine solche Erdung niemals, 2 m² wären ausreichend. Die Propeller würde man in die Erdung einbeziehen. Eine umfassende Schirmung der Leitungen an Bord wäre notwendig. Der Einsatz von modernen Blitzstrom- und Überspannungsableitern in den einzelnen Spannungsebenen könnte mit einfachen Mitteln durchgeführt werden. Platz für die notwendigen Einbauten an den verschiedenen Verteilungen ist vorhanden. Ein Geräteschutz und der Einbau eines maßgeschneiderten Grobschutzes für die Sendeanlage sowie ein Feinschutz für die Empfangsanlage würde man heute empfehlen.

19. Literatur- und Quellenhinweise, Bezugs- und Bildnachweise

A) Literaturhinweise, Quellenangaben:

1. Allgemeine Meteorologie Gösta H. Liljequist, Konrad Cehag
   Verlag: Friedrich Vieweg & Sohn Verlagsgesellschaft mbH, Braunschweig

2. Handbuch für Blitzschutz und Erdung, Hasse/Wiesinger
   Verlag: Pflaum Verlag München VDE- Verlag Berlin . Offenbach

3. Überspannungsschutz von Niederspannungsanlagen, Peter Hasse
   Verlag: TÜV Rheinland GmbH, Köln

4. DIN VDE 0185 Teil 1 Blitzschutzanlage
   Allgemeines für das Errichten

5. DIN VDE Schriftenreihe 44 Blitzschutzanlagen
   Erläuterungen zu DIN VDE 0185

6. DIN VDE 0100 Teil 410
   Schutzmaßnahmen gegen gefährliche Körperströme

7. DIN VDE 0100 Teil 721
   Die Stromversorgung von Caravans, Booten und Yachten

8. DIN VDE 0855 Teil 1 Antennenanlagen

9. Sicherheitsdatenblatt DIN 52900 Dieselkraftstoff

10. Sicherheitsdatenblatt DIN 52900 Ottokraftstoff normal

11. Sicherheitsdatenblatt DIN 52900 Propan nach DIN 51622

12. Germanischer Lloyd Teil 3

13. Gebäudeblitzschutz Teil 1 CEI IEC 1024-1 1. Ausgabe 1990-03
    Blitzschutzpotentialausgleich

14. Verwendung natürlicher Bestandteile zum Blitzschutz,
    Verringerung der Induktivität,
    Blitzschutzpotentialausgleich, Dr Franz Pigler,
    Ingenieurbüro für Blitzschutz-Beratung.

15. Förderung des Blitzschutzes durch die Feuerversicherer,
    Dipl.-Ing. H. J. Blumhagen, "de" 4. 84
16. Überspannungsschutz elektronischer Bauteile, Transiente
    Überspannungen, Dr.-Ing. Klaus Scheibe, etz Bd.105(1984) Heft 8

17. Festlegung von Blitzkennwerten, etz Bd. 103 (1982) Heft 9

18. Prüffristen für Blitzschutzanlagen, etz Bd. 104 (1983) Heft 7/ 8

19. Überspannungsschutz bei direkten und fernen
    Blitzeinschlägen, Dr.-Ing. Peter Hasse,
    Prof. Dr.-Ing. Johannes Wiesinger,
    etz Bd 104 (1983) Heft 1

20. Schutzbereich bei Blitzdurchschlag nach Erde,
    Prof. Dr.-Ing. Herbert Baatz, etz Bd. 103 (1982) Heft 3

21. Lightning Elektromagnetic Impulses
    ETZ Jan 84 Heft 1 (Prof. Dr.-Ing. Wiesinger)

22. Blitz- und Überspannungsschutz 3. Forum für Versicherer
    Dr.-Ing. Peter Hasse in Fa. Dehn und Söhne, Nürnberg.

23. Blitzschutz auf Yachten, Dipl.-Ing. Erich Weber,
    Bootswirtschaft (Deutscher Boots- und Schiffbauer-
    Verband)1974 Heft 8 u. 9, Yacht 14 (7/69), Yacht 11/71

B) Bezugsnachweise:

1. Dehn + Söhne GmbH + Co. KG, D-92318 Neumarkt/OPF.
   Hans-Dehn-Strasse 1
   (Blitzstromableiter, Überspannungsableiter, Blitzschutz-
   Installationsmaterial, Funkenstrecken, Gasableiter, Klemmen u.a.)

2. Dahl - Manfred Dahl GmbH & Co. KG,
   Nußbaumweg 25
   D-51503 Rösrath,
   (Kabelkanäle und Zubehör)

3. Wilhelm Elfers - Maschinenbau
   Beekstraße 6
   D-27721 Ritterhude bei Bremen
   Spezial-Isolatoren mit integrierter Schutzfunkstrecke
   Schiffsarmaturen, Niro-Beschläge

19. Literatur- und Quellenhinweise, Bezugsnachweise

4. E-T-A- Elektrotechnische Apparate GmbH
   Industriestr.2-8
   90518 Altdorf/Nürnberg
   (u.a.Batterieschutzschalter)

5. Hermann Kleinhuis GmbH + Co. KG
   An der Steinert 1
   58507 Lüdenscheid
   (Kabelkanäle, Überspannungsschutzgeräte, Klemmen)

6. philippi-bootselektrik gmbh
   Neckar-Aue 19
   D-71686 Remseck (Hochberg)
   Batterieschutzschalter, Sicherungen, Klemmen

7. Rekofa Wenzel GmbH & Co. KG
   D-53474 Bad Neuenahr-Ahrweiler
   (Hochstrombürsten und Bürstenhalter)

8. Sika Chemie GmbH
   Kundenzentrum-Nord
   Ottenser Straße 130
   D-22525 Hamburg
   (Sika-Isolierbeschichtung, Sika Klebeprodukte)

C) Bildnachweise:

Soweit nachfolgend nicht aufgeführt, sind die Abbildungen vom Verfasser gefertigt oder aus eigenem Archiv.

Seite	8	Schlauchboot und brennende Yacht	Strepp
Seite	9	Vorschiff ausgebrannt	Strepp
Seite	9	Vordeck verbrannt	Strepp
Seite	10	Faraday-Käfig	Dehn & Söhne
Seite	15	Gefährdete Teile des Motors	Volvo
Seite	20	Tankanzeige	Volvo
Seite	20	Echolot	Robertson
Seite	21	Navigator	Robertson
Seite	21	Überspannungsableiter VM 75	Dehn & Söhne
Seite	22	Z/Blitz verschweißte Lagerbock	Dehn & Söhne
Seite	24	Koax-Grobschutz	Dehn & Söhne
Seite	24	UKW-Telefon	Apelco (Eissing)
Seite	24	Navigationsrechner	SHARP

19. Literatur- und Quellenhinweise, Bezugsnachweise

Seite	26	Direkter Einschlag in Körper	Dehn & Söhne
Seite	29	Verträglichkeit des Menschen	VDE-Verlag
Seite	32	Amboßwolken	Krügler
Seite	47	Verlauf eines Wolke-Erde-Blitzes	Dehn & Söhne
Seite	52	Kernkraftwerk	Siemens
Seite	61	Z/Meßwerte Lemp	Mach/Weber
Seite	63	ÜGK/N	Dehn & Söhne
Seite	63	Feinschutz MM-DS	Dehn & Söhne
Seite	63	Gasentladungsableiter	Dehn & Söhne
Seite	63	Semiconduktor	Dehn & Söhne
Seite	67	Ermittlung der Gegeninduktivität	Dehn & Söhne
Seite	67	Ermittlung der Gegeninduktivität	Dehn & Söhne
Seite	74	Schadensursachen	Dehn & Söhne
Seite	78	Abzulehnendes Provisorium	Segeln
Seite	86	Lichtbogen am Reifen	Dehn & Söhne
Seite	88	Musteryacht	Rassy
Seite	125	Überspannungsmodul MM-DS/NFEL	Dehn & Söhne
Seite	132	Batterieschutzschalter	ETA
Seite	139	Z/Darstellung Anlasser Musteryacht	Volvo
Seite	139	Volvo-Getriebe MS 3 Musteryacht	Volvo
Seite	139	Volvo-Schalttafel Musteryacht	Volvo
Seite	139	Z/Darstellung Lichtmaschine Musteryacht	Volvo
Seite	141	Bürstenhalter	Rekova
Seite	142	Abmessungen Bürstenhalter	Rekova
Seite	145	Trennfunkstrecke KFSU	Dehn & Söhne
Seite	146	Z/Schaltplan Volvo – mit Übersp. Abl.	Volvo
Seite	147	Schutzschaltung	Volvo
Seite	147	Überspannungsschutz	Volvo
Seite	148	VM 75	Dehn & Söhne
Seite	157	Abstände Hand - Fuß, Hand - Hand	VDE-Verlag
Seite	159	Aufbau einer doppelt geschirmten Leitung	Dehn & Söhne
Seite	160	Überspannungsableiter VM 75	Dehn & Söhne
Seite	160	Dehn-Ventil	Dehn & Söhne
Seite	161	Üb-Schutz mit Fi-Schalter	Dehn & Söhne
Seite	166	Schaltung Blitzstromableiters VGA 280	Dehn & Söhne
Seite	169	Befestigung VM-Ableiter	Dehn & Söhne
Seite	175	Antennenumschalter	Conrad
Seite	183	ÜGK/BNC	Dehn & Söhne
Seite	193	Erdungsmeßbrücke	Dehn & Söhne
Seite	194	Schaltung einer Meßbrücke	Dehn & Söhne
Seite	199	Motoryacht Bützfleth	Brauer

20. Stichwortverzeichnis

(im Sonderfall mit dem Hinweis auf das mit dem Wort zusammenhängende Sachgebiet)

Ableiter 56, s. Blitzstrom-
Ableitstrom 94, 109, 166
Abtriebsteil 143
Achterstagantenne 18, 181
Aderkurzschluß 158
Aktivantenne s. Glomex
Aluminiumkanäle 162, 177
Aluminiummast 61, 88, 179
Aluminiumrumpf 116, 118, 120, 154
Amboßwolke 32
Ankerwinsch 121
Anlagenerdung 172
Anlassermotor 139
Anschlußleitung s. 18, 87, 146
Ansprechspannung 198, 201
Anstiegsphase 178
Antennenabspannisolator s. Isolator
Antenneneingang 181
Antennenresonanz 181
Antennenschutz 181
Antennenumschalter 175
Antennenverstärker 105
Antennenweiche 105
Antennenzuleitung 182
Aquamatik 154
Atemstillstand 26
Auffangdrähte 119
Auffangeinrichtungen 85, 197, 201
Auffangstange 136, 184, 185
Ausbreitungswiderstand 152
Ausgangswerte (Bezugsgrößen) 89, 126, 135, 139, 160, 177
Ausgleichsleitung 156
Auslösestrom 170, 172
Austenitisches Gefüge 93
Äußerer Blitzschutz 195

Batterieabsicherung 18, 147, 148
Batterieentlüftungen 124, 128
Batterieschalter 20, 147
Batterieschutzschalter 18, 128, 132
Benzinanlagen 3, 123

Berger 47
Berührung- und Schrittspannung 10, 26, 31
Betriebsspannung 160, 210
Beweislastregeln 74
Beweisnot 74
Bezugsgrößen s. Ausgangswerte
Blitzenergie 17, 25, 148
Blitzentladung 6
Blitzhäufigkeit 6, 36
Blitzkanal 34
Blitzkopf 34
Blitzkugel 81
Blitzkugelverfahren 82, 90
Blitzschlauch 31
Blitzschutzanlage 3, 27, 75, 127, 145, 152, 169, 195
Blitzschutzbestimmungen 75, 77, 79
Blitzschutzerde 51, 161, 162, 172
Blitzschutzkonzept (Blitzschutz-Maßnahme) 3, 6, 18, 75, 80
Blitzschutz-Potenzialausgleich 156
Blitzstrom (Scheitelwert) 47, 50, 139, 142, 152
Blitzstromableiter 160
Blitzstromwerte 19, 89, 126, 135, 139, 160, 177
Bodenfeldstärke 35
Bootstypen 116, 122
Bordbatterie 128
Bordnetz 191, 173
Brennstofftank 12
Bronzeplatte 55, 113
Bruchlast 46, 87, 93
Bürstenbrille 147
Bürstenhalter 141, 142

Chaossituation 31

Dampfbildung 53
Dämpfung 65
Decca-Gerät 182
Decksbereich 91, 92, 96

Decksdurchführung 97, 104
Decksnähte 119
Dehn-Ventil 160
Diodenverteiler 20, 125, 133, 138
Direkteinschlag 6, 11, 15, 23, 25, 85, 166, 172, 177, 184
Doppelt-Bürstenhalter 141, 142
Drehstromgenerator 139
Drehstromnetz 201
Durchstömungszeit 30
Durchströmung 27, 29, 30, 99, 101, 110, 127, 157

Echolotgeber 20, 125, 184
Eigeninduktivität s. Induktivität
Eindringtiefe 64, 71, 81
Einkopplung s. Koppelung
Einzelentladungen 35
Einzelerdungswerte 192, 194
Eisensättigung 158
Ekektrogeräte 156, 161
Elektroinstallation 79, 156
Elektromagnetische Verträglichkeit (EMV) 170, 175, 190
Elektromagnetische-Kopplung 11, 19, 59, 162
Elektrostatische Auflladung 27, 28
Empfangsanlage 17, 174, 178, 182, 190
Enddurchschlagstrecke 34, 70
Energieinhalt s. Entladungsenergie
Energiestau 53
Energieumsatz 92, 93
Engmaschigkeit 80
Entfestigung (Rigg) 46, 136
Entladungsenergie 40, 42, 134
Erder 193
Erdergröße 112
Erderwerkstoff 112
Erdplatte 99
Erdsammelleitung 99, 170

210

20. Stichwortverzeichnis

Erdübergangswiderstand 192
Erdungsanlage 51, 103, 104, 106, 108, 195
Erdungsfläche 53, 122
Erdungsmeßbrücke 193
Erdungspunkt 94
Erdungsschalter 201
Erdungsvorrichtung (Notbehelf) 79
Erdungswiderstand 52
Ersatzantenne 175, 178
Ersatzinduktivität 179
Ersatzschaltbild 179
Explos.-gefährd.-Anlage 123, 126, 127

FI-Schutzschalter 30, 161
Fangentladung 35
Fangstab 185
Farad 40
Faraday-Schutzkäfig 10, 44, 68
Fehlerstromschutzschalter 30, 161
Feinschutz 63, 176, 182
Feinsicherung 18, 181, 187
Feldstärken 35
Ferneinschlag s. Lemp
Fernentladung s. Lemp
Fernmeldeeinrichtungen 174
Fernseh-Aktivantenne 176, 190
Feuerprämie 73
Feuerversichung 73
Flächenerder 192
Flüssigkeiten, brennbare 123, 124
Folgeblitz 35
Frontengewitter 31
Funkantenne 18, 22, 89, 175, 176
Funkbeschickung 174
Funkenstrecke 94

Galvanische Elementbildung 119, 154, 170
Gasalarm-Geber 129
Gasanlage s. Propangasanlage
Gasaustritt 126
Gasentladungsableiter 17, 63
Gaswarnanlage 129
Gebäudeblitzschutzanlage 73

Gegeninduktivität 67
Geräteschutz 181
Gesamterde 53, 122
Gesamtinduktivität s. induktiver Widerstand
Geschirmte Leitung 159
Gewitterhäufigkeit 36, 37, 38
Gewitterwarnungen 34
Gewitterzelle 33
Gleichrichterdiode 138, 147
Gleichstrombeeinflussung 178
Glomexantenne 176, 190
Grenzwellenempfänger 174
Grobschutz 62, 87, 175, 183
Gußkiel 17, 89

Handbereich 99, 157
Hauptableitung 52, 96, 97, 105
Hauptblitzstrom 20, 178
Herzkammerflimmern 26
Herzschädigungen 26
Hilfsantenne 175, 178
Hilfserder 194
Hochfrequenzvorgang 56
Holzrumpf 116, 117, 118, 201
Horvath 41

Impeller 183
Impulsübertragung 183
Induktionsschäden 74
Induktionsschleife 61
Induktiver Widerstand 49, 56
Induktivität 7, 56, 57, 58, 101
Influenzschäden 49, 75
Innerer Blitzschutz 196
Intermittierende Entladung 35
Isolatoren (Abspann) 87
Isolierflansch 143, 144
Isolierwickel 102

Joul 25

KFSU 145
Kabelkanal 162, 177
Kegelrollenlager 143, 153
Kegelwinkel 70
Kielbolzenkabelschuh 118
Kleincomputer 185
Klemmverbindung 108
Koax-Grobschutz 62, 175, 183

Koaxkabel 19, 128, 129, 165, 179
Kohle-Bronze-Bürste 42
Kompaktantenne 176, 190
Kondensatorbelege 27
Kontaktbrände 169
Kontaktdruck 108
Kontaktkorrosion 92, 102
Kopplungen 11, 59, 61, 66, 74, 156, 159, 165, 175, 181, 186
Koronaentladungen 35
Körperoberfläche 26
Körperströme 26
Körperwiderstand 26
Korrosionensschäden 119, 154
Kraftstofftank-Anzeige 186
Kraftwirkung 47
Kugelradius 68, 70, 81
Kunststoffrumpf 82
Kunststoffummantelung 16
Kupferband 102
Kupferblechkanal s. Kabelkanal
Kupferlitze 158
Kupfermassivdrähte 119, 197, 201
Kupferrohr 97, 104
Kurzschlußströme 124

LEMP 6, 61, 174
Ladung 40
Lagerschäden 15, 138, 140
Landanschluß 157, 171
Landanschlußleitung 157
Landanschlußverteiler 157, 171
Längsspannung 164, 179
Langzeitstrom 30, 35, 48, 94
Leckgas 123, 127
Leitblitz 34
Leitblitzkanal 34
Leiterschirmung 159, 181
Lichtbogenfußpunkt 25, 85
Löcher im Faraday-Käfig 10, 69
Luftüberschlagsstrecke 18, 35, 54, 55, 58, 95, 96, 101, 134, 142

Magnetische Induktion 11, 19, 59, 162
Magnetischer Schirm 158, 181

211

20. Stichwortverzeichnis

Maschenweite 81, 83
Maschinenanlage 138
Mastableitung 97
Mastbereich 97, 98, 101, 103, 104
Mastfuß 104
Maststütze 97, 104
Masttopp 41, 134
Materialaufstellungen 112, 129, 137, 150, 167, 187
Maximalwert
 d. Blitzstromes 39, 50
Mehrbereichsantennen 182, 190
Messinggaze 128, 132
Meßbrücke 193
Meßkosten 194
Meßmethoden 194
Meßsonde 194
Metallbeschichtung 184
Metallkabelkanäle 158
Metallrumpf 21, 116, 117, 118, 120
Meteorologie 31
Mittelwellenbereich 34
Motorenschutz 147
Motorenstromkreis 146
Motormasse 20, 100, 117, 149, 154
Motorschalter 20
Motorschalttafel 139
Motoryacht 152, 197, 201

Naheinschlag 177
Näherung 94, 95, 96, 157
Natürliche Bauteile 10, 80, 84
Nebenableitung 96
Nennstrom (Dioden) 148
Neoprenekleber 106, 108
Netzeinspeisung 157, 171
Netzschutz 171
Notfreilauf 152
Nullung 156, 201

Objekthöhe 35, 70
Ohmscher Widerstand 56, 179

Permeabilität 47
Phosphorbronze 51
Plasmaschlauch 34
Porzellan-Isolatoren 85
Potential (Elektrolyt) 170

Potentialanhebung 142
Potentialausgleich 18
Potentialausgleichleitung 161
Propangas-Anlage 12, 126
Propellererde 153
Propellerfläche 153
Propellerwelle 152, 153
Provisorische Anlage 6, 79
Pütting 56

Reifestadien 31
Resonanzbereich 181
Restspannung 147, 165, 176
Restfestigkeit 93
Rood-Draht 46, 82
Rollenlagererdung 143, 153
Rückwärtige Überschläge 54, 86, 106, 109
Rückzündungen 127, 128, 132
Ruderanlage 34
Ruderquadrant 99, 108
Ruderseile 34
Rüsteisen 56

Sachversicherer 73
Schadensanspruch 77
Schadensbegrenzung 75
Schadensbeispiele-Yachten 7, 10, 11, 18, 19, 21, 22
Schadensregulierung 74, 186
Schadensstatistik
 (Schadensumfang) 74
Schalterauslösung 147
Schaltergröße 125, 128
Scheitelstrom 47, 50
Schirmbereich 10, 44, 68, 199
Schirmfaktor 65
Schirmgehäuse 62, 64, 66, 164
Schirmmaßnahmen 12, 49, 61, 66
Schirmrohr 164
Schlagweite 95
 (s. Luftüberschlag)
Schleife (Induktion) 61
Schrittspannung 10, 26
Schrumpfschlauch 102
Schutzart 157
Schutzbereich 70, 90
Schutzfunkenstrecke 94
Schutzkäfig 10
Schutzkegel 70

Schutzleiter 157
Schutzleiterpotential 170
Schutzmaßnahme 157
Schutzraum 10
Schutzschalter 18, 30, 61, 124, 128, 132
Schutzwinkel 70
 (siehe Schutzkegel)
Schutzzone 173
Seilisolatoren 87
Sicherheitsabstand 94, 95, 96, 99, 101, 102, 103, 105
Sperrspannung 147
Spezialdiode 148
Spezifische Energie 25, 44
Sprühescheinuung 35
Stabantenne 18, 22, 89, 175, 176
Stahlblechkanal 162, 177
Stahlschiff 11, 21, 116, 131, 137, 152, 169, 196
Starkstromanlage 157, 171
Statische Aufladung 6, 18
Stirnzeit 50, 89
Störquelle 190
Stoßerdungswiderstand 51
Stoßüberschlagspannung 60
Stoßstrom 53
Stromaustritt 26, 53
Stromdichte 140
Stromeinwirkung 26
Strommarken 26
Stromquadratimpuls
 (siehe spezifische Energie)
Stromschwanz 35, 89, 94
Stromsteilheit 50
Stromverträglichkeit 29
Suppressordiode 62, 63

Teilentladung 11
Teilerden 192
Toppantenne 175, 178
Trennfunkenstrecke 144, 145
Trenntrafo 170

ÜGK 62, 175, 183
UKW-Anlage 175, 178
Übergangswiderstand 51, 52, 106, 108
Überschlagstrecke
 s. Luftüberschlag
Überspannungs-Schäden 74

212

20. Stichwortverzeichnis

Überspannungs-Schutzgerät 147
Überspannungsableiter 133, 148, 173, 191
Unterspannung 157
Unterwasserknall 53
Unterwasserschiff 52

VDE-Vorschrift
(DIN VDE 0100) 3, 57, 172
VM75 148, 160, 184
Verbindungsklemme 70, 79, 108
Verbraucheranlage 127

Verdrillung 65, 66
Vermaschung 158
Versicherungsrabatt 75
Verteilerdioden 20, 125, 133, 138
Verträglichkeitskurve 29
Vorpiek 103, 127

Wärmegewitter 34
Wärmeleistung 53
Wärmestau 53
Warmwassergerät 156, 161
Wellenerdung 143
Wellenisolation 144

Widerstandsgeber 20
Wolke- Erde-Blitz 40

Yachtblitzschutz 56
Yachtversicherer 75

Zenerdiode, -spannung, -wert 148
Zündquellen 123
Zweitantenne 175, 178

Im Text benutzte Maßeinheiten und Bezeichnungen

Name	Formelzeichen	Einheit	Größe	Teilgröße	Einheiten-Name
Stromstärke	I	Ampere	A	kA (A·1000) mA (A/1000)	Kiloampere Milliamp.
Spannung	U	Volt	V	KV (V·1000) mV (V/1000)	Kilovolt Millivolt
Widerstand	R	Ohm	Ω	mΩ (/1000)	Milliohm
Induktivität	L	Henry	H		Millihenry
Gegeninduktivität	M	Henry	H		
Kapazität	C	Farad	F	mF (F/1000) µF (F/10^6) pF (F/10^{12})	Millifarad Mikrofarad Picofarad
Elektrische Arbeit	W	Joule Wattsek	J Ws	kWh (J/3,6·10^6)	Kilowattstunden
Leistung	N	Watt	W	kW (W·1000) MW (W·10^6)	Kilowatt Megawatt
Elektrische Ladung	Q	Coulomb Amperesek. As	C As		
Elektrische Feldstärke	E	Volt/cm	V/cm	kV/m kV/cm	Kilovolt pro m
Induktionskonstante	µ0	1,256·10^{-8} H/cm			
relativ. Ind.Konst.	µr	1 200		bei Luft, Kupfer, Aluminium. bei Weißblech	
Frequenz	f	Hertz	Hz	kHz (Hz·1000) MHz (Hz·10^6)	Kilohertz Megahertz
Kraft	F	Newton	N	daN (N·10) 1 daN = 1kg! kN (N·1000) 1kN = 100kg!	Dekanewton Kilonewton
Gewichtskraft	G	Gramm	g	kg (g·1000) t (g·10^6)	Kilogramm Tonne
Temperatur	t t	Grad Kelvin	°C K	(0°C = 273 K)	Celsius Kelvin

Notizen

Notizen